本书系2013年度教育部人文社会科学研究青年基金项目
"广西左江蹲踞式人形岩画研究"（13YJC850004）成果

广西左江蹲踞式人形岩画研究

黄亚琪　著

科学出版社
北　京

内 容 简 介

广西左江岩画规模宏大、气势磅礴，其主题内容 90% 以上是"蹲踞式人形"，数目之多在我国乃至世界原始岩画中都首屈一指。

本书运用岩画语言符号学的方法，对左江 81 个岩画点中"蹲踞式人形"的普遍性以及特殊性进行研究，把左江岩画看成表情达意传递信息的符号，从岩画符号的语用、语形、语义三个方面，通过存在于岩画中的形式、意义以及创作者之间的关系，对左江岩画的部分和整体结构做出探讨和论证；同时本书还从整体的、可持续性的文化遗产保护观念上，对如何保护左江岩画进行了有益探索。

本书适于高等院校专业师生及艺术爱好者阅读。

图书在版编目 (CIP) 数据

广西左江蹲踞式人形岩画研究 / 黄亚琪著. —北京：科学出版社，2018.8

ISBN 978-7-03-058339-0

Ⅰ. ①广··· Ⅱ. ①黄··· Ⅲ. ①岩画-研究-广西 Ⅳ. ①K879.424

中国版本图书馆 CIP 数据核字（2018）第 160369 号

责任编辑：华长印 / 责任校对：何艳萍
责任印制：张欣秀 / 封面设计：铭轩堂
编辑部电话：010-64019653
E-mail:huachangyin@mail.sciencep.com

科学出版社 出版
北京东黄城根北街 16 号
邮政编码：100717
http://www.sciencep.com
北京虎彩文化传播有限公司 印刷
科学出版社发行 各地新华书店经销

*

2018 年 8 月第 一 版　开本：B5（720×1000）
2018 年 8 月第一次印刷　印张：18 1/2
字数：312 000
定价：98.00元
（如有印装质量问题，我社负责调换）

序

亚琪是我任博士生导师后的开门弟子，也是我培养出的第一位岩画学博士。想当年对她设立的"门槛"，实际上于我同样是一种"历史性"开创，这不仅仅是让她的专业方向发生改变，更应该是我在中央民族大学中国岩画研究中心（后称"岩画研究中心"）工作14年之后，才真正在专业研究方向上完成的质的转折。

作为我博士生培养的大弟子，亚琪的"时代"（2009～2012年）也一定是我们岩画研究中心研究团队初创的当口，因而在她那里频频出现的"开创性"应该是相当自然的，如委派博士生参加专业学术会议、会议上要求做专题演讲、独自参加岩画的田野调查等。亚琪的能力较为全面，其个人论文撰写和毕业答辩，并不需要导师特别操心。现在想想，她毕业转眼已6载，但在我们岩画研究中心团队里依然有影响，这也可能与她研究广西左江岩画有一定关系。

2010年，亚琪参加了广西壮族自治区组织的第三次花山岩画调查，回来之后，她就开始了对左江岩画的研究。亚琪曾与我认真讨论过，她认为对广西左江流域岩画的研究，应该从申请世界文化遗产文本建设的角度出发。我当然支持她的想法，但私下觉得不太现实，毕竟是一个学生，即便是博士研究生，其研究深度或影响力都会比较有限。然而今天看来，正是亚琪当时"开创性"的设想，才能在一年后为岩画研究中心争取到承担广西壮族自治区文化厅有关花山岩画申请世界文化遗产的研究项目，这在心理上，尤其是在学术调研上，为团队做了很好的铺垫，可以说，亚琪的左江岩画研究是我们团队研究的一个重要前奏。

　　亚琪对左江岩画研究的另一个重要的"开创性"，是她选择了系统而深入地研究某一类岩画图像符号的结构形式，这也是目前中国岩画界并不多见的符号研究的类型。她紧紧抓住左江岩画最为核心的母题图像——"蹲踞式人形"符号，不仅把它放在左江流域岩画遗址群内进行分析研究，还将它作为一种具有一定普遍性的早期人形符号，从宗教、神话及艺术上进行分析研究，借鉴艺术人类学的理论方法，将重点放在岩画图像的符号学意义解读及图像功能主义分析上。尤其难得的是，在我们研究团队里，亚琪是最早将人类学、符号学理论用于岩画图像符号的阐释。这个建议最初由我提出（只是我的一个希望），而她后来真正写出一篇很不错的论文（黄亚琪：《岩画的语言符号学研究》，载张亚莎主编《岩画学论丛》第1辑，中央民族大学出版社，2014），让我很欣慰。

　　可能是我对每位学生都抱有很大希望，所以结果不一定能够如愿。这些年，我的成长只表现在"逐渐明白状况"上，对学生抱有期待是正常的，而没能实现老师的期待也许更加正常，学生们未必真正愿意或者有能力实现老师的全部期待（这颇似许多父母会有"望子成龙"的想法，实际上问题出在父母身上，而不是孩子有问题）。当然这是题外话，但那些在专业研究上给我带来过意外惊喜的学生，都在我的记忆中留下了深刻印象。

　　对于毕业了的学生们，我曾经说过这样一段话："每一届在岩画研究中心学习过的博士研究生与硕士研究生，不管他们自己能否真正意识到或真实感受到某种特殊使命感，他们实际上都或多或少曾为岩画研究中心的基础建设做出了贡献，所不同的可能只是自觉与不自觉而已。也许对于他们个人而言，只是在完成一个课题研究，撰写出一篇博士或硕士论文，经历'痛并快乐着'的学术训练，收获其学业进步，最后拿到一纸文凭，但对于岩画研究中心团队整体来说，每一位学生的论文完成过程，都折射出我们初创阶段的困惑、艰难甚至挫折的经历，当然也印证了岩画研究中心团队获得的感悟、经验与收获。"

　　我欣赏亚琪在岩画研究中的创新性，她的创新不仅显示出理论勇气和开拓性，更重要的还使她拥有了很坚实的基础：踏实沉着的判断力与不断推进的能力。如今我还常在团队活动时提到亚琪，不仅仅是因为她在学习与研究方面让我很省心，更是因为她在岩画研究理论与方法上的这种建设性。中国岩画研究现阶段特别需要创新性与建设性。

　　岩画（Rock Art），从图像特有的造型性、人类在艺术上的创造性、以艺术方式传达精神的表现、图像与意义的关联性研究等角度看，把"岩画"放在艺术学科的大范畴内是顺理成章的。然而，"岩画"作为"岩石上的艺术"，其最为本质的特点正是它的图像性。这也是为什么作为中国的岩画人，我很少强调岩画的"艺术性"，但却非常重视它们的"图像性"的原因所在。事实上，图像本身就是一种资源、一种资料，我们甚至应该把它们看成是史前时代的人类为我们留下的唯一一种文字资料或图像文献资料。因此，研究岩画的"图像"应该是岩画研究最为基础也最为本质的部分。然而我们真正面对这些"唯一性"的图像资料时，真正试图对其进行解释时，才尴尬地发现多半找不到理论支撑，最重要的是缺乏方法！岩画图像看起来简单，但释读却非常困难，它的多歧义性、无证据链、孤立无援的性质等，都让我们对它的解释束手无策。也许在根本上，是我们尚未真正意识到，岩画资源很古老，也很普遍，但以我们已有的知识体系与认知结构来看，它可能是一个极富于挑战性的全新领域，即它看似很熟悉但其实非常陌生，这里的图像我们不难看懂，但其实却很难解读。原因很简单，真正要读懂它们，需要我们返回到过去历史的某个时段，而我们显然回不去，除非时光倒流！我们如何解释完全不了解的、某个时代的、具有象征意义的图像符号及其背后的文化内涵呢？

从图像艺术角度看，岩画属于艺术的学科范畴，当然它更应该归属于艺术史学的研究领域，原因是艺术史学的研究对象是"历史上"的某种艺术现象或某些艺术品。岩画作为早期人类留下的艺术品遗存，当然符合这些条件。艺术史研究所依据的证据材料一是历史文献的资料支持，二是考古出土材料支持，三是造型艺术作品本身的材料支持（作品本身既是被研究对象，同时也是提供大量咨询的资料信息库）。于是问题就出来了，通常在一定历史时期以后的艺术品，都会有或多或少的历史文献做参考，如果是史前时期的艺术品遗存，或多或少能够获得考古学出土文物的佐证，然而对于岩画而言，除少数地方可能会有历史文献的记载（这类岩画的年代一般不可能太过久远），绝大部分岩画是无历史文献参考的。与此同时，大多数岩画遗址似乎都不太容易与周边的考古学文化遗址建立起关系，这样不容易获得考古学方面的支持。岩画遗存留给我们的是一个孤证——岩画的图像本体。

可想而知，利用艺术史学的研究方法与理论来研究岩画这一古代艺术品的特殊门类，首先便遭遇到证据链的缺失与稀少的困境。

岩画与艺术学科中的任何一个"成熟"的艺术门类又都相同，因为艺术门类的分类依据的是某一类艺术形式在长期分工发展过程中所形成的规范与特质，这里强调的是"分工"、"长期"、"规范"与"特质"。"分工"是指艺术活动已经完全从生产或工艺生产中脱离出来的一种审美性质的创造性活动；"长期"则意味着一种技能或才能在不断使用的过程中得到锤炼与提高；"规范"是指一种艺术门类形成了自己独特的表达手法和意境；"特质"多半会与"风格"有关，即具有一种特定的意义与审美形式结合后所形成的相对固定样式。由此可知，这些要素的集中一定是指一种发展得非常充分的艺术形式。而遍布全球各地的岩画，绝大部分都属于早期艺术，与这种发展得非常充分且分类明确的"艺术"不可同日而语。尽管绝大部分的艺术史学家或人类学家都认为，原始时期的艺术与文明时代的艺术，就艺术本质而言没有区别，并反对将早期人类艺术模式与儿童艺术进行同类比较研究，但实际上传统的艺术史学对岩画这类早期艺术遗存的研究，尤其从技术进步与造型概念的角度看，也缺乏已有的理论与方法。

从艺术理念的角度看，艺术作为人类精神传达的一种特殊形式，可以说是与智人（现代人）起源是同时的，有学者甚至认为在人类进化史上，只有智人的精神生活中才拥有艺术传达的这种能力，这也是为什么人类进化有漫长的历史，艺术的历史却只能推到距今四五万年前。但人类自旧石器时代晚期开始到今天，社会发展有不同的历史阶段，且发展进化的速度也愈来愈快，不同的社会发展阶段，艺术的表达手法乃至性质都会发生很大变化，甚至是质的改变。从艺术发展的结构看，也许黑格尔的"三段式划分"仍然有一定的存在意义，他认为艺术历经三个大的时期，早期是象征主义艺术时期，中期为古典主义艺术时期，后期则是浪漫主义艺术时期。不管黑格尔的早期里是否包含了史前艺术时期，但就以"象征主义"来概括岩画艺术表达的基本特征，还是有一定道理的。象征主义艺术最为突出的特点恰恰是以符号限定思想，以图像浓缩精神，也就是说，艺术传达的主要特点不是描述、不是反馈，而是某种相对普适的精神或意志符号的指定（这也是为什么遍布全球的岩画是一种大家似乎都能看懂的图像艺术），是精神内容大于图像传达的符号主义（抑或是象征主义）艺术。而今天的艺术史学理论与方法，从大框架上看，整个世界范围内都应该是"古典主义"艺术时期逐渐形成并不断深化的一种理论体系，此时的艺术，应该是一种描述性的、反馈现实的艺术，艺术形式与思想内涵密切结合，使艺术表现形式逐渐被推向象牙塔，因而形式本身的魅力、技术的力量成为艺术作品能够成功的重要标志。很显然，这种"古典主义"艺术理论体系，不仅不适合早期人类的岩画"艺术"研究，其实也同样不适合已经经历过近现代工业化社会并进入快速信息化的当今社会。我们知道，每一个大的历史阶段社会意识形态结构一旦形成，艺术内容与形式的结合也随之形成，基本范式一旦形成，变化虽然会一直存在，但大的结构却很难突破，参观今天欧洲部分经典的美术馆或博物馆，巴洛克也好（浪漫主义艺术），古希腊也好（古典主义艺术），北欧的尼德兰艺术也好，俄罗斯巡回画派也好，造型语言与艺术表达结构在骨子里是一样的，其背后的社会经济结构都是农业经济加城镇文化，这种社会结构可能长达数千年，却也只是人类历史中的一段而已。也就是说，无论是向前还是向后，古典主义时代所建立起来的艺术理论体系都只适应人类社会发展过程中的某一段。因此，无论是原始主义还是现代主义的艺术研究，其实同样缺乏理论范式。如果说，现代主义艺术是由于时间距离我们过近，我们可能无法看清，或因为变化速度过快，人们尚无法在理论上跟上这种变化；那么，原始主义艺术则恰恰因为在年代上距离我们太远，远到我们无法真正穿透历史长河去窥视到早期人类的艺术思想及艺术表达方式的逻辑法则。

岩画的特质应该是它的图像性与造型性。图像——永远都是最有诱惑性的，而岩画的图像则更具诱惑性：那些图像一点儿也不复杂，感觉每个人都能画（除个别之外，通常都不需要太多的技巧）；那些图像似乎也很容易"看懂"（曾不断有人认为它们与儿童画相似）；它们还如此普遍地存在于我们身边；然而，真正要做研究时会发现，对它们的详细解读却是非常困难的事！图像的复杂与精致与其背后意义的指代未必成正比，古典主义时代的艺术，可能若干幅画就只讲了一件事、一个典故或一个历史画面，但早期人类艺术的一个简单符号却可能涵盖着大量复杂而神秘的内容，更麻烦的是同样一个符号在这个区域指代的东西，可能到另外一个区域完全不同；在10 000年前是一个意思，到5000年前时可能已经发生了很大改变；时空不对，符号的含义可能千差万别。愈是简单的符号，它能够给定的条件愈少，何况岩画遗存的存在状态通常又都是比较孤立的，仅仅靠几个简单的符号，我们又能获得什么样的信息呢？

岩画研究的种种困难只能说明一个事实，中国岩画研究目前正处于艰难的瓶颈阶段。一些学者不愿意介入岩画研究，更有不少学者曾经做过后来却逐渐远离，不完全是因为畏惧岩画研究上的困难，而是缺乏方法，也看不到前景，他们的判断没有错，我完全能够理解。也正因为如此，我认为，中国岩画研究如果想真正有所突破，新的理论与方法的探寻已迫在眉睫，已经到了一定要创建自己的岩画图像学理论与方法的时候了，当然，这个创建过程会是漫长而步履艰难的，需要持续不断地推进。因此，我更寄希望于年青一代热爱岩画的学子们。

亚琪毕业 6 年之后才准备出版这本书，她在原有研究基础上做了相当认真的修改与补充，我欣赏这种态度，这其实体现的是一种成熟。今年初，亚琪邀我写序，我自然乐意为之，却也因为忙而耽搁了不少时日，这些年的忙碌已让我疏于回忆，而在为亚琪写序的过程中，我倒真回忆起不少以往的美好事情，原来为自己的学生写序也是件快乐的事情！

是为序。

张亚莎

中央民族大学中国岩画研究中心

2016 年 5 月 20 日于北京

目　录

序 \ i

第一章 引论 \ 1
- 第一节　研究的缘起 \ 2
- 第二节　左江岩画国内外相关研究综述 \ 6
- 第三节　岩画符号学研究理论的述评 \ 11
- 第四节　岩画符号学研究方法的阐释 \ 13

第二章 左江蹲踞式人形岩画的环境与创作者 \ 24
- 第一节　蹲踞式人形岩画的环境 \ 25
- 第二节　蹲踞式人形岩画的创作者 \ 38

第三章 左江蹲踞式人形岩画的风格与发展 \ 53
- 第一节　蹲踞式人形岩画的分布规律 \ 54
- 第二节　典型"蹲踞式人形"的风格分析 \ 56
- 第三节　典型蹲踞式人形组合符号的风格比较 \ 61
- 第四节　蹲踞式人形岩画的分期 \ 70

第四章 左江蹲踞式人形岩画的分布空间 \ 88
- 第一节　自然空间 \ 89

第二节　骆越先民的宗教信仰 \ 94

第三节　神圣空间 \ 104

第五章　独特的左江蹲踞式人形岩画 \ 114

第一节　左江蹲踞式人形岩画的独特性 \ 115

第二节　左江蹲踞式人形岩画独特性的成因 \ 131

第六章　"蹲踞式人形"的语义解读 \ 147

第一节　中国早期考古资料中的"蹲踞式人形" \ 148

第二节　早期艺术中"蹲踞式人形"的象征意义 \ 166

第三节　"蹲踞式人形"地方性语义的形成 \ 176

第七章　"蹲踞式人形"组合符号的文化内涵研究——兼论蹲踞式人形岩画的创作思维模式 \ 182

第一节　"蹲踞式人形"的重复排列组合 \ 183

第二节　"蹲踞式人形"与抽象符号的组合 \ 190

第三节　蹲踞式人形岩画的创作思维模式探讨 \ 211

第八章　左江岩画保护现状的思考 \ 219

第一节　关于岩画保护 \ 220

第二节　左江岩画保护现状的分析 \ 232

第九章　左江岩画保护模式的探讨 \ 243

第一节　左江岩画景观及其稻作文化元素分析 \ 244

第二节　作为稻作文化景观的左江岩画保护 \ 251

结语 \ 264

参考文献 \ 269

附录 \ 281

后记 \ 285

第一章

引 论

岩石的表面是人类最早的"画布"。自从人类的祖先进化成为智人以来，他们就在峭壁的岩石上刻刻画画，留下自己的印记，这些印记以岩画的形式出现在世界各地。在大约50万年史前时期已经发现的艺术物品中，岩画的数量占据了大部分[①]。这时的先民还没有使用文字，在世界大部分地区用文字来记载历史只有几百年，少数文明古国也只有几千年，无文字记载的历史要比有文字记载的历史长350倍，岩画是人类在无文字时期记载的历史。

世界上最早有岩画的记录可以追溯到我国战国时代，而欧洲人发现岩画要晚到1627年（明天启七年）。岩画真正引起人们的重视是在20世纪中期，这时岩画才真正成为一个被研究的个体，而不仅仅只是一种直观的描述对象。我国近现代岩画学研究始于20世纪初，最早的是1915年黄仲琴对福建华安仙字潭石刻的考究。后来，很多国内外的学者，以及岩画爱好者也加入我国岩画研究的队伍中来。

第一节　研究的缘起

左江岩画是我国最早被认定为的全国重点文物保护单位之一。从1956年以来，沿左江流域200多千米的峭壁上，先后发现了大量用赭红色颜料涂绘的崖壁画，形成了规模宏大、气势磅礴的左江崖壁画长廊，备受世人关注。笔者于2010年9月，有幸参加了广西文物队对左江岩画点附近的文物普查，得以近距离观看、研究左江岩画，并进行了田野调查。

现今，左江流域发现的岩画点约有81处，多数分布在左江两岸的峭壁上。这些岩画点一般距离江面大约20米，但是，也有的岩画点距离江面高达80米。左江岩画最吸引人，同时也最令人费解的是岩画内容90%以上为一种双手半上举、双腿半下蹲的人形符号。这种图形最小的约60厘米，最大的近3米。在岩画界和世界上古文化及考古领域中，这种蹲踞体态的人形被称为"蹲踞式人

[①] ［法］阿纳蒂 E. 艺术的起源［M］.刘健译.北京：中国人民大学出版社，2007：20.

形",从类型学上可分为30多种①。"蹲踞式人形"的双手有时向上举有时向下提拉,也有一手向上一手向下的形象,并且手的上举和下拉的幅度也不完全一样,但是它们都有一个共同的特点:双腿呈半下蹲状。以"蹲踞式人形"为主题的岩画,本书将其称作"蹲踞式人形岩画"。

一、蹲踞式人形岩画研究的普遍价值

蹲踞式人形岩画是地中海以及环太平洋沿岸地区岩画中常见的主题。此外,"蹲踞式人形"还广泛出现在世界各地考古资料中的陶器、骨器、壁画、青铜器等古代艺术作品上。最早在新石器时代早期(公元前8000年)就已经发现它的踪迹,而且直到现在,它仍是一些地区的民间艺人和原始部落艺术家的创作素材,所以"蹲踞式人形"是一个分布范围广、年代跨度大,具有世界意义的文化现象。

"蹲踞式人形"之所以能够广泛分布于世界的不同地区,能够长久地保存在不同的人类活动史中,说明了它是早期人类思维、传达与交流的基本词汇;是人类对自身的一种认知,反映了人类既特殊又有普遍意义的思想观念。通过对世界范围内蹲踞式人形岩画的比较与分析,不但可以寻找蹲踞式人形岩画的发展规律,还可以探究人类早期对世界以及自身的认知,这种研究无疑应该成为岩画研究中的重要课题。

二、左江蹲踞式人形岩画的独特性

广泛分布于世界各地的蹲踞式人形岩画,除了在形式上表现出的大同外,在风格上,又因时因地表现出了一些差异性。相比较其他地区的蹲踞式人形岩画,广西左江的蹲踞式人形岩画不但数量大,而且内容丰富。仅左江流域尚可辨认的蹲踞式人形岩画就有1800多个,造型古朴粗犷,图像风格独树一帜。

值得注意的是,与左江蹲踞式人形岩画风格及其近似的岩画,还出现在中国西南地区的四川、云南,东南地区的福建和东南亚的一些岛屿国家,远到大洋洲的美拉尼西亚、波利尼西亚都有发现。伴随着蹲踞式人形岩画的出现,还出现了其他符号,如服饰、船、圆形、犬等。这些地区中的很多文化特质也都非常相似,它们呈现出的是一种区域文化的共性,表明它们在历史上可能有着千丝万缕的联系。

相对于这些文化的相似性来说,异质性仅仅处于次要意义,无论历史学和

---

① 汤惠生. 原始艺术中的蹲踞式人形研究 [J]. 中国历史文物, 1996, (1): 3-18.

人类学所研究的社会与我们所处现代社会在空间和时间上的距离有多遥远，相似形态都占压倒性优势。应该说原始艺术形态中，保存着大量史前艺术的各种特质，针对左江蹲踞式人形岩画的这一特性，可以根据区域内的文化遗存，进行比较研究，使得对这一论题在深入研究的同时，还具有较为广泛的岩画学、民族学和民俗学的意义。

三、左江蹲踞式人形岩画深入研究的可能性

我国岩画多数以磨刻、凿刻为制作手段。岩画的制作时间，无法利用科学手段测定，周边又缺少出土文物作为佐证，因此，年代判定陷于猜度的局面，这容易使人在认识上步入将时间作为价值筹码的误区，难以充分、有效地发挥民族考古学研究方法的优势。因为左江蹲踞式人形岩画是由有机物原料涂绘于崖壁之上的，所以经由碳十四测定获得了基本准确的时间判定，从而为下一步有效利用古代文献、合理结合同时间段的其他文物资料，提供了前提保证。

另外，尽管蹲踞式人形岩画分布于世界各地，一些学者对它做过精彩的阐释，但其意义多被后来所衍生的文化内涵所掩盖，其原始意义在历史的长河中已渐被遗忘。而在中国，不但有着丰富的图像遗存和大量的史籍记述可资比较，而且左江流域还保存着丰富的文化遗存和民族、民俗资料。因此，对现有资料进行梳理研究，不但可以使我们对左江的蹲踞式人形岩画做出深入分析，还可以使我们对"蹲踞式人形"这一具有世界性的艺术主题有一个全面的认识。

四、符号学在岩画研究中运用的有效探索

岩画是一种无声的语言，是一种符号，它不但具备一般语言符号样式负载和传递一般信息的功能，成为人类重要的交际工具，而且具备了多重信息浓缩传递的优势，其中渗透着岩画参与者对客观世界的全面把握，是客观物化和主观感悟以及个体情感在语言符号中的独特体现。

用符号学方法对左江蹲踞式人形岩画进行研究是对一种研究理论的探索。语言符号学在岩画研究中的运用丰富了岩画研究的方法。基于此，笔者试图在本书中综合利用岩画学、艺术学、人类学、民俗学等研究方法的同时，重点运用语言符号学的方法对左江蹲踞式人形岩画进行研究，试图用这种不同于以往思路的研究方法对左江蹲踞式人形岩画进行分析，以得到更新、更深刻的解读。

同时本书也是对语言符号学在岩画研究中运用的一个个案探讨。

五、左江花山岩画文化景观的保护

世界遗产是指被联合国教科文组织世界遗产委员会确认的，全世界公认的具有突出意义和普遍价值的文物古迹和自然遗产。广西左江的花山岩画图像丰富、场面壮观，在1998年就被列为全国重点文物保护单位，这是我国最早被公布为全国重点文物保护单位的岩画点之一（另一个岩画点是江苏连云港将军崖岩画）。

从2003年起，花山岩画由宁明县独自申报《世界遗产名录》，并在2004年11月被列入了原建设部设置的中国申报世界遗产备选清单。2007年，通过政府机构和学者的共同努力，花山岩画首次被列入国家文物局设置的《中国世界文化遗产预备名单》。此后，在2012年国家文物局更新后的《中国世界文化遗产预备名单》中"花山岩画"改名为"花山岩画文化景观"。在2014年"左江花山岩画文化景观"申遗的宣传材料中，申报范围由原来的宁明花山扩展到了左江流域的三个区的18个岩画点。2015年，广西重点推进左江花山岩画申遗。2015年1月，经中国联合国教科文组织全国委员会讨论通过，"左江花山岩画文化景观"正式确认为2016年中国申报《世界遗产名录》唯一项目。2016年7月15日，"左江花山岩画文化景观"成功申请为世界文化遗产。

左江岩画的申遗历程经历了十几年，这个过程是艰辛的，但也使我们更深刻地认识到了左江花山岩画的文化价值，以及我们需要重点关注的研究方向。

首先，就广西左江岩画而言，如何展示其岩画文化，说明广西岩画"代表了一种独特的艺术成就"，表明其岩画文化曾在一定时期内或世界某一文化区域内产生过重大影响，这是实施广西岩画文化价值的重要内涵。毫无疑问，"蹲踞式人形"符号是广西岩画的一种突出的文化特质，我们可以说广西左江岩画，主要就是蹲踞式人形岩画，其无论从规模还是艺术价值上，都展示了一种独特的艺术成就；另外，与广西蹲踞式人形岩画有关的文化，广泛存在于我国南方和东南亚地区，它们凸显了一种区域文化特色；而且蹲踞式人形岩画还广泛分布在世界各地，这种岩画形式具有一定的普遍性。所以，总体来看，广西左江的蹲踞式人形岩画既有区域文化特色，又具有一种普遍价值，因此，从蹲踞式人形岩画的角度对左江岩画进行研究，对深入挖掘其相关的文化价值具有重要意义。

其次，左江岩画申遗过程中名字从"花山岩画"到"花山岩画文化景观"，再到"左江花山岩画文化景观"的变更，也使我们认识到如何准确定位左江岩画的价值，对其进行整体保护，更是我们深入研究与保护左江花山岩画的关键。

本书是对左江81个岩画点的蹲踞式人形岩画所做的一个整体研究，是对左江岩画文化内涵以及有效保护所做的一个探索尝试，希望它能够成为左江花山岩画文化景观遗产研究、管理，或是使更多人认识其价值的有益参考资料。

第二节　左江岩画国内外相关研究综述

中国岩画总体分为南北两个系统。在南方涂绘岩画系统中，左江流域岩画占有极为重要的地位，人们素以"百里左江百里画，千古花山千古迷"来形容左江的景色。在绵延数百里的左江岩壁上，专家学者一共发现了81个岩画点、180处岩画。其中宁明花山岩画人物最多，画像最大，内容也最丰富，所以人们往往把左江流域各县的岩画统称为花山岩画。由于左江岩画规模宏大、气势壮观，因此，自从被发现以来，吸引了大量的研究学者。迄今，对左江流域岩画的研究共经历了五次重要调查、三个主要研究阶段。

一、左江岩画的发现与初步研究

中国岩画被世界认识始于20世纪80年代，因而国外对左江岩画的研究很少。但在我国，左江岩画很早就被典籍记载。南宋人李石编著《续博物志》卷八中云："二广深豀石壁上有鬼影，如澹墨画。船人行，以为其祖考，祭之不敢慢。"① 明人张穆《异闻录》中记载："广西太平府有高崖数里，现兵马持刀杖，或有无首者。舟人戒无（毋）指，有言之者，则患病。"② 清光绪九年（1883年）编撰的《宁明州志》载："花山距城五十里，峭壁中有生成赤色人形，皆裸体，或大或小，或持干戈，或骑马。未乱之先，色明亮；乱过之后，色稍黯淡。又

---

① （南宋）李石. 续博物志 [M]. 成都：巴蜀书社，1991: 117.
② 覃彩銮，喻如玉，覃圣敏. 左江崖画艺术寻踪 [M] 南宁：广西人民出版社，1992: 4.

按沿江一路两岸，石壁如此类者有多。"① 清代编修《新宁州志》记载："画山在城东二十里州旧村庄，常现灵异，有仙迹云。"② 这个时期对花山岩画的研究只是简单的图形描述和灵异迷信的传说。

由于左江流域交通不便，所以左江岩画一直不为外界所知。因此，对左江岩画真正的调查和研究始于中华人民共和国成立后。1954 年 1 月 1 日，广西壮族自治区博物馆首次对宁明花山岩画进行调查并做记录，这是左江岩画第一次被研究者进行考察。由于当时的器材设备限制，那次的记录相对粗略。1956 年 9 月 23 日，由广西民族、考古、历史学界人员以及中央民族学院的部分师生组成的广西少数民族社会历史调查组，再次对花山岩画进行调查，共发现 7 处崖壁画，此外还在岩画附近的几个岩洞中发现了许多文化遗物。1956 年 10 月 5 日广西少数民族社会历史调查组将此次前去调查临摹的花山岩画图像，以及带回的文化遗物在广西壮族自治区政协礼堂进行了展出。1962 年 7 月，广西壮族自治区民族事务委员会组织包括地质学、文学、历史学、美术、考古学、民族学等学科工作者前去考察，将考察结果整理编辑成《花山崖壁画资料集》一书，书中记录了新发现的 43 处崖壁画、临摹的图像 28 幅以及当地民间流传的花山岩画来源的故事等。1963 年夏天，广西壮族自治区博物馆文物普查时，在崇左市驮芦公社那陶村附近丈四山、凭祥市北郊马鹿山再次发现古代岩画点。之后，在 20 世纪 60 年代中期，因受"文革"影响，岩画研究工作被迫中止。

图书《花山崖壁画资料集》及 28 篇相关论文，对左江岩画的产生年代、创作者以及描绘内容的学者多有论述。梁任葆在《花山壁画的初步研究》一文中认为，花山岩画应当属于上古时期作品，依据是岩画中的人物以及动物形象都是原始形象，并认为花山岩画是为了纪念某次战争的胜利所作。但我们知道，仅凭图像所做的感性判断是很难立足的③。黄增庆在《谈桂西壮族自治区古代崖壁画及其年代问题》一文中则认为，岩画内容反映的是壮族人民面对统治者的压迫而做出的反抗。这些岩画与黄乾曜及他领导的人民起义有关④。石钟健在《论广西崖壁画和福建岩石刻的关系》一文中，通过历史文献记载以及关于铜鼓和环首刀时代的推论，认为花山岩画的创作时代应不早于春秋不晚于西汉，而

---

① （清）黎申产，王纳绅. 宁明州志［M］. 民国三年铅印本 (1914). 9-10.
② （清）戴焕楠，张桀奎. 广西省新宁州志（一）［M］. 台北：成文出版社，1975：84.
③ 梁任葆. 花山壁画的初步研究［N］. 广西日报，1957-02-10.
④ 黄增庆. 谈桂西壮族自治区古代崖壁画及其年代问题［N］. 广西日报，1957-03-09.

岩画的创作者应当是骆越人。并且文中还重点探讨了岩画点时间以及与东南地区岩画之间的关系，认为广西岩画与福建岩画非常相似，但是过去对于两地岩画点调查却是分别进行的，现在应当把两者合在一起，作综合研究。因为两者有着"基本相类"的情况。只有对两者作全面性地、历史性地分析，才能把两者间的根本关系寻找出来①。陈汉流在《花山崖壁画语言符号的意义》一文中还提出了花山崖壁画是"从绘画向形象文字发展过渡时期的一种语言符号"②。纵观这一时期的调查与研究，多涉及对岩画的总体介绍、部分图像的临摹、断代、解读，研究稍显简单而不深入。

二、左江岩画研究的突破阶段

20世纪70年代后期，岩画研究重新复苏。1980年6月10日至7月5日，由广西壮族自治区博物馆组织的摄影、艺术、考古专业人员对左江流域岩画进行了1个月的专题调查，除复查了之前发现的52处岩画点以外，还发现了12处古代岩画，这一新的发现又扩大了花山岩画的范围。在这次的考察中，考察人员忍受条件的艰苦，对发现的岩画地点都做了记录并且拍摄了大量的照片，这为后来的花山岩画研究奠定了坚实的基础。1984年广西壮族自治区博物馆左江岩画调查组搜集并整理了之前几次考察的资料，发表了《巫术文化的遗迹——广西左江岩画剖析》，2004年10月至12月，广西壮族自治区文化厅和广西遥感测绘院合作用了3个月时间对花山岩画的数字化进行近景摄影测量，完成了对花山岩画的1:20、1:100的岩画立体景观影像、数字正射影像的摄影测量工作。

这一阶段，左江岩画研究最重要的突破是采用碳十四直接年代测定法，对花山岩画的年代做出了误差相对较小的判定，认为花山崖壁画的作画年代上限在战国，下限在东汉。同时期的论文数量也有近100多篇，研究内容不但涉及岩画点的年代、族属、功能，还关注到了岩画点本体形式的特征与审美。在研究方法上，也开始尝试与当地考古以及民族资料相结合，并开展了一些跨区域文化的比较。

王克荣在《花山崖画与铜鼓》一文中，将花山岩画与壮族铜鼓进行了比照

---

① 石钟健.论广西崖壁画和福建岩石刻的关系[J].学术论坛，1978,(1): 95-107.
② 陈汉流.花山崖壁画语言符号的意义[N].广西日报，1961-09-18.

论证[1]；黄现璠、陈业铨的《广西宁明花山壁画与岩洞葬》认为花山岩画的产生与当地先民崖洞葬有关[2]；《巫术文化的遗迹——广西左江岩画剖析》一文中则指出，左江岩画是具有魔法作用的图画或是符号，是神圣巫术礼仪的重要组成部分[3]。黄惠焜的《花山崖画的民族学考察——也谈广西花山崖壁画的性质年代和族属》一文中认为，左江岩画的作者是苗瑶先民，图像中似犬、似马的动物是"犬"非"马"，看似骑在马背上的人其实是原始人作画不懂运用透视原理造成的，加之犬是苗瑶先民的图腾，因此，内容中大量出现的动物为"犬"[4]。

1986年至1987年有关左江崖壁画发表的文章较多，论证也较充分。宋兆麟在《左江崖壁画考察记》中认为，花山岩画创作年代是战国至东汉时，依据崖壁画中所出现的典型器物来推断崖壁画的年代[5]。覃圣敏、覃彩銮在《论左江崖壁画的年代》一文中认为，崖壁画年代上限为东汉，而下限应在南朝末年甚至到隋代。依据是裸体人物图形和出土文物环首长铁刀做推断[6]。杨成志在《广西壮族的古代崖壁画》一文中认为，花山岩画内容中现存的1000多个人物画像以及排列、动作都是古代战争的写照，在明江有民间传说也和军事战争有关系[7]。梁庭望在《花山崖壁画——祭祀蛙神的圣地》一文中认为，花山岩画中描绘的不是人而是蛙神，内容中蹲踞式占多数，形似蛙类，且蛙是壮族先民的图腾，所以基于对蛙神虔诚的信仰以及敬畏才会冒着生命危险在山崖上作画[8]。莫俊卿在《左江崖壁画的主体探讨》一文中，通过壁画的图案、结合考古学、历史学资料来对军队会师图说、点将图说、庆功图说、语言符号说和祭祀图说等说法进行排除，再次用师公做"道场"时，所跳的模拟舞、画的蛙神符咒和民间的种种神话传说，证明"蛙神"在壮族或先民中极为重要的地位，同时也说明左江崖画迂回地反映了壮族原始社

---

[1] 王克荣.花山崖画与铜鼓［A］//王克芬.舞论：王克芬古代乐舞论集［C］.兰州：甘肃教育出版社，2009:185-190.
[2] 黄现璠，陈业铨.广西宁明花山壁画与岩洞葬［A］//中国西南民族研究会.西南民族研究［C］.成都：四川民族出版社，1983:394-399.
[3] 王克荣，邱钟伦，陈远璋.巫术文化的遗迹——广西左江岩画剖析［J］.学术论坛，1984,(3):64-73.
[4] 黄惠焜.花山崖画的民族学考察——也谈广西花山崖壁画的性质年代和族属［J］.云南民族学院学报，1985,(1):42-50.
[5] 宋兆麟.左江崖壁画考察记［J］.文物天地，1986,(2):34-36.
[6] 覃圣敏，覃彩銮.论左江崖壁画的年代［J］.三月三，1986,（总23）:16.
[7] 杨成志.广西壮族的古代崖壁画［J］.中央民族大学学报，1988,(4):16-20.
[8] 梁庭望.花山崖壁画——祭祀蛙神的圣地［J］.中南民族大学学报，1986,(4):18-23.

会末期或阶级社会初期的宗教信仰、宗教生活及社会生活①。林蔚文在《广西左江崖壁画与福建仙字潭崖刻的比较研究》一文中，从作画范式、图像类型、艺术特征、作画环境等方面把左江岩画与福建仙字潭岩画进行了比较研究②。

另外，出版的两本综合性研究著作，更是奠定了左江岩画的研究基础。覃圣敏、覃彩銮、卢敏飞、喻如玉共同撰写的《广西左江流域崖壁画考察与研究》著作于1987年出版，全书较全面地论述了左江流域岩画的地理位置、风格，并论证了作画的族属和岩画的功能，成为研究花山岩画不可忽略的一本专著；王克荣、邱仲伦、陈远璋共同撰写的《广西左江岩画》著作于1988年出版，该著作对左江岩画集中进行了资料性的描绘研究。

三、左江岩画研究的深入发展阶段

在左江岩画研究的第二个阶段，更多的是有考古背景的专业人士在从事岩画研究。进入20世纪90年代以后，随着更多人对岩画的熟知，不同领域的研究者不断地加入了岩画的研究中，尤其是一些受过专业训练的，具有一定国际视野的年轻学者也加入左江岩画的研究中，成为这一时期左江岩画研究的一个特色。同时，随着旅游业的兴起，当地政府更多致力于岩画点的开发、利用与申遗。因此，这一时期的左江岩画研究更多的是从岩画的保护、资源利用、申报世界文化遗产等角度进行的研究。

为了配合左江岩画申遗所需材料的整理与收集，2010年9月广西成立了专门的文物队对左江岩画点附近进行文物调查，并对左江岩画再次进行了田野调查。这次调查不但发现很多文物古迹，还发现了1个新岩画点。同时，为了扩大左江岩画的影响，多次邀请国内外专家召开岩画相关研讨会议，共同商讨岩画研究方法，共同推进岩画研究。

这一阶段时期出版的《左江崖画艺术寻踪》一书，更多地关注了花山岩画与民间文化的关系，并且增加了对审美意识的分析，可以说是对《广西左江流域崖壁画考察与研究》一书的补充论述。2006年由唐华主编出版的《花山文化》论文集，收集了一些从人类学角度对左江岩画进行研究的文章，并且更加把注重了左江岩画与当地文化的紧密连接。为了配合花山申遗，2010年杨炳忠等主

---

① 莫俊卿.左江崖壁画的主体探讨[J].民族研究，1986,(6):68-72.
② 林蔚文.广西左江崖壁画与福建仙字潭崖刻的比较研究[J].广西民族研究.1987,(1):46-51.

编出版了《花山申遗论坛》，该书围绕着左江岩画的申遗主题，从多方面对其进行了论述。同时期，一些高校的博士和硕士也把左江岩画作为了研究的课题，用较新的视角，对左江岩画的做了进一步的研究。

综合各阶段对左江岩画的研究，我们会发现，在过去的几十年里，对左江岩画的研究已然形成了一种热潮，其中不但有各个研究领域的学者，也有热爱探险和旅游的人们，他们都保持着一种研究的热忱。人们试图从人类学、人种学、考古学以及艺术学角度对岩画进行研究。

从世界研究岩画的方法看，大致可分为信息法和图像分析法两种[1]。信息法是依据人种志、人类学以及神话和传说提供的信息认识史前图像的意义；图像法求助于图像本身内在的信息，而不用依赖信息提供者的解释，包括岩画地点及其周围的环境，经常出现的岩画图形以及图形之间的关系。在研究中，这两种方法并不是被单独使用，而常常是相互交叉使用的。正是这种多角度的尝试促成了岩画研究的兴盛，使它形成了自己的词汇、田野调查方法，有着自己的期刊和研究群体，最终作为一种独立的学科被大家接受。可以说共同的研究理论把岩画研究者推到了世界舞台，因为岩画本身就是一种世界现象。

但是，岩画研究过多的纠结于意义的探寻，被认为是社会经验在心灵投射的客观反映，而忽略了岩画的形式特征。在我国近十年的岩画研究论文中，关于岩画的形式审美与心理的研究还占不到1%，这不能不说是研究的缺失。苏珊·朗格说："艺术，是人类情感的符号形式的创造。"[2] 岩画的意义与形式之间其实并不互相排斥，他们是相关联的。我们要研究的是联结结合形式、意义、创作者关系的网络，而不是对单个要素的研究。只有通过存在于岩画形式、意义、创作者之间的关系，才能解释整体的部分和作为岩画整体的结构。

第三节 岩画符号学研究理论的述评

从本质上来说，岩画形式的构成是为表达情感服务的，在表情达意传递信息的过程中被符号化，成为人类思想袒露的符号。

---

[1] Chippindale C, Tacon P. The Archaeology of Rock Art [M]. Cambridge: Cambridge University Press, 1998:1-10.
[2] [美]朗格S.情感与形式[M].刘大基译.北京：中国社会科学出版社，1986: 51.

学界对符号的研究历史悠久，我国古代哲学家把意义问题作为中心论题之一，类似"名实之争"与"言意之辩"的符号学主题贯穿整个思想史，这种思想可以看作是现代的"所指"（signified，指心理上的概念也即符号内容）和"能指"（signifier，指具体的事物，即符号形式）概念的萌芽。古希腊哲学家赫拉克利特（Heraclitus，约前540—前470）大约在2500年前就提出了"逻各斯"（logos）的概念。Logos在希腊语中原指"词"或"有意义的词"。赫拉克利特用它来指变化万千的世界中那种亘古不变的本质。借此可以看出，他已经从宏观上朦胧地注意到了逻各斯、语言的意义与世界的本质之间的联系。其后的柏拉图（Plato，前427—前347）和亚里士多德（Aristotle，前384—前322）等更加直接地论及了名称及其意义，以及某些语词（句）的意义问题。法国著名人类学家列维–斯特劳斯将人类学称为符号学的一个分支。法国符号学代表人物罗兰·巴特也在他的《符号学原理》《神话——大众文化诠释》《流行体系——符号学与服饰符码》三部著作中，阐述了符号理论的建构和运用。人类学家格尔茨提倡一种"艺术符号学"，强调了对艺术文化认知内容的不可化约性，认为艺术是日常生活的折射，反映的是人们对当地生活的理解。他将每一种文化看作是符号和意义系统的主张。

用符号学方法研究岩画的并不多。在中亚的研究史中，20世纪70年代以后只有两位学者试图对岩画进行符号分析，他们是阿兰·摩德（Alan Medoev）和杰克·希尔（Jakob Sher）。摩德侧重研究岩画的环境和考古背景，并发展了一种岩画句法的美学研究。希尔在岩画符号学的研究中阐释了岩画图像风格的分析方法和图形与写作规则之间的近似性。另外一位学者瑞纳特·莎拉则从艺术符号语言交流过程对岩画符号进行研究，注重的是符号研究的系统性。在欧洲，对岩画进行语言符号研究的法国史前艺术史学家埃马努埃尔·阿纳帝认为岩画是一种语言，存在着句法和语法，通过图画文字、表意文字、和心理文字三种类型文字（也称"记号"），表现了人类最初的认知机制。三种记号具有不同的语法功能，并有着一定的艺术语法规则，即符号的组合机制[①]。

我国用符号学研究岩画的很少，在本书中，笔者试图把岩画作为一种交流的语言符号，借用皮尔士关于符号三元关系论证，从岩画符号、解释者、所指事物三者建立的三维的立体空间，对岩画符号的语用、语形、语义关系进行研究，借用列维–斯特劳斯美学理论中的"总体性""压缩模型"两个概念，把岩画看成是

---

① ［法］阿纳蒂 E. 艺术的起源［M］. 刘健译. 北京：中国人民大学出版社，2007: 340-347.

人类为了把握世界的认知图式，而制造的一种"压缩模式"的符号特征，包含着普遍与特殊、整体与个人的共同存在。这使得观赏者不但能"读出"译解或阐释岩画符号的意义，使用一种与创作者相似的岩画语言符号进行交流，还能在沉思中感受创作者其他意义的表达，从而实现对岩画做出全面客观的阐释。

第四节　岩画符号学研究方法的阐释

岩画像语言一样是一种具有交际功能的符号。它在表情达意传递信息的同时也是一种符号化的过程。当观赏者接受岩画符号所传递的信息时，与岩画符号形成了一个言语行为的交流过程。

皮尔士指出符号就是一种三元关系，即符号、对象、解释因素的关系[①]。这种三元关系形成了符号的交流体系。如图 1-1 所示，所指对象 C 唤起潜在的创作者思维中的心理事件 B，再由 B 联想到符号 A；观赏者通过符号 A，触动大脑中的概念 B，然后联系到所指对象 C，由此形成一种符号的交流过程。无论是 A 还是 C，都与 B 关系密切，所以用实线表示，A 与 C 之间的关系只有通过 B 才能表达，因此它们之间的关系用虚线表示。然而，在岩画的交流过程中，只存在 A，缺失 B、C。我们要重建岩画 A、B、C 之间的交流图，如图 1-2 所示，就要在三维空间对岩画符号的语形、语用及语义关系进行研究，这三者并不孤立，而是相互依赖、交叉并存的。

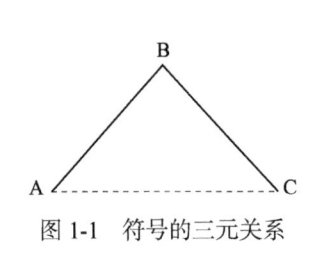

图 1-1　符号的三元关系

资料来源：[意]艾柯 U. 符号学理论[M].卢德平译.北京：中国人民大学出版社，1990：17.

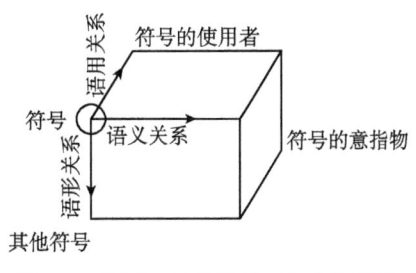

图 1-2　符号三元关系的三位空间图示

资料来源：[瑞士]波亨斯基 J M. 当代思维方法[M].章世俊，邵春林，李福安译.上海：上海人民出版社，1987:36

---

① [意]艾柯 U. 符号学理论[M].卢德平译.北京：中国人民大学出版社，1990：17.

一、岩画符号的语用关系研究

岩画符号的语用关系是指岩画符号与解释者之间的关系。"某物之所以是符号，只是因为它是由某一解释者解释成某物的符号"①。它是为某种用途而由解释者所制造的，是解释者概念的实在。对岩画符号语用关系的研究，就是指对含有概念的岩画符号是在什么样的语境中，由什么原因产生，并采用什么方法进行的研究。语用关系主要是指岩画符号的外部信息。

（一）岩画符号的语境

语境是岩画符号使用的环境，岩画符号从产生就离不开特定的语境，岩画符号是创作者根据自己情感的价值取向而构建语境的。观赏者常常根据岩画符号的语境，理解创作者的意图。"符号作为精神文明的产物，与动植物界的产物一样，只能从它们所在的环境来解释"②。

1. 自然地理环境

人类的生产和生活习俗都是产生、发展于一定的空间范围，是在一定空间区位上体现的，因此必然会带有一定区位的地理环境因素的印记③。早期的人类学家拉采尔、亨廷顿等都认为一个地方的地理环境，尤其是气候情况，对文化的形成起着极大的作用。不同地区的自然地理环境会形成不同的民族性格，表现出不同的岩画符号风格。

2. 社会文化环境

在用岩画符号交流的过程中，交际者所具有的社会背景或交际中涉及的社会背景因素是影响制约岩画符号使用的重要因素。这种语境制约，主要涉及岩画符号风格的选择，同时它还制约着交际参与者对岩画符号的认知；制约着交际中岩画符号的修辞方法以及对特定岩画符号的运用和语义理解等方面。另外，交际参与者在语言的交际活动中，所具有的文化背景以及所涉及的文化背景因素，也是影响制约岩画符号使用的重要因素。

---

① ［意］艾柯 U. 符号学理论［M］.卢德平译.北京：中国人民大学出版社，1990：17.
② ［法］丹纳 H A. 艺术哲学［M］.傅雷译.北京：人民出版社，1998：35.
③ 江帆.生态民俗学［M］.哈尔滨：黑龙江人民出版社，2003：45.

（二）岩画符号的用途

岩画符号的产生指向一定的目的。创作动机是多种多样的，即使同一个地方的岩画也不一定是单一的，只能根据不同的地方、不同的题材做具体研究，以确定其不同的目的。作画动机有为艺术而艺术、狩猎巫术、洞穴教堂、从偶然到有意、神话、性符号、历法、萨满活动、对女性的颂扬等[①]。

（三）岩画符号的制作

有了既定的目标，就能够选择合理的手段[②]。在岩画符号的制作过程中，使用材料的质量，使用工具的完善程度，制作的技术，在作品完成过程中所用的材料、工具给作品带来的困难方面，在工作中发生的不能预料的事故方面等，都要作为研究的内容。

岩画符号语用关系的研究，可以从考古学、历史学和人种学方面多方位探讨，哪怕是很小的细节都能够成为符号分析、整理的重要依据。

二、岩画符号的语形关系研究

岩画符号的语形关系是指岩画符号与符号之间的句法关系。在西方语言学理论中，"句法"译自 syntax，该术语来源于希腊语 syntaxis（意为按序排列）[③]，它是对岩画符号本身视觉空间形式的研究。

这里谈到的重心，是包含在一个概念体系中的"符号的承载物"，"符号组合"。这一体系首先要考虑岩画符号的地点、空间、支撑的类型及周围环境形态的选择。古人类并不是在哪儿都会作画的，他们会根据一再使用的标准，认真挑选创作岩画符号的地点，岩画符号则是这一自然形态的补充。岩画符号及其承载物构成古人对世界秩序的巧妙反映，它体现各种经验秩序之间相呼应的一个体系。另外，一方面人作为有机体在探查、审视周围的环境的过程中，始终具有能动性，波普尔把它称作"脑似探照灯"理论[④]，有机体的这种内在的预测功能被称作秩序感，在这种知觉下，任何"形"都被进行积极的组织或

---

① ［法］阿纳蒂 E. 艺术的起源［M］. 刘健译. 北京：中国人民大学出版社，2007：55.
② ［英］贡布里希 E H. 秩序感［M］. 杨思梁，徐一维译. 杭州：浙江摄影出版社，1984：358.
③ ［德］布斯曼 H. 语言与语言学词典［M］. 北京：外语教学与研究出版社，2000：473.
④ ［英］贡布里希 E H. 秩序感［M］. 杨思梁，徐一维译. 杭州：浙江摄影出版社，1984：1.

建构；另一方面，对把握世界"总体性"渴望，使人类产生有目的性的分类行为，为了使事物之间的关系变得明白，原始人类把简单的事物，按相互确定的关系组成一个整体，也因而促使人类产生结构主义者普遍用到的"秩序渴望"。

（一）岩画符号承载体的定位

岩画周围的环境，石头的形状，艺术家在岩壁上或是石头上，选择作画的区块都显示出最直接、最明显的组合。在符号及其创作地点之间存在着一种现实的、物质的关系，而这种关系经常取决于精确的选择。岩画符号经常是承载物自然形态的补充，因此离开这些承载物，去理解这些符号的意义，其难度可想而知[①]。

1. 岩画承载体的选择

岩画多数画在露天岩石、岩石遮蔽处或是幽深的岩洞。创作者对承载符号的岩石，是有一定选择的，要考虑到岩石表面的颜色、光滑度、硬度、可用面积；岩石是竖着的、水平的或是有一定倾斜度的，另外岩石的数量以及岩石上光照的方向也是要考虑的。例如，在瑞典，岩画在岩石表面的确切位置是很重要的，面向东面的刻画表面在早晨太阳升起时，会因太阳光的照射而闪闪发光，就像是太阳确认其一个个岩画的出现，其场面令人惊叹。沃尔士（Walsh）调查了澳大利亚的岩画，将岩画的表面和位置的标准总结为三点：一是一个稳固岩石表面的密度比光滑度更重要；二是竖立的岩石表面要允许创作者在站着或是坐着的情况下，胳膊能够无障碍活动以调整图像；三是岩石的自然裂痕和条纹常被用来分隔图像，这些条纹和边界形成了作品的一部分[②]。

2. 岩画周围景观的选择

岩画点是处在一个相对开放还是封闭的环境、周围是否有河流与建筑也是应该考虑的。祭拜和入教的岩画点，常被称为"自然界的圣所"，祭拜活动有可能是在开放的环境中举行，允许部落全体都参加；也可能存在一定禁忌，要在

---

① [法]阿纳蒂 E. 艺术的起源[M]. 刘健译. 北京：中国人民大学出版社，2007: 320.

② Bahn P G. Prehistoric Rock Art Polemics and Progress[M]. Cambridge: Cambridge University Press, 2010: 138.

相对封闭的环境中进行，只对已入教者开放，要么只对男人或是女人开放。很多岩画都靠近河流，因为流动的河水常被看成与权势有关的一种力量，或者是与魔力有关的能力，因此流动的水可以穿过地下世界与世间的界限，这种能力增强了人们对它的敬畏。同时，峡谷中的溪流或是瀑布发出的轰鸣声，常使人不安，因而有时声音也扮演着重要的角色[①]。不同的族群都可能有着自己对"自然"的独特理解，从而有着不同的文化表现。

（二）岩画符号之间的组合

皮尔士指出任何一个符号本身都可以转变成另一个更加完善的符号[②]。用什么样的符号形式来表现意义，这需要根据意义或表现内容以及主观的目的而定。将表达内容用一定的岩画符号形式组织起来的过程，就是岩画符号的组合规则，是使用者们之间的一种约定，可以说如何实现符号的意指作用（能指与所指之间的关系），关键取决于岩画符号的组合规则。能指可以指单个岩画符号，也可以是符号与符号的组合，这样所指意义本身又成为有意义的符号，如此不断延续下去。具体到对岩画符号组合的分析，不但要包括莱顿所指的，与艺术品视觉法则主题有关的形式上的特征分析，还应该包括沃尔夫林所强调的以创作者个人气质、时代精神或种族性格为重要条件的风格类型的分析。

1. 岩画的形式特征

岩画的形式特征，是指从所描绘的主题中抽象出的元素——规则的形状以及组织构图的方式，在这里是指那些有关风格类型、象征诸方面的习俗常规不能完全决定，也不能完全解释的东西。它是客观的，具有诉诸当下感性关照的特质。虽然习俗常会对艺术有所制约，但从来不可能完全支配艺术。无论是风格类型还是符号的意义，从来都不能完全决定艺术品的构形以及其安排时所采用的确切方法。岩画的形式，一般可分为写实风格和抽象风格，也可称为自然主义风格和抽象风格。

（1）岩画符号的分类：符号之所以成为符号，就在于它"代表"某物，而符号之所以可以代表某物，又在于符号和所知物之间的相似性，但同时这种相

---

① Bahn P G. Prehistoric Rock Art Polemics and Progress [M].Cambridge: Cambridge University Press, 2010: 138.
② [意] 艾柯 U. 符号学理论 [M]. 卢德平译. 北京：中国人民大学出版社，1990: 18.

似性又离不开使用者的解释。也就是说,"代表性"和"解释性"是符号的两大特性①。由此,岩画符号分为图像的、象征的和索引的三大类。索引符号是"一个符号或是一种再现,它对于对象有一种指向,但是这种指向不是因为符号本身具有对象的任何相似性或是类似性,也不是因为符号与对象恰巧具有某种特征联系,而是因为一方面是单独的对象,另一方面即个人的感觉符号或是记忆符号,两者之间具有一种动态的(也包括空间的)联系"②。最常见的,如点的系列、线、圆盘、中间带点的圆盘、线和点、"V"字形图案、"T"字形图案、"S"形图案、正方形、长方形、三角形、箭头、分枝、十字、星型、蛇形、"之"字形、阴茎形、外阴形、唇形、手的五指形、升号形。这些岩画符号表现了人类最初的认知机制。

(2)岩画符号的句法组合规则:为表达对岩画整体的不同概念,创作者常采用不同的符号结构:①单个符号;②简单组合,或叫两个图形单位间的组合;这种组合有时会以有意识的重叠形式来表现,属于最古老的句法类型;③复杂组合或数个图形单位间的组合;④同类系列,或一系列图形单位的概念组合;这是欧洲旧石器时代早期狩猎者和其他大陆相同时代的作品中最常出现的类型。⑤场景,即一些图像的集合,描绘一个瞬间、一件事或一个行为。这种写实的场景表现的是特定的事件——真实的或是想象的,出现较晚,在早期的作品中也没有出现过③。创作者从无限多样性中确定了主题及构图范围的岩画符号组合形式,给我们理解世界提供了一种途径。

(3)岩画的形式审美及心理活动:作为一种艺术形式,符号及其结构具有一种美学特质。康德认为"美在形式"。列维-斯特劳斯把艺术看成是一种偶然性方式,它与一种结构结合产生审美情绪。只有把外在的偶然性(事件、用途)融于内在的偶然性(以材料为依据的创作手法)并赋予作品以完美的审美对象时,才能使人动情④。创作者在创造岩画艺术符号时,在把审美意象转化为审美物象的过程中,对形式审美快感的追求,不仅限于对构成形式美的追求,更是对一般形式的超越。另外,从心理活动上看,艺术植根于人的心理需要而且满

---

① [美]米奈 V H. 艺术史的历史 [M]. 李建群译. 上海:上海人民出版社,2007:220.
② 李幼蒸. 理论符号学导论 [M]. 北京:中国人民大学出版社,2007:516.
③ [法]阿纳蒂 E. 艺术的起源 [M]. 刘健译. 北京:中国人民大学出版社,2007:342
④ [法]梅吉奥 J G. 列维-斯特劳斯的美学观 [M]. 怀宇译. 天津:天津人民出版社,2003:12.

足了人的心理需要，一部艺术作品得以获得美的特质价值，就在于它的愉悦价值，而愉悦价值必定与那种心理需要构成了因果关系，这种愉悦价值就是满足了人的心理需要。每一种艺术风格，对从自身心理需要出发，创造了该风格的人来说，就表现为一种最高层次的愉悦，因而艺术作品的风格特点也是心理需要的特点[①]。因此，分析岩画的形式特征时，不但要从岩画对图像再现形式、方法分析，还要从审美及心理活动方面深入研究。

2. 岩画的风格类型分析

岩画的风格类型，是指某一文化区域中岩画的制作，都采用总体相同的方法导致的共同因素。无论个体艺术家想"说"什么，只要他还想被人们理解，就必须采用他的当代人使用的共同的"语言"。对任何地理区域来说，风格类型特征都是传统的和常规的[②]。

沃尔夫林在《艺术风格学》一书中曾举出一个有趣的例子，说他年轻时，有一次同三个朋友外出画风景，四个画家都决定画得与自然不失毫厘，然而，虽说他们画的是同一主题，四个人都成功地再现了自己眼前的风景，但是结果四幅画却截然不同，就如四个画家有截然不同的个性一样。因而作者得出，人们对形和色的领悟总是因人而异。每个人又都从属于较大的派别，所以个人风格还必须加上流派、地区、种族的风格[③]。风格类型的不同受创作者所处的时代、民族以及个体差异影响。人不是仅仅只对形式做出反应的动物，从艺术传统内部产生的风格变化与周遭文化激发的风格之间蕴含着巨大的思想张力。

我们在研究广西左江岩画时发现，左江数以百计的蹲踞式人形岩画除了在整体上有一致的共性外，在一些细节处理上都有很微妙的变化。从所处的不同时期看，可分为棒状蹲踞式人形岩画和束腰状蹲踞式人形岩画，它们虽同属涂绘风格，但在表现具体的四肢或是头部的描绘上也是有区别的。同时，不同地域和民族表现蹲踞式人形岩画的手法也表现出不同的风格。因此，风格类型也是学者们赖以辨别岩画所处地域和种族的一种方法。

---

① ［德］沃林格 W. 抽象与移情［M］. 王才勇译. 北京：金城出版社，2010：11.
② ［美］布洛克 G. 原始艺术哲学［M］. 沈波，张安平译. 上海：上海人民出版社，1991：256.
③ ［瑞士］沃尔夫林 H. 艺术风格学［M］. 潘耀昌译. 北京：中国人民大学出版社，2003：6.

三、岩画符号的语义关系研究

岩画符号是古人类渴望把握世界的一种方式，它是人与世界的"中介"。古人将每一个单独的物体或是特征安排在有序的位置，且在其中各具意义。对于岩画来说，每个岩画符号的形式、组合就是"序"，创造者借助符号的"序"展示另外一个世界，符号及其意义之间形成一个不可分割的综合体。这种综合体被列维-斯特劳斯视为一种"压缩的模型"[①]，从而使作品成为创作者和观者思维的再现。岩画符号观赏者，只有了解了岩画符号的文化基础，才能在破解意义密码的过程中减少个人主观倾向，因为岩画符号的象征意义是建立在一定文化背景上的。

（一）对岩画符号背景的研究

1. 岩画内容提供的直接背景

围绕现场的考古环境，通过岩画的内容，寻找接近岩画凿刻的时空信息。

2. 通过分析所得到的间接背景

通过人种学或是历史记载得到的信息，如创作岩画符号的族属等。

（二）岩画本身的语义分析

1. 能指和所指的关系

如图 1-3 所示，岩画的能指是一切负载语言符号的物质形式，不仅指单个岩画符号的形象，也指岩画符号之间的变异组合和超常搭配。能指所体现的意义，就是所指。岩画符号正是在这样的符号性基础上，通过岩画符号能指和所指的不同组合，来搭建其独特的表意空间。

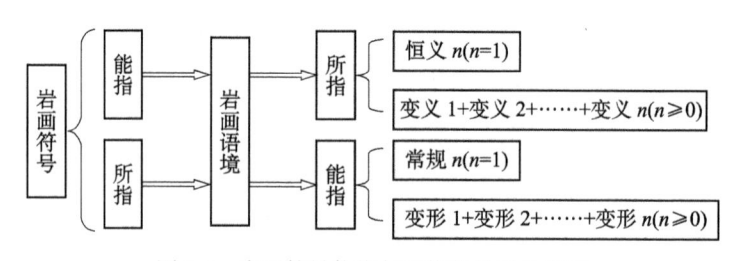

图 1-3　岩画符号能指与所指的关系示意图

[①] [法]梅吉奥 J G. 列维-斯特劳斯的美学观[M]. 怀宇译. 天津：天津人民出版社，2003：18.

第一，岩画语言符号一个能指对应多个所指。

因为宇宙从一开始就包含着人类可能想知道的整体，因此人从其起源时就一直存在着能指不能够完整表达所指的窘境。能指呈现出一种自由的状态，可能可以指向不同的所指，即表现为"不稳定能指"[①]。另外，岩画语言符号受语境的影响，也会造成一个能指与多个所指对应，这样产生的意义往往具有多重性，可以把它归纳为恒义和变义两个方面。恒义是岩画语言约定俗称的基本定义；变义是符号在特定语言环境中新生的特定意义。

第二，岩画语言符号多个能指对应一个所指。

正如乔姆斯基所认为的，通过语言习俗机制掌握深层语言结构，可以生成无数语言形式一样，思维的本质形成岩画语言符号的深层结构，通过岩画语言符号语境的影响，就会形成多个不同能指表达形式，但采用不同的形式，就有着不同的修辞效果[②]。

2. 能指和所指之间的修辞形式

符号的"代表性"和"解释性"两大特性，使符号表现为客观与主观两大语义功能。客观功能是建立在符号与指称物之间相似性关系的基础上的，主观功能是就解释者方面而言的，虽然我们在岩画符号中很清楚地看到示意的人或物，但它代表的可能是符号的象征意义。能指与所指间的修辞形式根据形似与相关性分为以下几个方面。

（1）指示：能指和所指之间具有同一性，它是真实的人或物的表示，可通过对内容的排序，叙述事件。

（2）借喻：根据能指和所指之间的某些相似点来比拟想要说明的意思，强调的是能指与所指的相似性。它借助能指本身所呈现的各种对应现象来表示所指，是一种部分或整体意义的印证。

（3）隐喻：强调能指与所指之间相关性的为隐喻。隐喻借助能指与所指之间的关系，以大量的联想为基础，实现意义的外延。主要表现形式有象征、寓意。

（4）抽象：能指和所指之间既无相关性也无相似性。主要形式有固定的象征、虚构的神话，以及心理和文字表示的抽象概念。

[①] [法] 梅吉奥 J G. 列维－斯特劳斯的美学观 [M]. 怀宇译. 天津：天津人民出版社，2003：11.
[②] [美] 乔姆斯基 N. 句法结构 [M]. 邢公畹译. 北京：中国社会科学出版社，1979：93-94.

3. 表达方式与思维活动

从客观物化的符号到主观意念的表达，从能指到所指的不同语义体系的建立，不同的表现形式代表了不同的思维活动。指示和借喻代表的是一种具象思维活动，隐喻是一种意象思维活动，抽象思维则对应了抽象思维活动。

（1）具象思维以客观世界为表现对象，具有相对的视觉真实性或客观性，创作者以观察自然为基础，以模仿客观世界为主要目的，对精神性的表达较弱，它属于个人意识范畴。具象性的岩画语义体系往往蕴涵着一个或多个故事情节，它可以用文字语言直接来讲述或描述，具有图解性质。

（2）意象思维是创作者的直觉对心灵和艺术把握，通过岩画符号以一种纯视觉形式去理解世界。虽然它不注重表现客观现象，而是注重主观精神和深层次、潜意识的表达，注重表现对象的内在真实，但它却以客观事物为前提，通过具象手法表达事物背后的东西。受具象思维影响，语义体系表现出了多义性的特征。

（3）抽象思维是人们在认知活动中运用概念、判断、推理等思维形式，对事物的本质属性进行分析、综合、比较的基础上，抽取出事物的本质属性，撇开其非本质属性，使认知从感性的具体进入抽象的规定而形成的一种纯思维的概念的过程。

在岩画符号的语义体系中，最容易被明确辨认的是指示性的表示。最具有特色的是借喻性表示，它们有固定的意义，并经常重复出现。最不好理解的是隐喻和抽象性的表达，因为对它们的解读往往不是以真实的图像为基础，而是基于一种心灵的感受。通过相对应的三种不同思维的比较，我们可以进一步了解创作者对待客观世界的态度，以及对主观或客观、感性或理性的偏爱，这些对破解隐藏于岩画符号中的密码，进一步接近符号的真实意义是非常必要的。

对艺术的研究，一直以来都是在感性或理性、主观或客观、形式或意指之间循回。岩画的研究也不例外，且岩画更多地纠结于意义的探寻，被认为是社会经验在心灵投射的客观反映。过于重视岩画的功能，就会忽略岩画的形式特征，而意义的表达与形式组合是分不开的。但在我国近十年的岩画研究论文中，关于岩画的形式审美与创作心理的研究还占不到1%，这不能不说是岩画研究中的缺失。岩画的意义与形式之间其实并不互相排斥，它们是相互关联的。形式主义强调了审美过程中的形式因素，却不能就形式背后的实质性内容进行说明，而表现主义则只注重艺术活动或审美活动中的主观因素，忽视了艺术中的具体表现形式，以致不能回答艺术实践所带来的理论问题。两种理论均不全面，一个完整的理论，必须能够完满地回答来自各个方面的问题，符号理论就是基于这样的设想。"有表现力的形式"正是艺术即情感符号理论的生动缩写[①]。我们只有研究联结形式、意义以及创作者之间关系的网络，通过存在于岩画的形式、意义、创作者之间的关系，才能解释整体的部分和作为岩画整体的结构。

---

① ［美］朗格 S K. 格情感与形式［M］. 刘大基译. 北京：中国社会科学出版社，1986: 22.

第二章

左江蹲踞式人形岩画的环境与创作者

第二章　左江蹲踞式人形岩画的环境与创作者　　25

　　左江蹲踞式人形岩画是指分布在广西左江流域沿岸及其附近的峰林石山、断崖峭壁上的岩画。它是特定族群在左江流域这个特定语境下创造并使用的语言。作为左江流域先民文化遗存的重要部分（图2-1），左江岩画是渗透了岩画使用者思想意识及行为的结果，而思想意识是人们同自然、社会、自我互动过程中的经验积累。因此，本书对左江流域的自然地理环境、文化遗存、岩画制作手法进行系统归属，以及对岩画创作族属这些岩画符号的外部要素进行分析研究，这是打开左江蹲踞式人形岩画语意之门的钥匙。

图2-1　广西左江蹲踞式人形岩画

第一节　蹲踞式人形岩画的环境

　　广西左江流域的自然环境，影响着在此生活的族群的生存方式与经济类型，也影响着左江蹲踞式人形岩画的创作与使用者的思维方式，并由此形成了左江流域独特的地域文化。

一、自然地理环境

苍苍森八桂，兹地在湘南。
江作青罗带，山如碧玉篸。
户多输翠羽，家自种黄甘。
远胜登仙去，飞鸾不暇骖。

这是唐代著名文学家韩愈赞颂桂林的一首名诗，它实际上是对岭南地区山清水秀的优美环境的描绘。

（一）地理位置

广西壮族自治区，得名于岭南西道、广南西路。因广西大部分地区属于秦统一岭南设置桂林郡而简称桂。广西地处东经 104°26′～112°04′，北纬 20°54′～26°24′，北回归线横贯全区中部。行政区域土地面积 23.67 万平方千米，占全国总面积的 2.47%。东南最大跨距越 771 千米，南北最大跨距（南至斜阳岛）约 634 千米。广西从东至西分别与广东、湖南、贵州、云南等省接壤，南濒北部湾、面向东南亚，西南与越南毗邻，国境线跨 8 个县市，陆上疆界线长 1020 千米。广西是中国西部各个省和自治区中唯一有海岸线和海港的省（区），海岸线长 1595 千米，东起粤桂交界处的英罗港，西至中越边境的北仑河口[①]，是西南地区最便捷的出海通道，在中国与东南亚的经济交往中占有重要地位。而左江流域的部分土地既处于壮族聚居区腹地，又处于广西与越南的交界地带，与越南山水相连，这样不但能很好地保护壮族传统文化，还方便了与边境民族的交往。

（二）气候与生物

左江地处低纬，属亚热带季风性湿润气候区。气温高、夏长而炎热，冬短（或无冬）而暖和，春秋季相连，热量丰富。年平均气温 21.1℃，最热月份是 7 月，月平均气温 23～29℃；最冷月为 1 月，月平均气温 6～14℃。年日照时数 1396 小时。≥10℃年积温达 5000～8300℃，持续日数 270～340 天。这里的雨

---

① 李秋洪. 民族的向往与追求——广西各民族经济心理比较研究 [M]. 北京：民族出版社，2007: 36.

季长，雨量充沛，年均降雨量约在1835毫米；雨热同季，干湿季分明，夏秋两季多大暴雨，冬春干旱。左江流域的生物种类繁多，资源丰富。广西拥有植物资源6000多种，是我国植物种类最多的省区之一。

（三）地形与地貌

广西山多平地少，原有"八山一水一分田一片海"之称，山区、丘陵占土地面积的82%左右。这里的山脉主要形成于白垩纪期间中国的"燕山运动"，形成西北部高东南低、四周高中部低的地势。山岭虽逶迤不绝，但其排列却有一定规律，基本组合成了三个相互套叠的弧形山脉，弧口均向北。丘陵分布很广，主要在山地前缘或谷地、河流两岸、盆地周围，丘陵海拔一般在100~400米，坡度较缓、土层深厚、气候炎热、雨水丰富，光照条件好，适宜于农业、林业和牧业的发展。广西是壮族人口较为稠密的地区。

壮族聚居区平原少，主要是冲积平原，比较大的有右江谷地、南宁盆地、宁明谷地，它们实际上都属盆地。这里珠江流域喀斯特地貌分布广而复杂。就广西而言，石灰岩面积共12.2万平方千米，占广西总面积的51.8%，其中裸露的石灰岩面积占广西总面积的41.3%，大致可分为峰丛或洼地、峰林或谷地、残峰或平原三种类型。

除少数县市外，广西绝大部分县市都有面积或大或小的岩溶地形。地区内的土壤，主要有地带性红壤、石灰土和水稻土三类。前两者为自然土壤，后者为农业土壤。地带性红壤是在高温多雨的条件下与常绿阔叶林的作用下形成的，主要分布在山地、丘陵和台地上，是广西分布最广的一种自然土壤，约占广西面积的74%，土层中富含铁铝成分，主体呈红色，这类土壤酸性强，磷等有机物质含量少，质地黏重，土层深厚。石灰土主要是石灰岩的风化物经过土化作用形成的，主要分布在广西中部、西南部、西北部和东北部有石灰岩裸露的地区，土层比较浅薄，含钙质较多，土壤呈碱性或中性。水稻土这类土壤是在各种自然土壤的基础上，经过反复的人工耕作、施肥、排灌，土壤逐渐熟化，主要分布在沿河击积平原、谷地以及丘陵地带和稻田区，是广西分布最广、面积最大的人工耕作区。

左江流域是一个相对独立的地理单元。其西面为云贵高原的余脉，北面为西大明山，形成天然屏障，其南面为十万大山山脉，整个地形为西北高东南低，其东部与邕江流域连为一体，构成南宁盆地。区内地质构造古老，多以泥盆纪、二叠纪和三叠纪为地质基层，以石灰岩占优势，页岩、砂岩次之。地形特点是山地多，平地少，石灰岩地层分布广。河流较多，主要有左江河、黑水河、明江河、水口河、公安河、平而河等，均属于珠江流域西江水系。河流流向与地形构造一致，水量丰沛，季节性变化大。熔岩地区底下伏流发育，地下水资源丰富，地表河流与地下河流相互转化。

（四）河流及走向

广西河流众多，但分布不均，主要河流分为珠江水系、长江水系和独流水系。独流入海的河流分布在广西南部共123条，占河流总数的13.1%，其中以南流江最大，流经玉林容县、博白、合浦等县注入钦州湾；其次是钦江流，它经灵山县和钦州市注入钦州湾。

广西的河流属于长江水系的有30条，占广西河流总数的3.2%，其中以湘江和资江最大。湘江经广西全州县注入洞庭湖，资江源于老山界最后也注入洞庭湖。珠江水系又称为西江水系，广西绝大多数的河流均属于此系，占广西河流总数的83.6%。这些河流大多数顺着广西盆地的倾斜地势，从西北向东南流，有些则从北往南流，但最后基本上都汇集于梧州西江，流入珠江而进入南海。西江水系的主干流，从西往东的不同河段分别是，发源于云南南盘江的红水河，发源于贵州的柳江，自红水河与柳江汇合处至桂平县城东与郁汇汇合处的黔江。这些河流中，水量最大的是郁江，其上游是左江和右江[①]。

左江位于广西壮族自治区的西南部，由源于十万大山流经宁明县的明江，源于越南境内流经龙州县的水口河，源于越南境内流经凭祥市的平而河，以及源于靖西、德保县流经越南境内又流经大新县的黑水河等支流汇聚而成，其在龙州到江州的河段称丽江，其下称左江。左江东流至龙州上金乡南纳宁明县明江水，然后曲折东流经崇左、扶绥两县，入邕宁区，在宋村的三江口，与发源于云贵高原而东南流的右江汇合成郁江。郁江东流经贵县、梧州、广州而注入南海。左江自龙州以下至宋村三江口与右江汇合，全长约345千米，主要流经广西的崇左市，流域面积约13 000多平方千米。

---

① 覃圣敏.壮泰民族传统文化比较研究（第一卷）[M].南宁：广西人民出版社，2003：12-17.

二、重要文化遗存

广西地区在人类形成和发展的二三百万年以来，始终受到强烈的太阳辐射和夏季的影响，一年四季气候温暖，夏天日照时间长，热量充足，雨量充沛，草木终年生长，因而植物和动物的种类极其繁多，早期的文化遗产比较丰富。左江流域从旧石器时代开始，就一直有人类居住。考古学家在左江岩画分布区也发现了很多新石器时代的贝丘遗址和大石铲遗址，它们是左江最有特色的考古文化，此外，崖棺葬和铜鼓也是这里重要的文化遗存。

（一）旧石器遗址

在人类还没有能力自己建造房屋的原始社会时期，广西大面积的石灰岩经过地面和地下水的溶融，又生成了无数的山洞，它们成为人类躲避风雨侵袭、抵抗猛兽迫害的最好的居住处所。多雨的、江河纵横的长江流域和珠江流域的大小河道中，堆积着经过洪水千百万年冲刷形成的众多砾石，这是这个大地区古人类选作制造工具的最好材料。早在旧石器时代晚期，广西地区就有了古人类的活动。在这里发现了50 000多年前的旧石器时代的"柳江人"化石，根据体质特征研究，他们应该是如今壮族的祖先[①]。自1956年以来，广西地区先后发现了16处旧石器时代人类化石，云南省文山州也发现了1处。它们均发现于石灰岩洞穴中。

（二）新石器遗址

新石器时代原始居民的活动范围进一步扩大，其文化遗址比旧石器时代明显增多，而且分布范围更加广泛。目前，广西地区发现的新石器时代遗址已达四五百处，其中左江流域属于遗址发现比较多的地区之一。

1. 贝丘遗址

贝丘遗址是指原始人类以采集螺蛳、蚌类等水生软体动物和捕鱼狩猎为主要生活来源所遗留下来的一种文化遗存，亦即原始人类把剔食过后的螺蚌壳和兽骨遗弃至一处，经不断堆积，日久愈多，形似小丘，故名"贝丘"，考古学称之为"贝丘遗址"。贝丘遗址是特定历史时期和特定地区出现的一种原始文化遗

---

① 张声震. 壮族通史［M］. 北京：民族出版社，1997: 53-55.

存①，是现壮族分布区原始文化的重要组成部分。

贝丘遗址主要分布在我国华南和东南亚等亚热带地区的江河湖畔，以及附近的山洞和滨海一带。南宁地区是贝丘遗存的主要分布地之一。贝丘遗址分为洞穴贝丘、台地贝丘和海滨贝丘三类。三类遗址的主要区别是：洞穴贝丘遗址多处在距离江河较远的山洞里，山下附近有溪河和湖沼；台地贝丘则分布于江河两岸的一级台地；海滨贝丘分布在海滨附近。洞穴贝丘和台地贝丘堆积物主要由淡水中的软体动物的硬壳组成，海滨贝丘的堆积物主要是各种海生的软体动物贝壳②。壮族贝丘遗址主要为河旁台地贝丘遗址，分布在南宁市及南宁地区的扶绥、邕宁、横县等市县，沿邕江及其上游左江、右江两岸的台地上③。

左江流域目前已知的贝丘遗址有花山、江西岸和敢造三处。花山贝丘在花山崖壁画下方，但是残存的堆积很少。江西岸贝丘在扶绥县城西南，处在左江拐弯的北岸。江西岸贝遗址于1963年发现，先后经过1964年和1973年的两次试掘，其文化层厚达2米左右，大量的螺壳堆积中含有丰富的石器、骨器、陶片和动物遗骸。石器中打制石片较多，磨制石器主要是石斧、石锛，还有石凿、石杵、石环，蚌器主要是蚌匕、蚌刀，也有穿孔的蚌网坠，骨器有骨针、骨锥、骨镞等，陶片较破碎，都是夹砂的④。1963年，分布在扶绥县昌平乡敢造渡口的敢造贝丘，被发现，1973年试掘5.2米×1.6米，发现人骨架14具，出土石斧、石杵、砺石、骨锥、骨针等。以上贝丘遗址都属于新石器时代早期。1979年10月，北京大学历史系考古专业碳十四实验室对其进行了年代测定，测得结果为绝对年代大约距今7000多年⑤。

2010年9月，广西进行了第三次全国文物普查。在扶绥县新宁镇的充禾村屯西面500米处，汪庄河与左江交汇处的左江右岸台地上，发现了大约有5200平方米的贝丘遗址，文化层堆积厚约2米（第三次文物普查发现）。遗址地表散落许多螺壳、若干头骨、石器，石器有刮削器、砍砸器，另外还有一些陶片，

---

① 张声震.壮族通史[M].北京：民族出版社，1997: 53-55.
② 张声震.壮族通史[M].北京：民族出版社，1997: 36.
③ 广西壮族自治区文物考古训练班.广西南宁地区新时期时代贝丘遗址[A]//广西壮族自治区工作队.广西文物考古报告集1950-1990[C].南宁：广西人民出版社，1993: 178.
④ 广西壮族自治区文物工作队.广西南宁地区新石器时代贝丘遗址[J].考古，1975, (5): 295-301.
⑤ 中国社会科学院考古研究所实验室.石灰岩地区碳-14样品年代的可靠性与甑皮岩等遗址的年代问题[J].考古学报，1982, (2): 243-250.

火候比较高，估计年代较晚。这个遗址北临左江，距岸边约5米，距离水面约10米，地势平坦，离下洞山岩画只有1.5千米。

壮族聚居区贝丘遗址的共同特征是：①堆积厚、面积大；②墓葬处于贝丘堆积之中，台地和海滨遗址中只有原始居民的垃圾（贝丘），但未发现其居住建筑遗迹；③出土的石器多为打制，磨制石器相对较少；④皆出土陶片，而且多为手制的夹砂陶；⑤贝丘堆积物虽以螺蚌壳为主，但还有多种兽类动物骨骸，反映当时渔猎和采集经济还很不发达；⑥出土有各式石斧、石刀、蚌刀、石棒、石磨盘等农业生产工具，说明当时已出现了原始农业，但仍处于一种辅助性经济；⑦墓葬制度已形成，流行屈肢蹲葬，且少有随葬品，无葬具；⑧贝丘体积庞大。壮族聚居区贝丘遗址的年代多为新石器时代早期，有的已进入新石器时代中期。这类文化遗存是原始时代渔猎、采集经济的产物，其社会形态应为母系氏族社会的繁荣时期[①]。

2. 大石铲遗址

新石器时代中期以后，随着社会生产力的提高和生产经验的日趋丰富，原始农业有了较大的发展，并逐步成为社会主要的经济部门，狩猎和采集经济逐步退居次要地位，贝丘文化亦随之衰落，取而代之的是具有浓厚农耕文化性质和地方特色的大石铲文化。

大石铲遗址是指广泛分布在广西南部地区的，一种属于新石器时代晚期的文化遗存或遗物。因石铲体形扁薄硕大，造型奇特，制作精美，明显有别于广西乃至中国新石器时代出土的石铲或石器；又因其集中分布或出土于广西南部地区，故学术界习惯称之为"桂南大石铲"。大石铲遗存主要分布在广西南部地区，其中以崇左、扶绥、隆安、武鸣，以及邕宁左右江交汇的三角区域分布最为密集[②]。在3000多平方千米的范围内，仅扶绥、隆安、武鸣、邕宁一带就发现有石铲遗存40多处，各遗址中出土了数量众多的大石铲，少见其他遗物共存。大石铲的分布大体呈现两大特点：一是范围广，涉及广西大部分地区，远至广东、海南、越南等地；二是分布集中，出土石铲地点和数量多集中在以左右两江汇合处的三角地带。在左右两江汇合的三角形中心区域，出土的大石铲数量最多、类型最丰富，一个遗址就出土数十甚至数百件。

---

① 张声震.壮族通史[M].北京：民族出版社，1997:37.
② 何安益.论大石铲的时代及功能[J].广西民族研究，2007,(3):162-167.

大石铲文化被认为是骆越民族的文化特征之一。以大石铲为文化特征的崇左和扶绥就在三角中心区域。扶绥县内发现有石铲遗址 7 处。扶绥那淋屯仅探沟内就出土大石铲 43 件[①]。扶绥中东遗址发掘面积 600 平方米，出土有大石铲 440 多件[②]。崇左市雷州乡的吞云岭遗址，面积约 5000 平方米，文化层厚约 20 厘米，出土了众多的磨制石器，这里的大石铲制作精致而又规整，有人推测当时已有一定的金属工具予以加工，或可能进入了铜石并用时代。经碳素测定，其绝对年代距今 4700 多年[③]，这表明当时的锄耕农业已经很发达了。

（三）岩洞葬

广西岩溶地形良好，溶洞众多，客观上为岩洞葬提供了十分有利的条件。广西是我国岩洞葬出现较早地区，是岩洞葬的重要发源地。岩洞葬作为广西地区古代一种具有地方特点的埋葬习俗，出现时间早，延续时间长。现在广西壮族聚居区还有将棺材暂放在岩洞择日再葬的做法，有的就以岩洞做墓地，大部分是将装人骨的金坛放在岩洞里，即以岩洞作为二次葬的墓地，但形式和内容都已发生了很大变化，这显然是古代岩洞葬葬俗的遗风[④]。

据不完全统计，到目前为止，广西已发现的岩洞葬有 138 处[⑤]。广西的岩洞葬不同于悬棺葬，它是利用天然洞穴或是岩缝，将棺材置于高山岩洞之中，或半插在悬岩隙缝中；悬棺葬的做法是"岩端凿石，琢钉置棺其上"，其特点是上不沾天，下不着地，突出一个"悬"字，其目的是让它到一定时候落下来，并"以先坠为吉"[⑥]，四川珙县僰人悬棺葬即这种葬法。

广西岩洞葬大约开始于旧石器时代晚期，那时人类在山洞居住生活且死后也埋葬于洞内，因而有学者认为史前洞穴遗址中的墓葬是岩洞葬的原始形态。从新石器时代末段开始，人们就已把天然的岩溶洞穴作为专门的葬地来安置死者。根据广西岩洞葬考古资料，从新石器时代晚期末段到春秋战国时代的先秦，

---

① 蒋廷瑜，彭书琳.桂南大石铲研究［J］.南方文物，1991, (1): 19-24.
② 何安益.论大石铲的时代及功能［J］.广西民族研究，2007, (3): 162-167.
③ 蒋廷瑜.桂岭考古文集［C］.北京：科学出版社，2009: 313.
④ 张一民.广西左、右江地区崖洞葬初步调查［J］.民族学研究，1982, (2): 250-260.
⑤ 广西壮族自治区文物工作队.广西先秦崖洞葬综述［A］//广西壮族自治区博物馆编广西考古文集［C］.北京：文物出版社，2004: 192-212.
⑥ 广西壮族自治区博物馆.建馆六十周年论文集［C］.南宁：广西民族出版社，1993: 296.

岩洞葬为无棺的早期岩洞葬，且均为先秦时期骆越族的丧葬[①]；有棺的后期岩洞葬则最早可到东汉、最晚延至民国，而以唐宋至明清为多[②]。因为晚期岩洞重复使用较多，民族情况比较复杂，应都属于壮族的先民所为。

先秦岩洞葬主要分布在左江、右江流域，与桂南和西南地区的新石器晚期文化渊源深厚，它们同属于同一文化系统的不同发展阶段。左江流域发现的岩洞葬较多，目前在崇左市的仙寺山、白龟红山、扶绥县驼拉山、龙州县的沉香角、棉江花山、大新岜横岩、刘山、岜仰山、东南山、敏扬山等地发现20多处。先秦岩洞葬地点多选择在山脚、山腰，也有的选择在悬崖峭壁上和近山顶处、较隐蔽和人迹罕至的天然洞穴或岩厦等一般人难以发现和攀登之处，一些容易发现、进入的岩洞葬又均用石头封堵，甚至有的将死者和随葬品放置在洞内的壁洞之处。这些壁洞均非常隐蔽，高出洞底4米以上，洞壁陡峭光滑，即使进入洞内也很难发现和攀爬。除个别为单人葬外，多数崖棺葬为两人以上的多人合葬，大都是有血缘关系的族群，甚至可能是某个家族（或家庭）的墓地。相对于同时期其他的墓葬，岩洞葬中的随葬品丰富，岩洞葬的墓主应是当地氏族或部落的首领，岩洞葬中其他人则是这些首领的族人或家人[③]。

晚期岩洞葬多选择在距离地面较高的悬崖峭壁上，使用各种棺材殓葬，埋葬的人数有时达到数百人，可能是家族或是同一村寨的共同墓地，陪葬品多为日常生活用品，基本为当地普通居民。无论是早期还是晚期岩洞葬，均是葬于岩洞，表现的主要特点是"藏"，"藏之幽谷，秘而不识"的岩洞葬基本上贯穿于整个广西古代，经历了不同时期和不同民族，是广西丧葬文化的重要组成部分。

（四）铜鼓文化

铜鼓"从不同侧面反映了铸造铜鼓的民族当时的经济状况、文化面貌和心理素质，是一部不成文的民族历史的百科全书"[④]。已出土铜鼓的分布，东到广东的北江以西地区，西到缅甸，北到四川省大渡河上游，南到印度尼西亚苏腊巴亚，以及中国的西南、华南和东南亚地区。

我国是世界上出土并收藏铜鼓最多的国家，铜鼓主要来自现今的广西、广

---

① 彭长林.广西早期岩洞葬初探 [J].广西民族研究，2001, (4)：83-89.
② 蒋廷瑜.桂岭考古文集 [C].北京：科学出版社，2009：313.
③ 广西文物考古研究所，南宁市博物馆.广西先秦岩洞葬 [M].北京：科学出版社，2007：177.
④ 蒋廷瑜.铜鼓艺术研究 [M].南宁：广西民族出版社，1986：1.

东、云南、贵州、四川、湖南等省（自治区）。广西是我国出土和收藏铜鼓最多的省（区）。其中邕江、左右江流域是主要分布地区之一[①]。壮族先民骆越族群是最早制造并使用铜鼓的古代民族之一。《隋书·地理志》卷三十一记载：俚僚贵铜鼓，岭南二十五郡，处处有之。广东省博物馆馆藏的120号铜鼓在鼓面内周有"古獞百姓，归服罗定"等铭文，即是壮族先民铸造和使用铜鼓的明证。

目前，国内铜鼓学界对现存的1400多面铜鼓进行了全面的比较研究[②]。如图2-2所示，他们根据铜鼓的形制，并参照其纹饰、工艺、年代等因素，对我国南方古代铜鼓的源流与分布进行了比较科学的类型划分，同时，还以具典型类特征的铜鼓作为标准器和类型名，将这些铜鼓分成万家坝、石寨山、冷水冲、遵义、麻江、北流、灵山、西盟八个类型。并对各类铜鼓的关系与年代顺序进行了归纳。

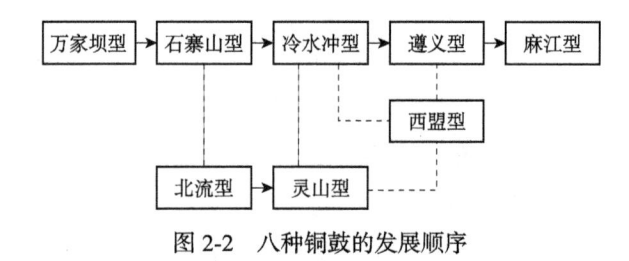

图2-2 八种铜鼓的发展顺序

资料来源：中国古代铜鼓研究会.中国古代铜鼓［M］.北京：文物出版社，1988:109

古代万家坝、石寨山、冷水冲、遵义、麻江型铜鼓的形制、纹饰的演变是一脉相承的。北流与灵山型铜鼓与万家坝、石寨山、冷水冲、麻江型铜鼓关系不明确，但北流型铜鼓上的几何纹饰与冷水冲型几何纹饰近似，两者可能相互影响。目前，比较明确的是灵山型铜鼓是由北流型铜鼓演变而来的，灵山型鼓上的兽形纹与冷水冲上的变形羽人相似，是受冷水冲型鼓的影响。西盟型铜鼓与各铜鼓之间的关系也不很明确，从纹饰上看是受到了冷水冲与灵山型鼓的影响[③]。铜鼓的演变以及之间复杂的关系说明了使用铜鼓民族之间的文化交往与相互影响。

早期铜鼓从开始出现到被其他类型铜鼓取代的六七百年中，分布的地域相当广泛。最集中的地方有三处，即滇东高原（包括川南、黔西等邻近地区）、驮

---

① 覃乃昌.壮族稻作农业史［M］.南宁：广西民族出版社，1997:95.
② 中国古代铜鼓研究会.中国古代铜鼓［M］.北京：文物出版社，1988:32.
③ 中国古代铜鼓研究会.中国古代铜鼓［M］.北京：文物出版社，1988:108-109.

娘江—右江—郁江水系，以及礼社江—元江—红河水系。万家坝铜鼓在公元前7世纪或更早的时候产生以后，即迅速向北、向东、向南三个方向传播[①]。其中沿滇东南及桂西北的驮娘江—右江—郁江水系而下的一支，传至桂中的贵县和桂东南一带并与当地文化相结合，产生了独具广西地方特色的北流、灵山和冷水冲三型铜鼓。左江流域有蹲踞式人形岩画点的龙州、崇左、扶绥三个县共计出土铜鼓五面。其中龙州县出土铜鼓三面、西盟型鼓二面（031号鼓和武德鼓）、灵山型一面（板阁鼓）。崇左市出土灵山型铜鼓一面。扶绥县出土冷水型铜鼓一面（342号鼓）[②]。

早期铜鼓体型矮小，形态原始古拙，没有或者只有很简单的花纹。可以推断早期的铜鼓在先民们的生活中只不过是一种普通的器皿，甚或还被当作锅使用。但后来，它逐渐成为一种神圣的礼器，并具有了一些特殊的功能，如作为权威的象征、乐器、祭祀、战阵、贵重物品、号召群众等[③]。铜鼓的形制也随之也发生了改变。相对于早期铜鼓，壮族的北流型和灵山型铜鼓高大厚重，花纹繁缛，制作精良，它们使铜鼓最终脱离釜形而形成真正的艺术品。冷水冲型是"杂交"的产品，壮族祖先把粤系和滇系铜鼓的特色熔于一炉，创造了这种高大轻薄、精美绝伦的型号，使它成了铜鼓系列型号中的尖端作品，也从而使壮族铜鼓与源于滇系的东南亚铜鼓，既有着相关的渊源，又有着各自鲜明的特色。

三、岩画区域特色

（一）左江岩画的系统归属

我国岩画系统基本上是以岩画所在地区的自然地理环境，以及经济文化类型为依据划分的，大概有三种方法：一是盖山林先生根据岩画所处地域的地理环境，把我国岩画分为东北农林区、北方草原区、西南山地区和东南海滨区四个区域[④]；二是汤惠生先生在1993年提出的，他将中国岩画划分为北方草原动

[①] 童恩正.试论早期铜鼓[J].考古学报，1983, (3): 307-329.
[②] 邱明.铜鼓文化受挤迁移说质疑[A]//广西博物馆.广西博物馆文集第二辑[C].南宁：广西人民出版社，2005: 149-155.
[③] 童恩正.试论早期铜鼓[J].考古学报，1983, (3): 307-329.
[④] 盖山林.中国岩画学[M].北京：书目文献出版社，1992: 35.

物、西南岩绘、东南岩刻三个系统[①]；三是张亚莎先生从民族学的观点出发，将中国岩画划分为五个族系系统，分别为古东夷族群的人面像系统、北方草原狄胡系民族的猎牧人岩画系统、西部青藏高原古羌人的牦牛岩画系统、西南濮僚系民族的涂绘式岩画系统、东南沿海地区百越族系的水系岩画系统，张亚莎先生认为："中国的岩画文化史独立于中原农耕文化之外，是并与之平行发展的少数民族混合经济文化与游牧经济的文化产物。"[②]

显然这三种划分方法并不矛盾，只是依据不同，且各有道理。实际上，随着岩画在我国更多区域的发现，尤其是中原凹穴岩画的大量发现，说明我国岩画的系统已不仅仅是三种划分方法所能囊括的，大量新岩画的发现要引起我们更多的思考，但无论哪种岩画系统的划分法，左江岩画系统属于中国西南岩画系统始终很明确。

（二）左江流域的经济文化类型

无论哪种岩画系统的划分方法，岩画所在区域的经济文化类型都是非常重要的依据，它影响着区域岩画特色的形成。

我们知道，文化与自然这组二元论体系是困扰着人类学家的难题。通常观点认为人类是自然的一部分，人类的行为及其后果受到自然法则的约束。而这也是生态人类学在其百年发展史中，大多数时候都受制约的一个观点：人类社会和人类文化的诸般特征都可以用人类开发出的环境来解释。但是这个观点却没有给主体的能动性留下空间，也不能解释人类的差别。即使这样，我们还是要承认，一个地方的地理环境，尤其是气候情况会给人的生活造成一种极大的限制，在一定程度上，环境总要迫使生活在其中的人们接受一种物质生活方式[③]。在我国，根据气候与环境的差异，基本上可分为三种经济文化类型：长城以北的牧畜文化，秦岭、淮河以北的粟文化和长江流域及其以南的稻作文化。

左江流域属于稻作农耕经济文化类型，左江岩画表现的是以稻谷为代表的水田农业文化。它与同属于西南地区的云南、四川岩画在分布的自然地理环境有很大的一致性，多数地方重峦叠嶂，河流纵横，描绘的内容主要是人的活动，

---

① Tang H S. Theory and methods in Chinese rock art studies [J]. Rock Art Research. Vol.10, Number 2, 1993:83-90.
② 龚田夫，张亚莎. 原始艺术 [M]. 北京：中央民族大学出版社，2006: 189.
③ [英] 雷蒙德·弗恩. 人文类型 [M]. 费孝通译. 北京：华夏出版社，2002: 32.

以人像为主，动物较少见，反映的是地区古代居民原始的宗教思想。

（三）左江岩画的制作手法

在制作手法上，左江岩画是红色涂绘，与西南岩画系统技法一致。红色涂绘岩画在欧洲、非洲、大洋洲、美洲、印度等地都有丰富的遗存。左江岩画中的红色涂料主要成分是赤铁矿、方解石、石英、高岭土，赤铁矿是红色颜料中的基本显色成分[1]，近期研究表明有的红色颜料中还含有朱砂[2]。左江流域地区赤铁矿分布很广，矿产资源丰富，开采、利用方便，是非常理想的绘画颜料。

赤铁矿的化学性虽然稳定，但是缺乏黏性，作为岩画颜料需要加入黏合剂，有关花山岩画颜料中的胶结材料存在两种观点：动物血[3]或植物树液。世界各地岩画中的调和剂是多样的，如北美印第安人使用熊脂以及兔皮、鹿蹄、鱼熬成胶，非洲人用牛油、骨髓、血、树胶、鸵鸟蛋清等。南非布须曼人用牛血调配岩画颜料。近代云南西盟佤族用赤铁矿粉和黄牛血调配颜料，宁明壮族将牛皮胶作为颜料的黏合剂。用这种方法调制而成的红色颜料着色好，黏合力强，这也是西南岩画色彩经久不退的原因之一。

（四）左江岩画的区域特色

虽然左江岩画属于西南岩画系统的特征比较明确，但是左江岩画也清晰地呈现出区域独特的制作方法和文化特征。

第一，左江岩画在制作手法上虽是红色涂绘，但在制作工具上，也表现出因地制宜的独特性。左江岩画图像硕大、人物众多，推断其绘画工具应该比较粗大；在一些图像下方有颜料流痕，这是画具柔软，一次能蘸取较多颜料浆液涂抹画面所造成的现象。结合当地的自然环境资源，可以推测花山岩画绘画所用工具是用动物毛或芦苇稻草等绑扎而成的刷子，这类刷子因取材容易、制作简单、可粗可细、可长可短，绘画者可以根据画面的需要及绘画地点的环境制作合适的"笔"，以满足绘画的需要。也有人认为绘制岩画所用工具是当地的

---

[1] 邱钟仑，李前荣.花山岩画颜料和黏合剂初探［J］.文物，1990,（1）：85-87.
[2] 郭宏，韩汝玢.广西花山岩画颜料及其褪色病害的防治对策［J］.文物保护与考古科学，2005,（11）：7-14.
[3] 覃圣敏，覃彩銮，卢敏飞，等.广西左江流域崖壁画考察与研究［M］.南宁：广西民族出版社，1987：198.

"白茅草"①。

第二，左江岩画表现的是以稻谷为代表的水田文化圈的特征，在具有濮僚文化的同时又显示出海洋文化层的因子。

第三，在作画方式上与濮僚系的涂绘式画法形同，但表现内容更与百越系的水系岩画相近，尤其是与远在千里之外的大洋洲岩画内容多有相似。

第二节　蹲踞式人形岩画的创作者

壮族人民主要居住在今天的广西壮族自治区。左江流域是壮族人民聚居地之一，此地的壮族人口占全族总人口的12.8%，其中壮族人口达22万以上的有扶绥、大新、宁明、崇左、龙州等县，占全县总人口数的70%以上②。其次，人口较多的民族为汉族和瑶族。关于左江岩画的创作者，学者们基本上都认为是壮族的先民。但是，历史上在左江流域活动的民族很多，到底是哪个民族制作了岩画，一直是争论的焦点。

一、左江流域的民族与岩画产生的时间

如果要知道左江岩画到底是谁创作的，就要知道曾经都有哪些主要民族曾经在左江流域生活过，并且应该知道岩画创作的大概时间。

（一）左江流域的民族变迁

大约在夏代，西瓯就已经闻名中原，并在战国末期强大起来，成为部落联盟之首，是形成壮族的主要族群。西瓯地北接桂国，东达桂江，西起桂西到桂西北，南达郁江、邕江、右江一带。骆越构成壮族的另一支重要部落，它与西瓯一样很有名气。《吕氏春秋·本味》曾提到"越骆之菌"，菌即笋，《逸周书·王会解》提到"路人大竹"。可见，商周已闻名中原。骆越北与瓯相交，南到中南半岛，东到番禺（今广州），西接句町、夜郎。

---

① 唐玉民，孙儒涧.壁画颜料变色原因及影响因素的研究[A]//敦煌研究院.敦煌研究文集（上）[C].兰州：甘肃民族出版社，1993：199-218.

② 覃圣敏，覃彩銮，卢敏飞，等.广西左江流域崖壁画考察与研究[M].南宁：广西民族出版社，1987：21,151.

桂国在广西桂北地区，因生产桂树得名，战国时臣服于瓯。损子，又名乌浒，在广州之南，交州之北，是西瓯的一支。句町，战国至西汉古国名，其地在云南之广南、富州，广西之西隆、西林、凌云、百色。活动区域曾达到昆明一代。壮族先民还有一部分来自夜郎。其地以北盘江为中心，包括南盘江及红水河上游，地跨黔、滇、桂、川四省区，是战国至西汉西南最大的邦国。以上诸部，只是古代壮族部落中比较著名的联盟、邦国，它们或因战争、或因朝贡得以名闻中原，载于史书，实际上古代部落不止于此[①]。

秦瓯战争之后，西瓯、骆越之名还见于赵佗时期，东汉之后，壮族先民分布区出现了俚、僚、俍等族称。这些族称之间都有密切的渊源关系，而且上同西瓯、骆越分不开，下同壮族相牵连。三国时，吴人万震所著的《南州异物志》载："俚在广州之南，苍梧、郁林、合浦、宁浦（今广西横县）、高梁（今广东阳江等地）五郡皆有之，地方数千里。"俚人活动的地方，正是乌浒人活动的地方，宋人乐史撰的《太平寰宇记》载："贵州连山数百里，皆俚人，即乌浒蛮。"

"僚"的名称，见于《三国志·蜀志·霍峻传》，东晋常璩撰写的《华阳国志》也有记载，不过指的是住在四川的少数民族。到隋唐时，关于"僚"的记载越来越多，已经发展为对活动在西南地区，其中包括两广、湖南地区的古代少数民族的泛称了。例如，《隋书·地理志》载："俚僚贵铜鼓，岭南二十五郡，处处有之。"这里把俚和僚并称起来。"俍"的名称，多见于明代以后，有"俍人""俍兵""俍田"的记载。据《明实录》载：广西"大率一省俍人半之，瑶僮三之，居民二之"。可见广西俍人之多。俍是僚人对头人的称呼。明人田汝成所著的《炎徼纪闻》有僚人称其头人为"郎火"的记载。郎与俍，同音异写，表明俍与僚有密切关系[②]。这些称谓的变化也可能是不同民族不断加入的结果。由此可以看出，左江流域自先秦以来一直有不同的民族在此生活，他们在文化以及族源上都有一定的渊源关系。

（二）岩画的产生时间

岩画产生的时间是我们判断创作岩画族属的一个很重要的条件。虽然岩画的断代问题一直是学者研究的难题，但是左江蹲踞式人形岩画因为有作画内容

---

① 梁庭望. 壮族文化概论[M]. 南宁：广西教育出版社，2000: 25-29.
② 壮族简史编写组. 壮族简史[M]. 南宁：广西人民出版社，1980: 8-12.

为根据,断代问题相对容易些,但是也一样存在着一些争议。

第一种意见认为,环首刀环首的大小如果与刀宽相同或略大,则可能属于西汉;如果超过刀身太多,就具有战国铜削刀或铁削刀特征,考虑两种可能性,如以环首刀推定年代,应该上推到战国,下限可到东汉;以羊角扭钟推测年代在西汉初期和中期;有格或有首剑和扁颈短剑出现的年代大致都在战国中晚期到汉代初。另外,北京大学考古系碳十四实验室和地矿部岩溶地质研究所实验室对压在岩画下面的钟乳石和岩画上面的钟乳石进行了碳十四的测定,也推断左江岩画绘制的年代是在战国至东汉时期。这两种方法的推测年代基本相符[①]。

第二种意见认为,人像佩戴的环首刀较长,应该是铁刀。这种刀出现于西汉,盛行于东汉魏晋,唐代以后被其他形式铁刀所代替。岩画中出现的铜鼓形象较多,虽然采取的是只绘中心光芒的象征性画法,无法断定类型,但根据广西早期铜鼓发现较少,铜鼓收藏多属晚期的事实,说明岩画中铜鼓形象应是其在生活中大量使用后的一种艺术再现。而广西新近发现的一件晚期铜鼓,面部铸有一个与崖画人像一样的图形,其内所填颜料与岩画所用红色也很近似,由此可以推测岩画是东汉以后的产物[②]。综合两种研究结果得出,左江岩画最迟出现的年代应该是在东汉。

通过史籍记载以及学者们的研究,我们大概可以知道先秦以及秦汉时期,广西的主要民族有西瓯、骆越、乌浒、俚等称谓,左江流域主要是骆越族群活动区域,但同时也有西瓯族群在此与骆越族群杂居互动。左江岩画的作者到底是这些民族中的哪一个呢?

二、岩画族属为骆越民族的可能性探析

从左江岩画所在地域看,从战国到秦汉时左江流域居住的主要是骆越人,说明岩画和骆越人之间关系密切;从岩画内容看,人物发饰,剪发最多,椎髻次之,证明梳这两类发饰的人是居住在左江流域的主体居民,他们的发饰与文献中记载的骆越发饰相符[③];从反映的民族习俗看,贵铜鼓、竞渡、裸体这些都是当时骆越人的习俗,因此,有些学者断定岩画内人像的族属应为骆越人。

---

① 覃圣敏,覃彩銮,卢敏飞,等.广西左江流域崖壁画考察与研究[M].南宁:广西民族出版社,1987:134-138.
② 汪宁生.云南沧源崖画的发现与研究[M].北京:文物出版社,1985:114.
③ 王克荣,邱忠仑,陈远璋.广西左江岩画[M].北京:文物出版社,1988:208-210.

第二章 左江蹲踞式人形岩画的环境与创作者

张世铨先生根据左江流域沉香角、驼拉山、白龟红山的崖洞葬遗迹，参照四川珙县"僰人"悬棺与岩画的在时代上的联系，并根据岩画表现出的裸体、一字格剑和环首刀等，最后认为广西崖洞葬最早不过到东汉，在隋唐时崖洞葬增多，沉香角一带在东汉到六朝时属于乌浒人，说明岩画的族属是乌浒人[①]。骆越之名在东汉后少见，"乌浒"见于史籍，始于东汉。《后汉书·南蛮传》中记载："灵帝建宁三年（公元170年），郁林太守谷永，以恩信招降乌浒人十余万内属，皆受冠带，开置七县。"又载：光和元年（公元178年），"交趾乌浒蛮反叛"。这些记载表明，被称作"乌浒"的人们，其活动地区是在广东的西南部、广西的南部等地，同以前的骆越人活动的地区相同。史书既没有提到乌浒人从何处迁来，也没有说明骆越人何时从这里迁走，显然，乌浒人与骆越人也是有密切历史渊源的[②]。

骆越族在我国文献上出现的时间比较早。《逸周书·王会》中记载的南方特产就有"路人大竹"此后，《吕氏春秋·本味》言：味美者，有"越骆之菌"。另外，记载骆越之名的文献还有《盐铁论地广篇》："荆楚罢于瓯、骆"；《史记·南越传》："佗因此以兵威边，财物赂遗闽越、西瓯、骆，役属焉"，《汉书》也有相同的记载。以上诸书所说的"路""越骆""骆"，即指"骆越"。《后汉书·马援例转》载："援好骑，善别名马，于交趾得骆越铜鼓，乃铸为马式，还上之。"至此，骆越之名正式出现在中国文献，以后则从文献中逐渐消失，被别的族称所替代。因而骆越存在的时间，至少是自周代开始，直至东汉。

唐宋以来的史籍记载了古代骆越人活动的大致区域。《旧唐书·地理志》载："邕州宣化县（今广西邕宁区境）骊水在县北，本牂牁河，俗呼都林江，即骆越水也，亦名温水，古骆越地也"，骊水即今右江。骆越水，为今南宁的邕江以及右江中下游；明欧大任《百越先贤志》自序也记载："牂牁西下、邕雍绥建，故骆越地也。这是骆越分布的北界"，骆越分布的西界则为左江流域和越南北部一带。清人顾炎武《天下郡国利病书》载："今邕州与思明府凭祥县结界入交趾海，皆骆越也。"《后汉书·马援例转》记载马援："于交趾得骆越铜鼓"；《后汉书·任延传》载："九真郡内'骆越之民婚嫁无理法'。"此外，骆越活动之地还有雷州半岛和海南岛。

《汉书·南粤转》记载桂林监居翁"谕告瓯骆四十余万口降"。据蒙文通先

---

① 张世铨.广西岩洞葬和几个有关问题的商讨[J].民族学研究第四辑，1982, (12): 85-118.
② 壮族简史编写组.壮族简史[M].南宁：广西人民出版社，1980: 10.

生考证，南越桂林监居翁所辖地区只有郁林、合浦二郡，而"郁林郡为西瓯"由此可以推断合浦郡主要为骆越分布区。《后汉书·南蛮西南夷列传》记载："至……十六年，交趾女子征侧及其妹征贰反，攻郡……于是九真、日南、合浦蛮里皆应之。"征侧为雒将之女，当是骆越之人。她能得几州俚人相应，足见是同一族的。闻宥教授指出所谓的"里"或"俚"。汉时称"骆越"，南北朝时称"俚"。童恩正先生也对骆越即"俚"做了进一步的论证。合浦之"里人"活动，表明合浦郡为骆越分布地[①]。汉时海南岛上置珠崖、儋耳两郡。《汉书·贾捐之传》记载贾捐之谏汉元帝不宜发兵珠崖郡蛮夷时说珠崖习俗为："……骆越之人，父子同川而浴，相习以鼻饮……"说明海南岛也是有骆越人的。综上所述，骆越的分布范围大致是广西境内的左、右江流域及今越南红河三角洲及广东省的雷州半岛和海南岛一带。

那么，左江岩画的创作族属一定是骆越族群吗？笔者认为并不尽然。从左江蹲踞式人形岩画作画地点的选择及制作手法看，它与源于濮文化的云南岩画和四川珙县岩画有着密切的联系，因此张亚莎先生把它划入西南濮僚民族岩画系统，但是在百越史研究中，似乎有个定论，即骆越族是古代越族的一支，并且左江岩画与福建华安仙字潭以及东南亚岩画在内容上也有着很大的相似性。这两者之间似乎存在着矛盾。从左江岩画各分布点看，在长达200多千米的岩画长廊上，以"蹲踞式人形"为主题的岩画造型、题材虽然统一，但是在风格上还是存在很大的差异性。这表明在左江岩画延续几百年的创作过程中，如此浩大的工程一定不是仅由一个族群完成的，而是由不同族群在几百年间如接力传递一样合作而形成的地域共同传统。创作左江蹲踞式人形岩画的骆越先民，应该是由生活在左江流域的土著与古代活动于此的各个部落长期融合而成的，因此，接下来我们有必要对骆越的族源成分进行分析。

三、骆越民族的族源分析

（一）骆越来自濮人的猜测

1. 岩画资料的比较

左江蹲踞式人形岩画属西南山地岩画体系。有些学者认为这个体系中的岩

---

① 范勇. 骆越族源试探［J］. 四川文物，1985, (2): 63-67.

画是在狩猎、畜牧和农耕并存的混合经济形态下，由中国南方原住各少数民族及日后在不同历史时期沿长江流域迁徙来的其他少数民族所创作，分布区域对应了早期铜鼓的分布区域，其主体为古文献所述的百濮诸民族[①]。那么，左江岩画的创作族属骆越人，应与我国西南地区历史悠久的百濮系民族有着极其密切的关系。尤其是在岩画的造型与技法方面左江蹲踞式人形岩画与云南沧源岩画和四川珙县僰人岩画表现出极大的相似性，似乎说明了创作它们的族群间的亲缘性。

2.考古资料的分析

纵观骆越地区的考古发现，遗迹也呈现出清晰的"濮文化"特征。新石器时代晚期，桂南及西南部发现的陶器主要是夹砂红陶、灰陶和泥质黑衣陶，器形多圈底釜和罐，纹饰主要是绳纹和篮纹。1986年发掘于广西武鸣马头元龙坡西周至春秋墓群和安等秧战国墓群被认定为是骆越人的墓地，墓葬具有鲜明的地域特色：①墓穴排列整齐、集中有序；②墓室方向绝大多数为东西向；③墓葬形制都是狭长小型竖穴土坑；④元龙坡西周墓有用火烧烤之俗；⑤随葬品先经打碎，然后再散放在填土中及墓底；⑥随葬品一般是青铜器和陶器。陶器盛行圜底器，少见圈足器和平底器，没有三足器，无纹饰或仅饰绳饰。最具代表性的青铜器是镂空的细纹匕首、圆尖顶长舌圆形器、圆銎长骹矛、"凤"字形钺、斜刃钺、新月形刀、桃形镂空铜镞、人面弓形格剑、曲刃一字格剑和铜鼓[②]。

从出土墓葬及器物特征上分析，蒋廷瑜先生认为桂西南文化明显受滇文化影响较大。舒向今先生在研究考古学上的濮文化特征时，认为长江以南的洞庭湖地区和"五溪"地带是"濮"的中心地带，根据五溪地带濮人墓葬的研究得出：五溪一带出土的以"罐"为主要标志的墓葬是"濮文化"。陶器以陶制多夹砂，有少量的泥质陶，陶色多呈灰褐色，陶制松软，制作较粗糙[③]。以绳纹圜底罐和宽格青铜剑为器物代表和墓葬、遗址中不见三足器等现象为濮文化的主要标志[④]。

---

① 国家民委民族问题研究中心.中国民族[M].北京：中央民族大学出版社，2003：105.
② 郑超雄，覃英.壮族历史文化的考古学研究[M].北京：民族出版社，2006：72.
③ 段丽波.濮、越民族考——从考古学文化的视角[J].学术探索，2007，(3)：109-116.
④ 舒向今.试探考古学上的濮文化[J].民族研究，1993，(3)：76-81.

3. 史籍资料的记载

据《史记·南越列传》《后汉书·南蛮传》《后汉书·马援传》《交州外域记》《广州记》等记载可知，大约战国晚期至东汉前期，是骆越人生活在越南北部并且是当地主体居民的时期，这正与越南青铜时代的东山文化流行时代完全吻合。因此，国内、国际以及越南的历史、考古工作者一致认为，东山文化应是古代骆越人的遗存。东山文化与滇、夜郎、句町文化相似，是世界各国学者公认的。东山文化所出土的剑、戈、矛、靴形钺、玦形耳环，基本都是石寨山类型。至于二者之间在铜鼓的器形、纹饰上更是表现出惊人的一致，证明其椎髻、干栏、竞渡、羽人的舞蹈等习俗的完全相同[①]。

另外，两地文化中都有用船型棺进行土坑葬的习俗；两地出土的铜羊角扭钟、斧、心形锄等形制都基本一致；在东山文化中出土的飞玉缕、黄下、古螺等铜鼓及陶缸上，亦有石寨山文化青铜器中常见的狩猎图像与雕像等；石寨山文化居民常举行的人头崇拜仪式或是进行猎头活动，而在东山文化中多次发现人头入葬于铜缸中。正因为如此，国外研究东南亚的考古学者，如皮尔逊（Richard Pearson）、汉斯金斯（John F.Haskins）、德麦玲（Magdalene von Dewall）、冈崎敬等，无不认为东山文化与滇文化关系密切。巴克尔（E.C.Bunker）则肯定东山铜鼓起源于云南。张光直（K.C.Chang）很早就将东山文化看成是中国西南部的濮文化的一支，之后又认为滇文化与东山文化为同一系统的文化[①]。

4. 文化习俗的比较

从生活习俗上看，吴越、东瓯、闽越为断发文身，南越、西瓯为椎髻徒跣。骆越为项髻徒跣，以布贯头而著之，与晋宁石寨山出土铜器上所铸人物形象相像[②]。另外，骆越发现的铜鼓上的人像装饰都是有发式的，越南北部青铜时代遗址发现滇王墓出土的其他雕塑人像和装饰人像，也是如此，均与东南沿海越族的断发不同。

从民族语言上看，宋周去非《岭外代答》卷四言："常令译者以礼部韵按交趾语，字字有异"，说明骆越与南越、西瓯和骆越的语言是互不相同的。另外，壮族有"布壮""布越""布雅衣""布衣""布土""布曼""布傣"等20余种自称，海南黎族有"濮黎"自称，邻近的贵州布依族也有"布衣"自称，"布"即

---

① 童恩正.试论早期铜鼓[J].考古学报，1983,(3): 307-329.
② 蒙文通.百越民族考[A].越史丛考[C].蒙文通遗著.北京：人民出版社，1983: 23-24.

"濮"。但是在东南沿海的吴、越、东瓯、闽越地区的现代语言中,并没有发现这种自称的痕迹[①]。

从以上分析看出,骆越族应属于百濮族群。它和同样属于百濮族群的滇族,在长期的文化交往过程中,文化互相渗透,互相影响,以至于骆越文化与滇文化有许多共同的文化元素。

(二)骆越源自百越的猜测

1. 骆越源自百越

长江以南五岭东、西地区,古称"扬州",此区居民主要是越人,因此区越人部落众多,因而又称"百越"。五岭东部的东瓯和闽越称为东越,西部的西瓯与骆越称为西越。石钟健先生的《试证越与骆越同源》一文,比较全面地论述了骆越来自越的观点[②]。文中说:"对于骆越与越关系做出透彻说明的第一个人,是明末清初的历史学者顾炎武,其次是民国初年的梁启超。"

之后,我国学者吕思勉、林惠祥、罗香林、徐松石等,外国学者沙畹、鄂卢梭及陶维英等,也都从多个方面探讨了越与骆越出自同源,石钟健先生从物质文化与生活习俗两方面论述尤为详细。

(1)从物质文化上看,这些地区发现具有突出共同特征的有段石锛和印纹陶。林惠祥教授认为"有段石锛是东南区新石器文化的重要特征"[③],印纹陶也被看成是百越地区的共同文化特征之一;除此之外,还有形式大体相同的铜质武器;纹饰主题基本相同的铜鼓。

(2)从生活习俗上看,他们都住"干栏式"结构的房屋;有产翁、悬棺葬、鸡骨卜、鸟田传说、仙掌崇拜、剪发文身等习俗。从语言上看,语言与族群的密切关系是不能否定的,但同时我们不能否认,语言分类与族群并没有一对一的对应关系,语言并非界定族群的绝对标准。

因此,通过以上越与骆越文化特征的比较后,石钟健先生认为骆越源自越,具有百越文化内涵的基本成分。

---

① 何乃汉. 骆越非百越族群说 [J]. 广西民族研究,1989, (4): 29-36.
② 石钟健. 试证越与骆越同源 [J]. 中南民族学报,1982, (2): 10-22.
③ 林惠祥. 中国东南新石器文化特征之一. 有段石锛 [J]. 考古学报,1958, (3): 1-15.

2. 骆越并非源自百越

对于骆越并非源自百越的说法，一些学者也针对石钟健先生举出的几个论点进行了反驳。

（1）从物质文化上看，百越族群使用有段石锛和几何印纹陶比较一致，但是在骆越地区也很少见到。

首先，有段石锛起源于长江下游地区，主要分布于东南沿海越族地区，但广西发现的有段石锛很少，数量上东部和北部多于西部和南部。据推测，有段石锛的制作技术应该是从广东中南部溯西江而上，一支经郁江到达左右江流域，并到达中南半岛，另一支沿红河继续向西，直达南、北盘江，如在云南麻栗坡和晋宁的石寨山都发现有段石锛和有肩石器[①]。从数量上看，有段石锛在广西的出现应该属于文化的传播。

其次，对于与越族关系最密切的印纹陶，苏秉琦先生曾经根据大量的地下发掘材料，将其分成四个区域：①从鄱阳湖、赣江到北江（即包括江西和广东中部）是它的关键（枢纽、核心）地区；②从太湖流域到珠江三角洲沿海一带（包括台湾省等）是它的东南翼；③从洞庭湖、湘江到西江流域（主要是湖南东半部和广西东半部）一带是它的西翼；④江淮一带（大致包括苏北、皖北、鲁西、河南中南部、鄂东部）是它的北邻[②]。左右江流域已经越出了印陶纹分布的范围。在新石器时代文化遗存丰富的骆越地区，常见的是有肩石斧、夹绳纵陶，后来则盛行的是大石铲文化[③]，几何印纹陶直到现在还未在桂西发现，海南岛的几何印纹软陶和硬陶技术均不发达。但与骆越同期并存的西瓯地区出土的新石器时期晚期至秦汉的陶器却都是几何印纹陶。

（2）从文化习俗上看，地区间有相同的风俗习惯，有时是由各族所处的地理环境、生活条件和历史发展中的各种原因决定的。

第一，越族共同的习俗如断发文身、住干栏建筑、悬棺葬等，并非越族群所特有，只是表明同一社会发展阶段，自然条件相同，反映在物质文化上的一致性。断发文身是南方海边近水居民共同的风尚，日本人、太平洋群岛、澳大

---

① 傅宪国.论有段石锛和有肩石器[J].考古学报，1988,(1): 1-36.
② 苏秉琦.关于"几何形印纹陶"[A]//苏秉琦.苏秉琦考古学论述选集[C].北京：文物出版社，1984: 194-208.
③ 何乃汉.骆越非百越族群说[J].广西民族研究，1989,(4): 29-36.

利亚、新西兰和美洲的印第安人都有此习俗。

第二，对于干栏建筑仅属于百越人的说法，戴裔煊先生认为值得商榷[①]。居住于西南地区的濮人以及东南亚许多国家的民族也是如此，这完全是地理、气候等自然条件决定。拔牙习俗除了以大汶口文化居民为代表的古夷人族系外，至少还有三个族系流行拔牙习俗，那就是长江中游的古荆蛮族系及其后裔，东南地区的古越人族系及其部分后裔，以及云南边境大约属于孟高棉语族的濮人。西南地区有悬棺葬和崖棺习俗的古代民族也很普通。越族群是否有一个统一或相近的语言不得而知，但据蒙文通先生考证，吴越、南越、西瓯和骆越的语言是互不相通的[②]。

另外，铜鼓分布区很广，贵州、四川、云南、湖南以及广东南部均有出土，年代以云南楚雄万家坝的釜形铜鼓为最早，测定属春秋中期或更早些。可见铜鼓的分布区已不止百越。可是百越的文化中心江苏、浙江、福建很少发现铜鼓。在湖北崇阳发现的铜鼓无论是从形制还是纹饰上都与骆越铜鼓不同。

通过以上分析，我们更倾向于骆越族并非来自百越，骆越与其同期存在的西瓯在文化上有很大的差别。为什么很多研究者却认为骆越属于百越族群呢？笔者认为是把西瓯、骆越文化混为了一体，甚至认为西瓯即是骆越，两者是同族异称。对于西瓯、骆越究竟是一族之名还是不同的两个民族，从史籍记载到现代学者的研究都持有不同看法。

（三）西瓯、骆越不同族

南朝梁人顾野王在《舆地志》中说："交趾，周时为骆越，秦时曰西瓯。"颜师古注："西瓯即骆越也，沿西者以别（于）东瓯也。骆越，亦称瓯越，或西瓯，在今广东新安及安南。"[③]唐人李吉甫的《元和郡县志·岭南道五》中记载："贵州（今贵港），本西瓯、骆越之地，秦并天下，置桂林郡，尉佗王越，改桂林为郁州。元鼎六年，平南夷，改桂林为郁林郡。"《元和郡县补志》说："义州（今岑溪市境）古西瓯、骆越地也"。后晋刘昫的《旧唐书·地理志》，在党州（今玉林市境）、宣化（今邕宁区境）、郁平（今玉林市境）等条下分别有注：

---

① 安志敏.干栏式建筑的考古研究[J].考古学报，1963，(2)：65-83.
② 何乃汉.骆越非百越族群说[J].广西民族研究，1989，(4)：29-36.
③ 林惠祥.中国民族史[M].北京：商务印书馆，1936：24.

"古西瓯所居""古骆越地也""古西瓯、骆越所居"。其他许多地方也是如此加注。这表明刘昫将西瓯、骆越视为两个族群。而近代研究史学的学者，认为西瓯、骆越为同族异称者[①]，持异族异称者的也很多[②]。根据文献和考古资料的证明，笔者倾向于后者。

瓯骆并称的大量出现，即表明二者确实存在密切的关系，也显示了它们基本相同的地带分布，这就是秦时的桂林郡和汉代的郁林郡，即今粤西南和桂南这一代相连的大片地区，尤其集中指明在今贵县一地。同类记载还见于唐杜佑《通典》，该书卷184"州郡典"云："贵州今理郁平县，古西瓯骆越之地。秦属桂林郡，徙谪人居之，自汉以下，与郁林郡同。"《元和郡县补志》言义州（今广西溪县境）为"西瓯骆越地也"。正因为西瓯和骆越在实际中常一并出现，分布区又多有重合，因此，有的学者据此认为二者乃同族异称。实际，西瓯和骆越除了有一个杂居的地带外，各自都有自己的活动区[③]。

史籍明载，西瓯地区在桂南和粤南，如《元和郡县志》之"贵州（今贵县）"《旧唐书》之"党州（今玉林地区，贵县所在）"《十道志》之"潘州（今茂名）"，说明西瓯主要地域均在珠江支流的西江流域及其上游的郁江、浔江两岸[④]。《汉书·南越王传》记南越"西有西瓯"，西瓯应在南越之西，其西应溯西江而上。汉武帝平南越时，"越桂林监居翁谕告瓯骆四十余万口降"。这表明西瓯和骆越人一定在桂林郡范围内。南越国的桂林郡即秦代的桂林郡，是包括整个桂江流域和西江中游（浔江）地区的，大体是汉代的郁林郡和苍梧郡，其地理位置正好在汉初南越的西方，故晋人郭璞注《山海经》中云："郁林郡为西

[①] [苏]伊茨P. 东亚南部民族史[M]. 成都：四川民族出版社，1981：217；覃圣敏. 广西左江流域崖壁画考察与研究[M]. 南宁：广西民族出版社，1987：149.

[②] 罗香林. 古代百越分布考[A]//中南民族学院民族研究所. 南方民族史论文集（一）[C].1982：1201；蒙文通. 骆越与西瓯[A]//罗世敏. 骆越古国历史文化研究[C]. 南宁：广西民族出版，2006：313；张一民. 西瓯骆越考[A]//罗世敏. 骆越古国历史文化研究[C]. 南宁：广西民族出版 2006：361；覃圣敏. 有关西瓯骆越的文献记载及考略[A]//罗世敏. 骆越古国历史文化研究[C]. 南宁：广西民族出版社，2006：78；蒋廷瑜. 桂岭考古论文集[C]. 北京：科学出版社，2009：69.

[③] 蒋廷瑜. 从考古发现探讨历史上的西瓯[A]//谢启晃. 岭外壮族汇考[C]. 南宁：广西民族出版社，1989：77.

[④] 陈为. 东瓯西迁之议[J]. 东南文化，1986,(2)：126-129.

瓯。"①《淮南子·人间训》记述秦始皇五路出击岭南进军广西,其中两路秦军沿灵渠、漓江而下,矛头直指西瓯。平乐县地处漓江畔,正于秦军进军途中,在当地墓中所发现的"江鱼"铜戈和"屠陵"铜矛,应是秦军从楚地带到岭南战场上的,是西瓯人的战利品②。因此西瓯当位于灵渠以南,与上述记载基本相符。

  西瓯主要活动在五岭之南,南越之西,骆越之东。大体包括汉代郁林郡和苍梧郡,相当于桂江流域和西江流域。西瓯与骆越不但在名称、分布范围上不一样,从考古发现上看,两个族群的文化特征也是有区别的。西瓯地区出土的新石器时代晚期至秦汉的陶器,都是几何印纹陶,显示了一定的地域性③。此外硬陶三足盒、"米"字纹大陶瓮、陶方格纹罐形鼎也很有特色;出土兵器最常见的是青铜扁茎短剑,这种剑既不同于斜肩、铸有手心纹或虎形纹的巴氏短剑,和西南的一字格剑区别也很大;盘口鼎较多,器形为口沿外折上耸,口沿上方有方形或弧形耳、浅腹、平地或略圜、三足外侧起棱;流行双肩铲形钺,铜鼓较少见④;以云雷纹、席纹、菱纹、水波纹等几何图案为主要装饰。

  关于西瓯的族源,梁钊韬先生从西瓯活动在史籍中始见于秦,以及史料中的东西瓯对比,蕴含的两瓯密切关系出发,对广西贵县罗泊湾墓出土铜鼓上的双身船纹考证进行了考证,认为:东瓯是的西瓯先民之一,东瓯族群乘双身船浮海南下,进珠江口,而又"溯西江至贵县地方",与当地骆越人杂处。因此,西瓯地区"包含了古代骆越人、东瓯人、倭人、楚人和中原人,等等"⑤。此论点已得到学术界一些学者的肯定⑥,且新的考古发现也印证了这一论点。在东瓯故地,江鄞州区出土的一件"羽人划船"纹铜钺,与贵县罗泊湾一号墓出土的大铜鼓上的羽人划船图像极为相似。经论证,"羽人划船纹"是在战国中期,楚灭

---

① 蒋廷瑜. 从考古发现探讨历史上的西瓯[A]// 谢启晃. 岭外壮族汇考[C]. 南宁:广西民族出版社,1989:75.
② 陈为. 东西迁之议[A]// 东南文化编辑部. 东南文化(第3辑)[C]. 南京:江苏古籍出版社,1988:119-126.
③ 张一民. 西瓯骆越考[A]// 罗世敏. 骆越古国历史文化研究[C]. 南宁:广西民族出版社,2006:361.
④ 蒋廷瑜. 桂岭考古文集[C]. 北京:科学出版社,2009:69.
⑤ 梁钊韬. 西瓯族源初探[J]. 学术研究,1978,(1):129-135.
⑥ 石钟健. 铜鼓船纹饰上的船是不是越海船[J]. 贵州社会科学,1981,(6):69-78.

越之后，随着东瓯越人西迁而传过来的[①]。

考古发现上的西瓯与越文化如此相近，因此不难理解，为什么我们长时间以来，一直把西瓯认为是越的一支。而骆越与西瓯关系密切，骆越文化中蕴含一定的越文化也是应该的。

四、岩画创作族群的记忆及其认同

族群的形成最主要是"边界"的变化，而非包括语言、文化、血统等内涵[②]。族群认同产生于族群边界的维持，结构性失忆与族群认同变迁，以及与此有关的历史记忆的选择、强化、重整与遗忘，这些必将有助于我们理解历史文献与考古所蕴含的"过去"的本质[③]。因而西瓯何时进入骆越或脱离骆越，骆越边界改变的资源竞争背景，是一个值得探索的问题。

在先秦时期，源自百濮的骆越人虽然与北方民族有一定的往来，但是一直独立发展自己的文化，约在西周晚期至春秋时形成了自身的青铜文化，但是文化发展缓慢。公元前 334 年，楚灭越，其中部分东瓯越人从闽海南下西徙到粤西南和桂南一带，与当地的骆越人混居，最先到达之地为贵县，这就是后来西瓯的政治中心。两个族群在各自精英的引导和推动下，保持着它们的各自的称号，族源历史，并以某些语言、宗教或文化特征，强调着内部的一体性、阶序性，以及对外设定族群边界排除他人。

然而，随着内外政治、经济环境的变化，资源分配、分享关系随之变化，个人或是整个族群的认同发生了变迁。西瓯受楚汉先进经济文化影响，经济发达，在资源的竞争中处于优势，致使骆越之地的边界发生变化。在秦汉时期，西瓯与骆越名称出现了混淆，族群边界变得不再清晰。这里说明了两个问题：第一，西瓯与骆越族群同化、融合，西瓯经济优于骆越，出现前引文，南朝梁人顾野王在《舆地志》中"周时为骆越，秦时曰西瓯"的说法，并产生了"西瓯君"，西瓯人在骆越之地成为核心，骆越人反而被边缘化；第二，西瓯族群在岭南非常强大，成为秦统一岭南遇到的最顽强的抵抗势力，但是在抗秦战争中，终因实力悬殊，西瓯君译吁宋被秦军杀害。为了共同抗秦，西瓯不得不与骆越

[①] 李秀国. 瓯骆关系新论 [J]. 中山大学学报, 1992, (1): 111-118.
[②] [挪威] 巴斯 F. 族群与边界 [J]. 高崇译. 广西民族学院学报, 1999, (1): 16-27.
[③] 王明珂. 华夏边缘 [M]. 北京：社会科学文献出版社, 2006: 33.

结成联盟，遭受重创的西瓯人显然不如骆越人更有实力，盟军内部的核心与边缘重新被调整。新的族群产生，新的族称被创造，于是"瓯骆""瓯骆王""瓯骆左将"等名称自然产生。

秦始皇统一岭南后，因西瓯地区河流纵横，交通方便，与中原汉人接触较多，一部分很快被汉族同化，另一部分因为躲避兵燹而外逃，其中不少人沿西江而上或是沿红水河西走，散居于左右江流域一带与骆越人混居，并很快与之融合为一体。"西瓯"名到西汉以后在历史上消失，虽然"骆越"直到东汉还存在，但是已经被汉族边缘化，东汉后骆越之名不见。

骆越族群边界变化的过程，是西瓯与骆越族群之间交往互动的过程，在骆越这个大的族群中，次族群西瓯骆越对于"历史记忆"常有许多争论，这是内部的核心与边缘之争。但在面对共同的强大敌人秦国军队时，西瓯与骆越不但要组成形式上的联盟，还要形成重组后的骆越人共同的族群认同与族群边界，他们忘掉各自原有的族源，强调其共同的族源、历史记忆以及新的共同文化特征，以排除"秦人"。对蹲踞式人形岩画的独爱，是双方认同并强调的共同文化特征。

左江岩画是骆越族群边界变化的一种历史记忆，这种记忆不但是族群内部次族群之间关系变化时一种有选择的历史记忆，也是骆越族群面对外界大的政治环境变化时的一种集体记忆。不同的记忆依赖于岩画以及伴随岩画的活动来保持、强化或重温，以实现此族群及族群力量的凝聚。岩画制作从产生、兴盛到衰败；岩画内容反映出的濮越文化的交织，都显示出骆越族群不断调整集体记忆，以适应世事变迁。记忆因历史环境的变化，而有不同的重要性。历史的记忆与失忆常常发生在骆越族群边界的变化中，在面对强大的秦汉在政治、经济和文化的入侵时，为了限定"我群"的"边界"以排除他人，凝聚新的族群认同，促成原来没有共同"历史"的西瓯骆越族群，以强调特定的社会文化特征作为表现主观认同的工具，去寻根和有选择地发现、记忆一些历史。

社会文化特征在族群边缘与族群核心有不同的重要性。民族考古学家哈德曾研究肯亚湖盆地某一民族物质文化与族群认同的关系，研究显示，因与族邻有激烈的生存竞争关系，居住在该族边缘的人群，在衣着、装饰及制陶上严格遵守本族风格特征。相反，居住在民族核心的人群，在这方面却比较自由多变化。也就是说，强调文化特征以刻画族群边界，常发生在有资源竞争冲突的边缘地带，以器物或其他特征所界定的考古文化，"其文化核心区"可能反映的正是当时族群认同边缘地区的文化现象[①]。毫无疑问，骆越是被秦汉边缘化的族群，左江又处于骆越分布区的边界，以左江蹲踞式人形岩画为代表的骆越文化核心区实际上反映的是当时骆越族群认同边缘地区的文化现象，以蹲踞式人形为主的左江岩画是骆越族群所强调的刻画族群边界的重要文化特征。

---

① 王明珂. 华夏边缘 [M]. 北京：社会科学文献出版社，2006: 38.

第三章

左江蹲踞式人形岩画的风格与发展

在左江岩画中，"蹲踞式人形"图像占了总图像的90%以上。蹲踞式人形岩画是骆越民族经过精心选择的一种原始语言交流符号。作为一种表现题材，这种图像一旦被确定下来，在一定时期内就具有一定的稳定性，并表现出一定的风格。但是，随着时间的迁移，图像的艺术表现形式也在发生着一些微妙的变化。

第一节 蹲踞式人形岩画的分布规律

左江流域是广西壮族自治区境内左江及其支流所流经的区域。其行政区域大体为今崇左市的范围，包括崇左市的江州区、扶绥县、宁明县、凭祥市、龙州县、大新县、天等县（五县一区一市）。左江蹲踞式人形江岩画主要分布在左江流域崇左市的扶绥县、崇左市（江州区）、龙州县、宁明县、大新县。

一、岩画的分布概况

左江岩画点分布的最西边在龙州县的岩拱山（东经106°48′40″，北纬22°14′16″），最东边在扶绥县的仙人山（东经107°56′4″，北纬22°43′29″），最南边的在宁明珠山第一地点（东经107°2′1″，北纬22°11′15″），最北边在大新县的画山（东经107°4 5′10″，北纬22°11′15″）[①]，其中扶绥县23个岩画点，占岩画总数的28.3%；崇左市的江州区30个岩画地点，占岩画总数的37%；龙州县16个岩画点，占岩画总数的19.8%；宁明县占5个岩画点，占岩画总数的6.2%（大新县只有一个地点，暂不列入本次研究范围）。

扶绥县在左江下游，崇左市的东部，广西的西南部，距中越边境200千米，总面积2875平方千米。东接南宁市郊县邕宁区，西邻崇左市，南连上思县，北靠隆安县，西南与宁明县交界。距南宁市仅45千米，和以北海市、防城港为中心的桂东南经济开发区隔山相望[②]。地理位置优越，是中国西南出海通道上的重

---

① 覃圣敏，覃彩銮，卢敏飞，等.广西左江流域崖壁画考察与研究[M].南宁：广西民族出版社，1987: 21.

② 扶绥县志编纂委员会编.扶绥县志[Z].南宁：广西人民出版社，1989: 1.

要连接点。

江州区居左江中游，2002年12月经国务院批准撤销原崇左市后设立，于2003年8月6日正式挂牌成立。东接扶绥县、南邻宁明县、西连龙州县、西北靠大新县、北毗隆安县。行政区域总面积2951.26平方千米，居住着壮、汉、苗、瑶等10多个民族34万人口，其中壮族人口占总人口的80%以上[①]。

龙州县东邻江州区、南靠凭祥市、东北连大新县、西南和西北与越南接壤，国境线长184千米，设有水口（国家一类口岸）、科甲（国家二类口岸）两个口岸和水口、科甲、那花、布局等边民互市点。全县行政区域总面积2318平方千米，县治龙州镇距离崇左市区69千米、首府南宁市中心市区210千米，从水口口岸可直接通车到达越南，是中国进入东盟各国便捷的陆路通道之一。壮族人口占总人口的95.5%。

二、岩画的分布特点

以蹲踞式人形为主的岩画，大多发现在左江沿岸的县市。这些岩画虽然十分相似，都是红色涂绘，以蹲踞式人形岩画为主要内容，并伴随一些动物或是抽象符号，但是在绘制风格以及沿江的分布规律上，仍然有着一些不同。

沿左江分布的蹲踞式人形岩画点中，位于明江及左江上游宁明县与龙州县的少，但是很密集；岩画绘制精细，蹲踞式人形岩画多且密，内容有一定的叙事性。位于下游崇左市与扶绥县的岩画点虽然比较多，但是比较分散；制作相对粗糙，岩画数量较少。制作精美，伴生符号丰富、场面壮观的蹲踞式人形岩画多数分布在宁明花山，其次为龙州的棉江花山，再次为宁明珠山、高山、崇左驮柏山等。总体上，这种类型的岩画都在明江及左江上游。崇左岜银山以下至扶绥青龙山的左江下游河段，装饰丰富、制作精良的蹲踞式人形岩画相对较少。侧身蹲踞式人形岩画出现在左江下游扶绥县河段的非常少，它们多见于崇左市及左江上游河段的两个点，而且愈往上有愈多趋势，至明江则最多[②]。

从蹲踞式人形岩画分布的规律，我们可以看到：各个岩画点的图像没有完

---

① 广西壮族自治区崇左市江州区水利局.崇左市江州区水利水电志：1986—2005年[Z].北京：中国水利水电出版社，2008：1.
② 覃圣敏，覃彩銮，卢敏飞，等.广西左江流域崖壁画考察与研究[M].南宁：广西民族出版社，1987：22.

全一样的，即使它们有着相同的人形和几何图形，但是伴生符号之间的组合句法也不相同；此外，这些岩画有可能是在不同时期制作的，并且这种制作一直延续了很长时间。这种情况在其他地区的岩画中也很常见。它就像每个人对相关的神话、传说、历史的理解不同，所以在绘画时的表现方法也就不同是一样的。

当然，这些被创作出的基本视觉符号，都应该是来自于骆越族群的集体记忆。事实上，这几个区域的岩画的确有非常相似的形态——如蹲踞式人形、铜鼓、船纹，它们在这个地区分布广泛，并且延续了几百年。对于广大壮族分布区的人们来说，这些岩画都有着特殊的意义。

第二节 典型"蹲踞式人形"的风格分析

左江81个岩画点所见的"蹲踞式人形"，大致可以分为抽象的棒状"蹲踞式人形"与相对具象的、有装饰的"蹲踞式人形"两种。两种风格的蹲踞式人形岩画虽然都属于意向艺术，但是表现形态却明显不同。棒状的"蹲踞式人形"属于表意性符号，倾向于主观情感表达的表现主义风格；有装饰的"蹲踞式人形"偏向于客观表现，属于自然主义风格。

一、表现主义风格

如表3-1所示，左江岩画中的棒状"蹲踞式人形"四肢程式化，像是由树枝组成的。与这种图形相似的岩画也出现在世界的其他地方，通常被一些专家称为"棒状人形"。左江棒状蹲踞式人形岩画的绘画视角只有正身一种，基本形态为：两臂向左右两侧展开，屈肘向上举；双腿向两侧分开，大致与手臂相对称屈膝半蹲；小臂与大臂垂直，多呈90°角，有时也会表现出一定的动态。这种表现主义风格的图像不画手掌，身体四肢宽度有时一样，有时则会刻意把身体画得宽些以强调身体的健壮。头和身体的宽度几乎一样，连在一起的形状几乎是长方形，应为一笔画成。有时由这一笔所画的线条还会直接穿过蹲踞的大腿，形成一种很有意味的形式，或许无意也或许有意为之，恰好可以成为区别性别的标志。棒状的蹲踞式人形岩画一般绘制尺寸比较小，通常在40~90厘米，但也有尺寸比较大的图像，如崇左万人洞岩画人像最高的有1.4米，扶绥蜡烛山岩画个体高大者也在 1.2 米左右。

表 3-1 棒状蹲踞式人形岩画

	左江棒状蹲踞式人形岩画		
扶绥		崇左	

表意性的棒状"蹲踞式人形"简洁、规则，是以一种简单的格式塔形式呈现于观者的眼前，让人感到舒服和平静。在原始社会，人们使用的工具和产品比较粗糙，缺乏秩序、对称和整洁，因此，使得这种突出了秩序、整齐、对称、节奏的艺术充满了魅力。左江岩画多画在表面不平整的崖面，有的甚至是在充满了凹穴的壁面上涂绘，如扶绥蜡烛山岩画就画在充满岩穴的壁面上，这样图像的规则性就与图底的粗糙性形成了鲜明对比，从而更使得这些图像更有了一些深奥的含义。在原始人心中，艺术作品呈现出规则、对称、简洁的特征，就等于在迷乱中创造了秩序，在混沌中创造了世界，在黑暗中创造了光明[①]。棒状"蹲踞式人形"弯曲的膝盖和高举的双臂，在肘部和膝关节处形成一个尖锐的停顿，从而产生了一种显著的、几乎是精确的节奏。它有着一种蓄势待发的生气，但却被规则、刻板、静止的特征所制约。这种僵硬的线条表达出与那个精神世界有着内在神秘联系的普遍社会精神的永恒的基础，是一种被称为"关于精神"的艺术和"冷静的美学"[②]。

二、自然主义风格

如表 3-2、表 3-3 所示，有装饰的蹲踞式人形岩画表现手法比较多样，从观看的视角上可分为正身和侧身两种。正身人像的基本形态一般是两臂向左右两侧展开，屈肘向上举，腿朝两侧分开，屈膝半蹲，基本与手臂相对称。在此基础上，人像个体间的姿势也存在着一些微小的差别和变化。"蹲踞式人形"侧伸的双臂大部分与肩平，也有的略高于肩部。屈伸的小臂多往外撇，但有一部分很图式化，与大臂垂直，呈 90° 角。多数图形未画手掌，但有些手端张开二指、三指、四指，其中以三指多见。下蹲多数为半蹲，小腿外撇，膝关节多呈钝角

---

① ［美］阿恩海姆 R. 视觉思维［M］. 滕守尧译. 成都：四川人民出版社，1987：11.
② ［美］布洛克 G. 原始艺术哲学［M］. 沈波，张安平译. 上海：上海人民出版社，1991：88.

和直角。正身人像发型分为披发、辫发和椎髻。椎髻发型又分为单髻、双髻、项髻。正身人像装饰丰富，有的头戴羽冠，有的身缀羽毛，还有的头饰兽角或饰尾饰。在这些正身人像上还往往佩有武器环首刀、一字格剑、扁颈短剑、矛等武器。在人像的绘图表现形式上，多数为平涂，但也有些人像没有填实，留有一个空心圆圈，有的圈内简单描绘五官，像是戴着面具。"蹲踞式人形"的身体形状，主要是倒着的梯形，或接近于三角形，如表3-2所示，本书将其称为"倒梯状人形"。

表3-2　场景中的正身蹲踞式人形岩画

正身蹲踞式人形岩画			
龙州		宁明	

最有特色的自然主义风格的蹲踞式人形岩画主要分布在左江宁明花山岩画点。这个岩画点有装饰的蹲踞式人形岩画有1900多个，在众多人像中处于重要位置的人像一般高度在60～150厘米，稍小的也有1.2米，一些比较特殊的则会高达3米左右。除此之外，一些处于次要位置成排出现的人像身高为60～90厘米。图3-1所示的岩画共有人像71个。最大的人像高1.5米，其次为1.2米，最小的人像身高为60～90厘米。图3-2所示的岩画中间的人像高1.6米。最上方正面像高90厘米，其余的侧身像高60～90厘米。图3-3所示的岩画中，正身人像35个，最大人像高1.9米，个体高0.6～1.5米。

图3-1　宁明花山岩画　　　　图3-2　龙州岩怀山岩画

图 3-3　龙州花山岩画

侧身"蹲踞式人形"则主要分布在龙州县和宁明县（表 3-3）。它们的双臂自胸前伸出，屈肘或不屈肘，双手上举，两腿前曲，屈膝半蹲或站立，有的面向左，有的面向右，个别的呈蹲坐、仰卧和俯卧状态。

另外，自然主义风格的蹲踞式人形岩画一般会有伴生符号。能够辨认出的动物符号大部分可能是狗。因其形态特征并不是非常明显，确认起来有些困难，或许是别的动物，如豹、虎等。在左江一些绘有宏大舞蹈场面的岩画中，蹲踞式人形脚下常常画有一条粗长的直线，有时，也会呈弯曲状。伴生符号中数量较多的圆形，被认为是铜鼓。另有一些图像被认为代表的是日、月、星辰等自然天体图形。羊角扭钟和船也是非常重要的伴生符号。

表 3-3　侧身蹲踞式人形岩画

侧身蹲踞式人形岩画		
龙州		宁明

自然主义风格的"蹲踞式人形"在外观程式化的基础上，不断累加服饰、发式、装饰物等，使人形更加具象生动。四肢线条不再僵硬，形象表现出各种差异性，充满了活力，给人以自然亲切之感，但它们并不是一种单纯的模仿行为。人们在这种充满有机生命活力的形式中获得的快感，在本质上是一种对自我生命活力的肯定，这是一种移情的过程。同时，这些生动的蹲踞式人形岩画与其伴生符号还组合形成了一定的故事情节，它们有时描述一些神话或者战争。绘画情节的产生往往是与社会的某些类型和发展阶段相联系的。在特定

的社会中，为了满足统治者的某些需要，便有了叙述性艺术的需要，这样的需求结果一旦产生，艺术形式就会不断改进。其目的是为了传递情绪、行动和团体的相互作用。因此，之后的艺术将沿着叙述传统和构图分割的可预言的途径发展。

三、不同风格岩画的心理表现

表现主义风格与自然主义风格代表了两种不同的思维方式。前者趋向于抽象思维，后者趋向于具象思维。阿恩海姆通过视觉思维分析了这两种不同心理表现的关系[1]。任何一个整体中，总是有某些方面和性质占有着关键位置，起着主导的作用。凡是关键性质，总是具有一种"生发"的作用。通过它们可生发出一种完整的意向，或者说通过它们可以对事物做出更加完美的描述。当然，我们还可以通过这个关键性质把握其整体结构。格式塔心理学表明，许多经验中的现象，都是围绕简单而集中的阶段（或部分）组织起来的。在人类认识早期阶段，由于心灵尚不具备把握高度复杂性现象的能力，所以只能组织一些静态的概念。这种概念只能以一些简单的形状和整齐一律的动作出现。这个概念掩盖了现象世界的复杂过程的结构，能为人们迅速掌握，却因此而使现象世界过于简化、呆板。同时人们为了获得概念，又在不停地概括比较，在比较中完善它和修正它，并以新的组合方式产生一种解决问题的新模式。

另外，沃林格从艺术风格的心理学方面对抽象和移情（具象）做了分析[2]。一切艺术创造源于人对外在世界的巨大冲突过程的不断记录。当人对外在的世界感到恐惧时，人与世界存在一种绝对的二元对立，人的灵魂受到未知力量的惊扰。艺术源于人类一种思想和精神的渴求，他们想通过艺术把世界的无限相对性塑造为恒定的绝对价值。原始人为自己创造了用几何和立体形状表达的绝对符号。艺术的创造意味着超越于外在世界的一个稳定世界的直觉性的建构。他们以硬直的线条为开端，那基本上是抽象的和外在于生命的，这样的线条带给他们平和与满足。

但是，当人与外在世界巨大的冲突过程出现可贵的、令人愉悦的平衡势态时，人会与世界融为一体。因此，客观的外化世界就不再被视为外加到人的内

---

[1] ［美］阿恩海姆 R. 视觉思维［M］. 滕守尧译. 成都：四川人民出版社，1987: 35.
[2] ［德］沃林格 W. 哥特形式论［M］. 张坚，周刚译. 杭州：中国美术学院出版社，2004: 19.

在世界中的外来物，而被视为人们自身感受的对应存在。至此，人格化的过程就演变成移情的过程，也就是演变成自身有机活力向现象世界所有客体上的转移[①]。沃林格认为这是一种人与外部自然世界和谐、快乐的泛神论的关系。

第三节 典型蹲踞式人形组合符号的风格比较

武器、兽类、船等符号是伴随左江蹲踞式人形岩画出现最多的图画类岩画，圆形则作为图画类与索引类两种形式大量出现在左江岩画中。这些经常出现的伴生符号为次要题材，它们也传递着一定的想法、行动和愿望，并与蹲踞式人形符号一起形成逻辑关系，成为传达左江蹲踞式人形岩画语义的主要符号体系。

以蹲踞式人形符号为主的左江岩画符号组合形式主要分为三种：给人印象最深的一种是以装饰类"蹲踞式人形"为主的各种左江岩画符号组合，它们按照一定规则形成了气势恢宏的、给人以神秘感的、场面壮阔的叙事性场景。宁明花山因在左江流域岩画点中面积最大，岩画符号最丰富而尤其引人注目。另外，在崇左和扶绥等岩画点，一种不同于花山的岩画符号组合形式也同样让人记忆深刻。单一的棒状"蹲踞式人形"不断地重复累加，让人感到情感被一种前所未有的力量所强调。除此之外，还有一种是以上两种组合的过渡，它是由蹲踞式人形与圆形、兽类、船形等符号组成的较为复杂的组合。显然场景与简单组合是左江蹲踞式人形岩画的两种典型句法形式。从岩画符号组合特征上看，它们表现出不同句法形式的结构、审美、风格、心理以及叙事能力。

一、结构比较

（一）组合规则

1. 叙事场景

场景是一些图像的集合，描绘一个瞬间、一个事件或是一个行为[②]，通常是对狩猎的场景、日常活动的场景、祭礼的和舞蹈的场景的一种叙述。如

---

① [德]沃林格 W. 抽象与移情[M]. 王才勇译. 北京：金城出版社，2010: 98.
② [法]阿纳蒂 E. 艺术的起源[M]. 刘健译. 北京：中国人民大学出版社，2007: 342.

图 3-1～图 3-3 所示，在宁明花山和龙州的岩画中，多出现一些场面热烈的岩画描绘，它们由密密麻麻的具有装饰性质的蹲踞式人形岩画与伴生符号组成。

2. 简单组合

简单组合由单一的棒状蹲踞式人形重复排列组成，它是为了表达和强调一种概念。如图 3-4、图 3-5 所示，简单组合多出现在崇左和扶绥岩画点。

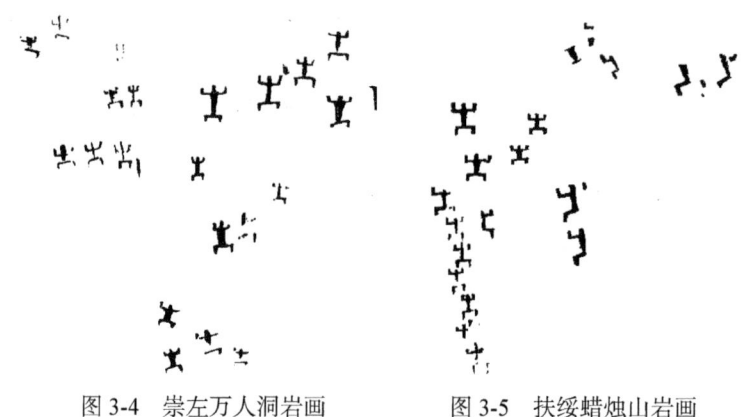

图 3-4　崇左万人洞岩画　　　　图 3-5　扶绥蜡烛山岩画

（二）岩画承载体

1. 叙事场景岩画的承载体

（1）宁明花山海拔 345 米，相对高度 230 米（图 3-6）。在明江拐角弯处的南、西北面和江对岸各有一块高出江水面 10～15 米的台地，岩画距江面最高 90 米，最低约 30 米。如图 3-1 所示，为第五画区第一五组（总第 77 组），高出江面 19 米，是本区最完整、最大的一个画面。

图 3-6　宁明花山岩画点的远景与近景

（2）龙州三洲头山位于左江北岸，海拔 250 米，相对高度 145 米，左江至山的东侧下折向西流（图 3-7）。江对面有一块三面环水的台地，高出江水 13 米。图 3-2 为龙州岩怀山岩画第 1 处第 3 组，距江 30～40 米，画像沿"N"形石坎上方崖壁呈波折起伏状分布。

图 3-7　龙州岩怀山岩画点的远景与近景

（3）龙州花山主峰高 200 米，南北长 400 米，山前江对面比较平坦开阔，江对岸河漫滩有一阶地高出江面约 13 米，左江自东北至山下折向东，岩画在江的拐弯凹角处（图 3-8）。龙州花山岩画主要分布于临江的一面长约 120 米、高约 30 米的灰黄色崖壁上的南北两个大岩洞附近，面向东。有图像 298 幅，规模仅次于宁明花山岩画。图 3-3 所示的岩画为岩画点的第 14 组，分布在北洞顶的上方。画面宽约 12 米，高约 6 米，高出江面 30 米。

2. 简单组合岩画的承载体

（1）崇左万人洞位于左江东岸，海拔 220～250 米，相对高度 130～160 米，在自西而来折向北流的拐弯凹角处。江对岸有一片狭长的台地，岩画分布在山的临江一面，长约 200 米的崖壁上。图 3-4 是万人洞岩画第 2 处的第 3 组，位于高于江面约 100 米的一个椭圆形岩洞口的下方。

（2）蜡烛山位于扶绥县，是一座孤山，东西走向，海拔 240 米，相对高度 160 米，该山处于自东而来的左江折向东南拐弯的凹角处，对岸是一块突出的三角形台地，高出江面 18 米（图 3-9）。岩画位于蜡烛山临江一面中部的凹壁上，画面布满裂隙和大小不等岩穴，画面向东南分两组。图 3-5 所示岩画是第一组，高出江面 30 米。

图 3-8　龙州花山岩画点的远景与近景

图 3-9　扶绥蜡烛山岩画点的远景与近景

3.两种岩画组合承载体的比较

从表3-4可以更加直观地看到两种"蹲踞式人形"岩画的句法组合差异。

（1）相同之处：都距江面比较高，且在水流较紧的地方，岩画的位置似乎与岩洞有一定的关联；在江水的对面都有台地，处于一种开阔的适于祭祀或是娱乐的位置。

（2）不同之处：场景岩画多在左江上游，岩画所在崖壁较光滑；同类组合岩画多在左江下游，岩画所在崖壁有洞穴或是缝隙。

表 3-4　两种典型组合承载体的比较

句法组合	岩画点	岩画所在山的相对高度/米	岩画距江面高度/米；周围岩石特征	岩画点是否处于江水拐角	岩画点对面是否有台地；高度/米
场景	宁明花山	230	19	是	有，10～15
场景	龙州花山	180	30，在岩洞上方	是	有，13
场景	龙州三洲头	145	30～40	是	有，13
同类	崇左万人洞	130～160	80，在岩洞下方	是	有
同类	扶绥蜡烛山	160	30，崖壁布满岩穴	是	有，18

资料来源：《广西左江岩画》《广西左江流域崖壁画考察与研究》

二、审美特征比较

（一）复杂性与简洁性

简化在人的知觉中占有优势，它是一种以"需要"形式存在的"组织"（或构建）倾向。每当视域中出现的图形不太完美，甚至有缺陷时，这种将其"组织"的需要就会大大增加；而当视域中出现的图形较对称、规则和完美时，这种需要便得到"满足"。这样，那种竭力将不完美图形改变为完美图形的直觉活动，就被认为是在这种内在"需要"的趋势下进行的。可以说，只要这种"需要"得不到满足，这种活动便会持续下去[1]。

棒状"蹲踞式人形"是一种简洁、规则的形式，是一种符合视觉平衡的格

---

[1] ［美］阿恩海姆R.视觉思维［M］.滕守尧译.成都：四川人民出版社，1987：6.

式塔形式，遵循的是简化原则，给人以舒适感。我们在仅仅知道它的某些部分的情况下，能很快地预见到其余的部分是什么样子，可以用较小的力气获得更多的信息。这种视觉活动固然很简单，使我们觉得省力，但是，它的排列却是以一种无方向性来进行的，在崖面上分离成多个相互分离的区域，在区域与区域之间以空白隔开。重复排列给人以松弛、散乱之感。个体图形单调，排列无规律的同类组合可以说是一种"不入画"的句法组合形式。但是，它似乎能激起人更大刺激和吸引力，唤起人的好奇心，使人有种积极对其进行组织的欲望。

场景中的蹲踞式人形虽然保留了比较简单的形式，但是与更多的伴生符号一起组成了更加复杂的结构。它不再像同类组合那样松散地分布于崖壁之上，而是集中或是局限于一个或少数几个区域，在崖壁的一两个中心区域画上复杂的结构，其余地方大片空白，于是就使图形从背景中分离出来，给人完整突出的视觉效果。同时，场景中丰富的线条和块面导致一种运动的幻觉，在各种形体的交织中，一个不同于各部分格式塔总和的总体的格式塔形象产生了，这种有着丰富符号和运动感的组合群体是一种特别容易产生入画效果的图画。

（二）纵深感与平面感

简单组合是在平面的意志下，把"蹲踞式人形"安排在逐个层次都平行于画面的平面，但是看上去支离破碎。但是，我们会因此获得一种简化到极其平静和明晰程度的丰富印象。

当创作者想强调往前往后的关系时，那么就只有在纵深的关系中寻找合作。场景组合相对于简单的组合表现出一种纵深感。纵深效果在艺术空间的形成，首先与"图-底"关系的分离有关。歌德曾说："显现与分离是同义语。"图是被围裹在一条轮廓线内的面，周围的面被视为底。质地紧密的、下半部沉的、符合较对称规则的就被视为图，否则就视为底。

纵深效果与"蹲踞式人形"间的组合规则有关，韦太默提出"相似性"原则[1]，当物体在大小、形状、位置、空间定向方向相同时组合在一起，就会使形状连贯。在位置相似的现象中，有一种较为特殊的现象，这就是"接触"现象。当单位与单位之间没有间隔，就会产生紧凑坚实的视觉形象。一个构图单位的

---

[1] ［美］阿恩海姆 R. 艺术与视知觉［M］. 滕守尧，朱疆源译. 成都：四川人民出版社，2006: 98.

形状愈是连贯，它就愈容易从它所处的背景之中独立出来。在"蹲踞式人形"的场景中，我们看到正身像、侧身像都是按照相似规则进行组合，它们之间几乎没有空隙，形成画面密实的质感，加强了边缘框架的约束力，使图成为一个坚实的整体而从背景中分离开来，并产生视觉冲击力。

另外，我们还可以看到"蹲踞式人形"之间通过重叠也获得了一种深度感觉。如图3-10所示，当一幅画的空间概念是依靠轮廓进行确定时，重叠在决定个物体在第三度中的顺序方面，就有着特殊的价值。通过互相重叠的事物组成的连续性系列，就像一层层台阶一样，引导着眼睛从最前面看到最后面。最后，在场景组合中我们还可以看到由知觉到的"梯度"所创造出的三度空间。这里所说的梯度是指某种知觉对象的"质"在时空中逐渐增加或逐渐减少。用这种方法所呈现的空间与观者的空间是通体的，因而会使作品中的空间看起来更真实，似乎有一个稳定和相对静止的背景，它适合表现庆典或某种意义上队伍行列等平板而又安静的形象。显然左江岩画的创作者深谙此道。通过以上各种方法，创作者巧妙地在崖壁上创造了生动的三度空间效果，让观者体会到一种气势恢宏、场面壮烈的气氛。

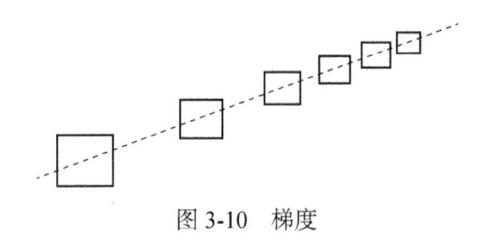

图 3-10　梯度

资料来源：[美]阿恩海姆R. 艺术与视知觉 [M]. 滕守尧，朱疆源译. 成都：四川人民出版社，2006：373

（三）封闭性与开放性

如表3-5所示，当我们把重复排列的两组图并置时，好像并没有看到它们之间的界限，它们似乎脱离了画框的约束，摆脱了由框架支配的意志制约，形式构造处于画面的次要位置，这是一种开放的画面。它与中国画有异曲同工之妙，这种画面通常没有集聚点，画面中散乱分布的"蹲踞式人形"相对周围无限的空间，是非常有限的，这种有限与无限之间令人惊叹的结合，在极大的广度和深度上启发观者的想象力，在有限与无限之间达到了令人惊叹的程度。

表 3-5　场景与简单句法组合的比较

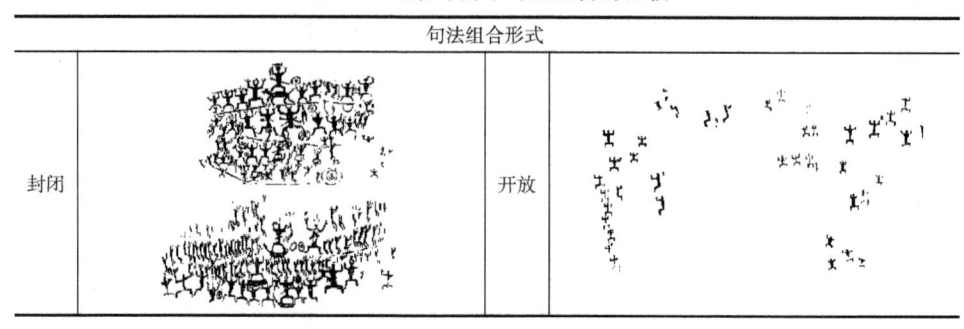

句法组合形式			
封闭		开放	

场景中并置的两幅图并没有很好地衔接并融为一体，反而各自形成一个封闭的空间，画面被无形的框架束缚，成为框架的填充物，这个空间存在明确的水平和垂直方向，甚至还能清楚地看到画面的中心位置。画面中心人物的高大和边缘人物的矮小形成鲜明的对比，从中心向两处以放射状排列的人群，使观赏者保持了一种心理上的平衡。封闭的构图形式是建筑上的风格。它与早期艺术中人们对垂直线和水平线的形式的偏爱，以及人们对界限、秩序、规则的需要是相称的。人物形象的匀称从来没有像那时那样强烈地被感受到，垂直线与水平线的对立和独立的比例也从来没有比那时更强有力地被感受到。这种封闭的艺术风格力求形式要素组合之间稳固和持久。

（四）多样性和同一性

同类组合是单一样式的"蹲踞式人形"不断重复，并产生一种统一美。重复是交流理论中使用的技术性概念冗余。冗余是由一条消息中重复的量来衡量的。如果信息已经被传递，重复它就是冗余，但是我们借以交流的媒介总是不够完美，环境中的噪声会导致信息部分流失，因此，我们就得依靠重复信息来确保接受者确实接收到了。面对面的谈话内容一般来说要比在电话交流中重复的少。重复是原始和土著艺术的一个特点，博厄斯在对装饰艺术中节奏的细节及变化分析证明了这种普遍性的存在。在对原始叙事以及诗歌进行研究后，博厄斯还认为重复是原始人基本的美学特征之一。另外，莱顿指出，重复的另一个原因还可能是为了对参与者产生一种催眠的功效[①]。

场景是由"蹲踞式人形"和大量的伴生符号共同组合形成的，并且由人物的

---

① ［英］莱顿 R. 艺术人类学［M］. 李东晔，王红译. 桂林：广西师范大学出版社，2009：156.

正身或侧身、大或小、远或近，颜色深浅，图与底的相对关系形成了强烈的对比性。符号的对比性和多样性极大地丰富了场景内容。场景中的符号在"相似性规则"和"连贯性规则"下组合，使多样性、对比性结构和谐统一。这就像音乐一样，每个乐音的音调都不相同，它们在旋律中的位置也不一样，但是却可以通过自己准确的位置，在两种结构中结合，产生出复杂而和谐的复调音乐。

（五）开放性与私密性

比较两种句法组合，更加直观地感受到场景中的符号更具有开放性。从透视集聚手法的视觉体验看，当我们对崖壁上的岩画进行摄影时，显露出的范围的大小，部分取决于摄影机离岩画的距离。摄影机离岩画愈远，物体在镜头中显露的岩画部分就愈多。当拍照时所取的摄影角度与观看这张照片时所取的角度相等时，透视变形的效果就能够全部表现出来。场景描绘是具有叙事性质的大场面，从远处看往往会达到震撼的气势，另外这种大强度的工作需要较多的人协作共同完成，应该是一种有规划、有组织的公众性活动。从场景符号承载物的特点看，距离江面不是太高的崖面相对平滑，稍微拉远距离就可以选取一个合适的角度看到岩画的全貌。同类组合符号，似乎想把自己展示给更多的人观看，符号因为简洁，无论从近处还是远处看，都可以很容易获得信息，何况是不断地重复，更加强了信息的传送效率。从同类组合承载体看，一是距离江面比较高；二是符号较小；三是崖壁凹凸不平。即使离近看都很不清晰，更不用说是从远距离观看了，所以它更具有隐秘性，不像是有组织的公共活动。

通过以上分析与比较可以看出，两种典型的"蹲踞式人形"句法组合，代表了两种不同形式的审美特征。场景代表的是一种多样美，同类系列代表的是同一美。沃尔夫林在对古代建筑进行研究时证实，这两种美同时存在，且价值是等量齐观的。艺术带给人的愉悦感，是艺术家通过配合愿望及创新形势而唤起的，它是通过重复以及变化来达到的特殊效果[①]。

三、叙事性质比较

作为一种交流的方式，岩画要向人传达一定的信息。它通过表层岩画符号的各种组合方式，隐喻着一种深层的结构性的表达。这种表达是通过岩画符号

---

① ［英］莱顿 R. 艺术人类学［M］. 李东晔，王红译. 桂林：广西师范大学出版社，2009: 157.

的叙事性本质来完成的。因为岩画的叙事性把某一时空中的情景凝固在了岩画符号中，以空间的形式保存神秘、易逝的时间，所以它以空间的形式表现出来空间和时间的切片，并使形式变得形象和具体可感。也正是由于这样，岩画符号的叙事性让我们找回了它失去的时间。简单组合表达的是一种象征性的、静态的现象，它强调的是时间的永恒性。场景是为了叙述某个事件，虽然也有象征性，但是主要是与神话故事或重要时间有关，它把时间中某个点的事件以一种空间的形式固定下来。对有些人来说，这个点可能没有意义，但是对当事人或知情者来说，这个点就会变成一个圆。

　　表意、抽象性的符号组合因为它脱离了生活，是一种断裂的、去语境化的、孤立的存在，而孤立必然会产生歧义。当它从事件的形象中离析出来之后，由于缺乏上下文中其他事件的联系，它的意义就会变得漂浮到一个模糊抽象的历史概念之中，任人对它进行各种各样的解读。这种符号组合几乎看不到时间维度的存在，只能感受到符号存在于空间之中。

　　反之，图像符号却用一种自然主义的表现手法以及具有逻辑性的组合规则，使场景有着很强的叙事性。它利用错觉或期待视野诉诸观者的反应；利用符号组合之间的联系重建事件。诉诸错觉描绘的是最具有倾间性的时刻。左江岩画的创作者通过构图的上下、左右空间关系，把蹲踞式人形、动物、物品等符号组合在一起，表现了一个热烈、雄浑的祭祀盛况，把时间的过去、现在、将来统一在一个空间中。利用观者的期待视野，强调观者对符号组合内在逻辑的感受。当一个画面上，既出现一些图画或可理解的表意等符号，又出现一些似乎不相干表意符号和抽象符号时，我们就不得不用内在的逻辑关系把这些组合联系在一起，从而得到一个合理的解读。

　　总之，岩画符号及其组合规则代表着一个地区岩画的形式特征，它不但表现了一种审美倾向，还可以通过一种表象之下的深层结构，揭示出一种人与自然之间的文化转化机制。

第四节　蹲踞式人形岩画的分期

　　在左江蹲踞式人形岩画的两种典型句法中，既有偏重于表现主义风格的棒状蹲踞式人形岩画，也有注重自然主义的风格的倒梯状蹲踞式人形岩画，哪种形式的蹲踞式人形岩画风格出现得更早呢？

一、具象与抽象风格发展序列之争

（一）从写实到符号化

李泽厚先生通过对仰韶、马家窑陶纹饰的分析，认为这些纹饰是由写实动物形象化逐渐演变为抽象的、符号化的过程[①]。张朋川先生从纹样起源也探讨了纹饰的发展历程，认为纹饰经过了具象到意象的过程[②]。此外，还有一些学者也认为纹样的演变是从具象到抽象的变化。如表3-6所示，也许是受到了以上论述的影响，左江岩画研究的两本代表性著作《广西左江流域崖壁画考察与研究》和《广西左江岩画》都认为左江蹲踞式人形应该是由写实向符号化发展的。

表3-6　左江蹲踞式人形正身人像发展变化排比

一	二	三	四
1	2	3	7
4	5	6	8

资料来源：覃圣敏，覃彩銮，卢敏飞，等.广西左江流域崖壁画考察与研究[M].南宁：广西民族出版社，1987：139

其实，最早的彩陶纹饰并不是对外物的直接描画，而是一条红色的宽带纹。彩陶纹饰中少量的动物变形，也不是为了再现它们的形象，而是有着神秘的象征意味。从艺术发展史看，在几何纹样占多数的彩陶和青铜器艺术之后，汉代画像砖出现了具体生动的场景。西方艺术史从古希腊艺术到中世纪艺术再到文艺复兴时期艺术的发展，似乎也没有遵循从具象到抽象发展这一艺术规律。总的来说，艺术发展应该是一个由简到繁，再由繁到简的伴随人类"审美情感"

---

① 李泽厚.美的历程[M].天津：天津社会科学出版社，2008：31.
② 张朋川.再谈装饰纹样的起源[A]//张朋川.黄河上下：美术考古文萃[C].济南：山东画报出版社，2006：92-101.

变化的过程。不可否认，彩陶纹饰中有许多是从具象到抽象的变化历程，但它们只是视觉艺术发展过程中某个时间段某种类型的演化规律，并不能代表整体发展观，也不能由此就推断左江蹲踞式人形风格是从具象向抽象发展的。

诚如我们所知，早期的法兰克－坎塔布里亚石窟壁画艺术表现的是些乱涂乱抹的画，布勒依神父称之为"雅俗共赏的曲线"。石窟里还留下了大量的手印、图的组合以及表意文字，但没有留下任何经过"感觉器官"润色的痕迹，由此可以看出，旧石器时代的艺术从一开始就表现出非凡的理智，以及很强的综合和抽象能力。另外，在旧石器时代所有的艺术时期，还出现了大量的呈蛇形、外阴形、男性生殖器形的常规图案，并且还有称为"飞来去器"的记号和其他的表意文字。在分别研究岩画艺术的不同组别时，人们发现，对于艺术的前后系列，就目前而言，难以把艺术的演化以一概之。把岩画艺术作为一个过程从写实到抽象的一般演进，这个假说没有被系统的分析所证实[①]。很显然，艺术应该无论如何不会是线性发展的。

（二）从符号化到具象化

1. 从发生认识论观点看

人的活动与思维联系密切，人的活动被分为两个阶段：第一，是语言或表象性概念以前的感知运动阶段；第二，是有语言和表象性概念这些新特征所形成的阶段。皮亚杰说："这些活动此时发生了对动作的结果、意图和机制的有意识的感知的问题，换句话说，就是发生了从动作转变到概念化思维的问题。"[②]

乔治·佩罗、里格尔、沃林格都认为，像拉斯科洞、多尔多涅河地区发现的旧石器时期的一些形象生动，以严格但朴素地观察自然为基础的自然主义风格的岩画，与真实的艺术是不相符的。尽管这些岩画表现出被人称颂的自然主义，但它们的创造者并不具有真正的艺术天赋，只是出于一种模仿的本能，因此也就无法展现某类艺术的发展史[③]。此时人类处于认识的第一个阶段。而真正的艺术本能是他们在处于中间的发展阶段，即人类认识的第二个阶段，其模仿能力以实现其目的的时候，才开始表现出来。几何风格就是最初的艺术风格，它不是开始于

---

① [法] 阿纳蒂 E. 艺术的起源 [M]. 刘健译. 北京：中国人民大学出版社，2007: 173-175.
② [瑞士] 皮亚杰 J. 发生认识论原理 [M]. 王宪钿译. 北京：商务印书馆，1981: 52.
③ [德] 沃林格 W. 抽象与移情 [M]. 王才勇译. 北京：金城出版社，2010: 40-44.

自然主义的创造物，而是开始于具有抽象装饰的创造物。其最初的审美需要拒斥任何一种移情，从而指向了线形的无机物体。因此，某个民族的艺术需要并非源自于当时的技巧和制作方法，而是与有关民族当时的心理状态有一定的因果联系。

2. 从审美直觉心理学看

人作为有机体，在探查和审视周围环境的过程中始终具有能动性。波普尔把这种学说称为"脑似探照灯理论"。他在动物和儿童身上，后来又在成人身上观察到生物对规律的强烈需求——这种需求促使他们去探寻世界上的规律。贡布里希把这种有机体观察它周围环境，并对照它最初对规律运动和变化所做的预测功能称作秩序感。有机体的活动不是盲目的，而是在它的内在秩序感的指引下进行的，因此人的知觉活动是有选择的。人的思维是通过知觉的选择作用生成的意象进行的。当思考者把注意力集中在事物的最关键的部位，把不重要的部位舍弃时，就会看到一个模糊的意象。这种意象是一种普遍性的代表，它不是代表一个真实的事物，而是代表一种"质"的东西。正因为它代表着一种"质"，才使心理意象与事物的自然本体从根本上区别开来。这种形象的形成，是心灵对某种事物本质的认识和解释的产物。这种形象是一种视觉暗示，它不是事物的本身的轮廓和本身的细节，因为只有把一个具体的视觉对象简化为一个具有基本动力特征的结构，才有可能与思维活动本身达到同构。绘画诉诸知觉，而知觉又是一种思维过程，它包含了对物体某些普遍特征的捕捉。知觉中包含的思维成分与思维活动中包含的成分之间是互补的，把思维与感觉统一起来的桥梁是意象[①]。

美国艺术史学家罗樾在没有考古资料的情况下，运用视觉发展的一般规律，成功地分析了商代青铜器的发展序列。1953年罗樾在其《安阳期（公元前1300年—公元前1028年）青铜器的风格》一文中，提出了"五种风格模式"，在制定这五种模式时，他根本无法获悉中国国内发掘的安阳期的相关资料。随后半个世纪，它的艺术风格发展序列得到了考古和研究的证明[②]。罗樾在划分中国早期绘画的风格时指出，从新石器时代到周朝，出现在各种器物上的图像大多是以装饰为首要目的的，其风格是"原始再现性形象中的形式本质"。

---

① [美]阿恩海姆 R. 视觉思维 [M]. 滕守尧译. 成都：四川人民出版社，1987: 28-32.
② 杨晓能. 另一种古史 [M]. 唐际根，孙亚冰译. 北京：生活·读书·新知三联书店，2008: 50.

意思是原始艺术是对象外在形式本质的视觉形象的再现①。也就是说,在一段相对独立的时间内,人类的视觉发展在一定程度上体现为由混乱到秩序、由简单到复杂、表现技巧由粗糙到细腻的过程。这一规律是艺术风格分析的潜在逻辑,也正因为这样,那些被认为"存在材料缺环"的早期中国人像艺术的研究才有可能进行。

3. 从结构主义的美学观看

列维-斯特劳斯把艺术视为人实现把握世界这一渴望的方式②。人类很早就对宇宙产生了极大的好奇,但是人类的认知活动并不是伴随着世界的产生而产生的,在世界一下子变得能被说明意义时,它还没有很好地被认识。因此,人在过去和现在都生活在一种基本的和属于人类条件的境遇中,并为接近"完整性"而不断努力,它是人类的一种心理诉求。因为人类在其起源时就一直存在着不能够将人们可能知道的整体完整地表达出来的困难,也就是存在着能指不能够完整地表达所指的窘境,在社会实践中,总有一些意义飘忽不定,也总有一些剩余的所指的存在,在这种情况下,能指呈现出一种自由状态,可以指向不同的所指,即表现为"不稳定能指"。它是神话和艺术产生的根源。列维-斯特劳斯把艺术看成是一种"压缩的模式",就是对表征物体的感官简化,艺术家必须选择物体特定的方面或部分而省去其他的,而作为"压缩模式"的艺术品就成了人与世界的"中介",同时这种"中介"因为符合了时代的需要和预期,而成了艺术品。

列维-斯特劳斯还强调了艺术品"人造"的特性,尤其在原始社会,艺术家使用的材料的大小、形状、工具完善程度等都会影响到艺术的风格。博厄斯在研究了大量的原始艺术品后得出结论,技术的熟练和操作工序对于技巧的积累,自然会产生动作的规范性,使技术与视觉相连③。几何形的图式需要设计者掌握一些工程技术,这种技术和习惯可能是由于定居社会的需要而发展起来的。一般认为新石器时代艺术的生硬风格与当时的农业及技术的发展相吻合。虽然艺术是人类情感的反映,风格的变化不同于进化论模式,但是技术是从低级向高级发展的,如果从技术的角度理解进化性质的话,会更容易些。

---

① [美]罗樾M.中国画的阶段与内容[M].转引自方闻.心印[M].西安:陕西人民美术出版社,2004:10.

② [法]梅吉奥JG.列维-斯特劳斯的美学观[M].怀宇译.天津:天津人民出版社,2003:10.

③ [美]博厄斯F.原始艺术[M].余辉译.贵阳:贵州人民出版社,2004:6-15.

艺术作品并不是对自然的完全模仿——事实上这种目标是无法实现的，它应该是以特殊的方式分解，并呈现自然中那些对于艺术家和观众都有意义的要素。作为一种人造的产品，它会受到其他因素的影响，我们不能忽视艺术家试图展现一种独特的艺术风格的努力，这种努力就是希望找到最恰当的方式来描绘对象。表现被描绘对象的过程是一种"制作与匹配"的过程，它是通过"图式和矫正"的各个阶段进行的。每个艺术家首先要对描绘对象有所了解并且将其构成一个图式，然后才能加以调整，使它顺应描绘的需要。

对于大多数艺术家而言，整体不能通过各部分相加来达到，一定要看到事物之间的内在的联系，只有把握住了事物的整体或统一结构，才能创造和欣赏艺术品[①]。把岩画符号抽离出它的上下文语境进行风格的比较，似乎并不能很清晰地说明每种风格所代表的心理意象，只有当我们考虑到它们的特殊语境，并被它们独特的句法组合所震撼时，或许才能真正理解它们所传递的信息。因此，只有把岩画符号放在它的语境及其句法组合中，才可以对两种风格的发展做出进一步的解释。

二、典型"蹲踞式人形"组合符号的发展

左江"蹲踞式人形"不是一个孤立的符号，而是存在于一种语境之中，有着符号与符号之间句法关系的整体。以棒状人形为主的简单组合与以倒梯形为主的场景句法，代表着两种不同的句法组合规则，也表现出了不同的叙事能力。那么，简单组合与场景哪种句法结构出现得更早些呢？

（一）各学科对两种句法组合发展序列的研究

1. 考古学

法兰克-坎塔布里亚地区的艺术风格的分期，是我们对左江蹲踞式人形句法组合研究的一个很好的标尺。欧洲旧石器时代最早的遗存，距今约95万年，时代为早更新世之末。欧洲旧石器时代的考古工作，开展得早，研究也较深入，19世纪以来，即已弄清旧石器时代文化发展分期的序列，成为世界许多地方考古文化分期的标尺。主要集中在法国西南部和西班牙北部法兰克-坎塔布里亚地区的艺术，是欧洲旧石器时代的代表，它被分为三个大的时期：最早的是非象形的，被认为是原型

---

① 冯能保.眼睛的潜力[M].南京：江苏教育出版社，1990: 11.

艺术；第二个时期被称为奥瑞纳文化；最后一个是马格德林文化，最为先进也最复杂。这些属于经常作为参照的术语，以指称非欧洲艺术的风格和句法。

奥瑞纳期表现的是抽象的、直接的思维，相同的题材一遍遍地出现，表现了一系列重复性的基础组合和象形符号，这些组合和符号可能具有普适的价值。马格德林时期表现的是更为复杂的组合和构图，它也同样传递了更复杂的信息。马格德林式句法从整体上讲，可能也表现的是多种题材，好像反映了具有本土特色的故事和神话。这些称谓是种简化的表达，这些不同类型的艺术，虽然属于欧洲的范式和概念，但是也会在世界上其他的地方出现，这就是为什么大家会随意对其他大陆的艺术品使用"奥瑞纳文化类型"和"马格德林文化类型"。

这些术语并没有被赋予绝对的年代价值，它们所表达的更应该是一种思维方式，它们不过是用最先研究过的那些相似的作品取了这些名称。欧洲的某些"奥瑞纳文化"类型的艺术遗迹可能会有 30 000 年之久，而巴塔哥尼亚相似的遗迹则晚 20 000 年才会出现，即使它们具有相同类型和相同的句法[①]。

2. 岩画学

阿纳蒂先生根据岩画的不同内容、风格和类型，把遍布世界的岩画分为五个主要种类，这些种类被归于具有特定的经济和技术的族群所有，在岩画上表现出一定的年的序列：①早期狩猎者；②采集者；③进化了的狩猎者；④牧人和饲养者；⑤复合经济形态族群[②]。

同类系列是欧洲旧石器时代早期狩猎者和其他大陆相同时代的作品中最常出现的类型[③]。场景则是进化了的狩猎者艺术中常见的图案。有些活动的场景是富有攻击性的，如狩猎和战争，有些表现的是仪式的前前后后。所有的场景都表现了生活的某些基本方面，这些场景深刻刻画了人类的精神世界。除了早期狩猎者和晚期采集捕鱼者之外，所有的岩画艺术种类中都有场景。并且，场景是在这一类型岩画最后进化了的阶段才出现的。例如，在阿塞拜疆戈布斯坦、沙特阿拉伯的基尔瓦以及西西里岛的阿达乌拉，经常可以在同一块岩画的石面上看到组合和场景的过渡。场景和符号组合借助的是认知机制和不同类型的组

---

① ［法］阿纳蒂 E. 艺术的起源［M］. 刘健译. 北京：中国人民大学出版社，2007：403.
② ［法］阿纳蒂 E. 艺术的起源［M］. 刘健译. 北京：中国人民大学出版社，2007：399.
③ ［法］阿纳蒂 E. 艺术的起源［M］. 刘健译. 北京：中国人民大学出版社，2007：342.

合逻辑。在岩画的演变中，符号的组合要远远早于场景的创作，而它们之间的过渡则表示在人类精神领域的认知功能中，某种变化正在发生。

3. 艺术人类学

在约翰·费舍尔的文章《作为文化认知图式的艺术风格》中，他用了民族志个案讨论文化和艺术风格的问题。他认为人们对世界的分类体系可能会体现到其艺术风格之中。用精神分析学的观点来看，人们会把认知世界的这种经验投射到艺术作品中，并由此产生不同的艺术风格[①]。约翰·费舍尔在文章中分析了两种社会类型的图案风格：一种是社会等级明显的类型，也就是社会集权的类型。在这种社会中，社会等级是非常重要的，由自我来看，社会被分化成许多比自我还低等的和一些比自我更高等的人群；另一种社会类型是理想的平等社会，在这样一种社会里面，等级制是被废弃的或者是不存在的。虽然个体之间是有差别的，但是人们不太会去考虑个体之间社会地位的高低，每个人都是平等的。他相信图案是一种无意识的、能够表现出认知模式的东西，包括构图、整个图像的安排等都可以用类似的方法分析。

约翰·费舍尔使用了人类关系区域档案（human relations area files，HRAF）材料从四个方面对图案进行了统计分析。首先，看图案的元素是不是被简单地重复。从HRAF得出的结果是在平等社会中，大量简单的图案元素重复。在等级社会中，是将大量不同的元素整合在一起。其次，是要看在一幅图案中间有没有空白或是有不想填满的空间。具有大量空白或是相关空间的图案更多的是出现在平等社会中，几乎没有的则是更多地出现在等级社会中。再次，看图案的对称性。对称图案多出现在平等社会中，不对称图案更多出现在等级社会里。最后，看图案的封闭性。不封闭的图形，更多的存在于平等社会中，封闭的或者有边框的图形和等级社会联系在一起。

同时，约翰·费舍尔还对材料进行了心理分析。在平等社会中，每个个体的安全取决于同伴的多少，因此更多的同伴才可能更安全。因为同伴的地位是平等的，在重复图案成分时，就意味着不断地添加同伴。既然要重复，重复的过程就必须把图案变得简单。同时在平等社会中，人与人之间的差别是不被强调的，所以图案元素相对简单；反之，比较复杂的图案是社会等级差别的反映，在这种社会里强调的是安全感，它取决于构成等级关系中各种各样的人相互之

---

① 王建民. 艺术人类学[M]. 北京：民族出版社，2008: 226.

间的关系，即庇护与被庇护的关系。

以上三种方法对于我们判断两种句法谁处于前或是后，都是行之有效的办法。首先，以"马格德林文化"与"奥瑞纳文化"作为分期标准，虽然左江岩画的时代和欧洲旧石器时代并不相互对应，但是，从人类思维的共性角度看，显然以棒状人形为代表的句法要早于以梯状人形为代表的句法。其次，从世界岩画的历史发展序列看，场景句法晚于同类组合句法。最后，艺术移情论以及心理学的研究也再次证明：简单图案重复排列组合产生的社会，要早于复杂图案组合产生的社会。

（二）对两种典型句法语境的研究

1. 左江两种典型句法的分布特点

简单组合广泛分布在左江流域的扶绥、崇左、龙州、宁明等地。尤其是在扶绥和崇左，简单句法排列的岩画比较集中。在扶绥的岩画中，简单组合几乎占了90%以上；即使崇左岩画，简单组合也占了50%以上。这两个地点的蹲踞式人形主要以棒状为主。宁明占总比最少。场景句法主要集中在宁明的花山和龙州的棉江花山。简单组合在这两个地方很少出现。这两个地方的蹲踞式人像装饰丰富，人像众多，伴生符号丰富，句法组合复杂。岩画的叙事性很强，场面气势磅礴。相对其他几个县，场景句法在宁明花山出现最多，占岩画的90%以上，其次，龙州县的棉江花山场景岩画也比较多。

从左江蹲踞式人形两种句法的分布环境看，简单组合主要分布在左江的下游和中游，尤其是下游最多。扶绥县21个岩画地点，5个点在陆地，岩画50组大都属于简单组合。崇左有30个岩画点，92组岩画。岩画分布点多，但是分散，且数量少，简单组合占了很大部分。简单组合岩画距离江面的位置一般处于比较低矮的位置，距离江面约为2～20米。例如，扶绥县的岜赖山和岜割山，其画面位于距离崖壁下的倒石锥坡为2米左右的位置。但是也有少数选择在悬崖峭壁之上，如崇左万人洞岩画距离江面有100米左右。场景两个点都在上游，尤其是宁明花山岩画比较密集。宁明岩画点只有8个，但岩画的组数却达到63组，多属于场景句法。龙州21个岩画地点，78组岩画组，岩画点和岩画的数量都比较多，虽然有也场景组合岩画，但是相对宁明花山岩画，数量比较少，且没有宁明的岩画精美。

2.两种典型句法岩画周围的考古遗迹

左江流域岩画区有着新石器时期独特的贝丘文化与大石铲文化，这些文化遗存主要分布在以简单组合岩画为主的左江下游。新石器文化之后是几何印纹陶和青铜文化，虽然在广西东半部及桂北和桂南都有大量发现，但是，至今左江流域很少发现几何印纹陶和青铜文化。从文化发展的连续性看，左江流域在出现了大规模的贝丘文化和大石铲文化之后，却没有延续下去，并且很长一段时间，这里的历史进程几乎空白的，这是值得我们思考的。

从岩画组合与文化遗迹的共存关系看，上游宁明与龙州周围的古代文化遗址少且年代晚。左江下游的扶绥和崇左市与早期古代文化遗址关系密切，尤其是以简单组合为主的岩画与扶绥县的贝丘遗址、大石铲遗址的分布地域具有高度重合性。这让人质疑其并非偶然巧合，或许两者之间有着某种联系，学者郑超雄也有着类似的见解[①]。

左江流域纬度低，终年气温高，雨水丰富，植物生长繁茂，动植物繁殖快，大自然给人类提供了丰富的食物资源。因而人类在左江的活动时间早而广泛。当大面积贝丘遗址出现时，就预示着距离农业时代越来越近了。直到巨量的大石铲出现，不但表明左江下游的锄耕农业已经很发达了，还显示了一种新的思想观念的出现，即人们对生的价值渴望，远远超过了对死亡的恐惧。这种"生"就是生存。正如季羡林先生在为《生殖崇拜文化论》作的序言中所说的："我们的造物主是非常有意思的。他（它？她？）创造了生物，并且赋予他们两个基本本能：一个是吃饭，另一个是生孩子。吃饭是为了个体的生存，生孩子是为了个体能够延续，为了子子孙孙的生存。"[②]大石铲文化反映了桂南先民对生殖的热切关注。

如图3-11所示，桂南大石铲分为三期：一期为直边型；二期为束腰型；三期为短袖束腰型。发掘的大石铲一期造型表明，其制作技术已经较为成熟，而且当时居民已经掌握原料属性、采集、切割、打磨技术、造型设计等，因此，一期型并不是大石铲的最初原型，在此之前应该已经有了一个发展期[③]。从后期墓葬中的陪葬品中，三种类型的大石铲都有发现看，一期型大石铲也应该是有

---

① 郑超雄，覃英. 壮族历史文化的考古学研究 [M]. 北京：民族出版社，2006：428.
② 赵国华. 生殖崇拜文化论 [M]. 北京：中国社会科学出版社，1990：8, 168.
③ 何安益. 论桂南大石铲的年代及功能 [J]. 广西民族研究，2007, (3): 162-167.

祭祀的礼器功能的。桂南大石铲遗迹的大量发现，以及大石铲有意摆成圆圈和"凹"字形，说明它可能是古人的一种农业祭祀信仰文化。

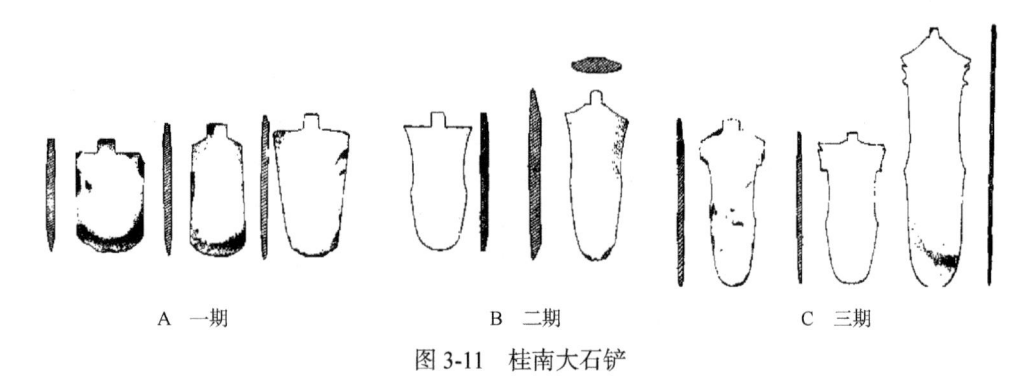

　　　　A　一期　　　　　　　B　二期　　　　　　C　三期

图 3-11　桂南大石铲

资料来源：蒋廷瑜. 桂南大石铲研究 [J]. 南方文物，1992（1）：19-24

　　岩画中大量重复出现的蹲踞式人形是骆越先民对蛙类图腾崇拜的表现，它应该是农业祭祀文化的产物。英国哲学家休谟在《宗教的自然史》中说："人类有一种普遍倾向，就是认为所有存在物都像他们一样，于是，他们就把自己内心意识到的亲密而又熟悉的物质转嫁到所有的对象上。这种持续不断地支配着人们的思想，并且把以同样方式呈现于他们的不可知的原因理解为是同一种或同一类的东西，不久之前我们还能看到人总是把自己的思想、理性和热情，有时甚至是把人的肢体和形状赋予这些存在物上，以便把这些存在带到和他们自己的外貌相接近的状态。"[①] 青蛙有许多象征意义，人们利用或模仿青蛙来求雨。在冬季和旱季，大地沉寂萧索。突如其来的蛙鸣，是大地完全复苏的标志，是每年大自然苏醒的信号。青蛙拥有季节物候的符号指示功能，通过物候的定期出现来确认季节的更替，把握农业的生产时节，它与人们关心的农业息息相关[②]。荣格说，在解剖学特征方面，蛙在所有冷血动物中是最像人的一种。在古代艺术和装饰图案中，蛙人是十分常见的母题[③]。当大石铲文化蓬勃发展，并逐渐成为特权阶层的特殊用品，而走向末途时，蹲踞式人形岩画却因为它的平民特质，在缓慢地发展中逐渐取代大石铲文化的地位而走向辉煌，成为大石铲文化之后，一种不同于陶与青铜文化的新的情感的表达

---

① 朱狄. 原始文化研究 [M]. 北京：生活·读书·新知三联书店，1988：28.

② 叶舒宪. 八千年蛙纹 [J]. 寻根，2008，（1）：4-10.

③ 叶舒宪. 千面女神 [M]. 上海：上海社科院出版社，2004：137.

方式。

揆诸现有的研究经验，左江蹲踞式人形岩画应该是产生于左江下游，然后逆江而上，并逐渐发展繁荣。更为重要的是，壮族铜鼓在左江的发展分布似乎也可以证明这一点。早期铜鼓一经在滇东高原产生，迅速向南传播，其中的一支沿桂西北的驮娘江—右江—郁江水系而下，传至桂中的贵县和桂东南一带并与当地文化相结合，产生了独具广西地方特色的铜鼓。于左江发现的铜鼓相对要晚于右江，而分布于左江的简单组合岩画中的圆形较少，在后期场景岩画中则大量出现了伴生符号圆形。

三、左江与梵尔卡莫尼卡蹲踞式人形岩画的比较

左江与意大利梵尔卡莫尼卡岩画（Rock Drawings in Valcamonica）无论是符号还是符号组合都有着很强的相似性，两个不同地区的岩画比较，应该能够对左江蹲踞式人形岩画的发展研究有一定的启示作用。

梵尔卡莫尼卡岩画，位于意大利北部阿尔卑斯山一条名为卡莫尼卡的山谷中。从20世纪50年代开始至今，已经发现岩画的数量多达20万个以上，岩画主要是雕刻的，内容丰富多彩，包括有猎人、骑士、妇女、儿童、动植物、各种符号等。卡莫尼卡不仅是世界上岩画最密集的地区之一，也是"蹲踞式人形"岩画最早出现的地区，还是欧洲蹲踞式人形岩画最集中且数量最多的地方。对这个山谷的岩画做了30多年研究的阿纳蒂教授，起初将这种蹲踞式人形岩画的年代断在公元前4000年左右，后又根据东欧出土陶器上的同类主题，将其年代断在公元前6000年左右[1]。

梵尔卡莫尼卡岩画在数量上、年代上、风格延伸的范围上，都是欧洲岩画中最丰富的。在梵尔卡莫尼卡一些人类曾经居住过的考古层也发现了岩画，它们为岩画的研究提供了优越的考古资源。如表3-7所示，学者们联系岩刻的风格和腐蚀程度，画面的重叠，武器、工具，以及其他一些岩刻图形与考古发掘资料，从考古学年代上把卡尔莫尼卡岩画分为旧石器、新石器、黄铜器、青铜器、青铜和铁器过渡、铁器、中世纪罗马人七个时期，并它们归纳为四种主要的风格[2]。

---

[1] 汤惠生.原始艺术中的蹲踞式人形研究［J］.中国历史文物，1996,（1）: 3-18.
[2] 陈兆复.外国岩画发展史［M］.上海：上海人民出版社，1993: 123-127.

表 3-7　卡莫尼卡文化的进化简表（来自卡莫诺史前研究中心）

风格	时期	考古学年代	基本年代	人形	动物	武器	符号	心理
远古卡莫尼卡	亚自燃	旧石器时代晚期	6000A.C					
Ⅰ		新石器时代	3000					
Ⅱ	A B C 过渡时期		2800					
Ⅲ	早期 A 中期 晚期	黄铜器时代	2500					
	B C D 过渡时期	青铜器时代	2000					
Ⅳ	A B	青铜器和铁器过渡时期	1100					
	C	铁器时代	850					
	D E F		700					
后卡莫尼卡		中世纪罗马人时期	161					

资料来源：杨超.圣坛之石［D］.中央民族大学博士学位论文.2009

　　第一种风格属于新石器时代，是约公元前五六千年的作品。如图 3-12 所示，它是卡莫尼卡人开始时的作品。在构图上，大部分作品是孤立的，有时重复几个相似的图形。如果是两个图形组合一起时，通常是一个人的图像和一个别的图形。作品的风格是图案化的、僵硬的和象征性的。这一组岩画所反映的社会面貌是部落所经营的狩猎、采集和初期的农业劳作。这时已有了家养的畜犬，稍后又有了对牛的饲养。

图 3-12　梵尔卡莫尼卡早期岩画

资料来源：陈兆复，邢琏. 外国岩画发现史 [M]. 上海：上海人民出版社，1993：122

第二种风格仍属于新石器时代，是约公元前 4000 年之前的作品。如图 3-13 所示，抽象符号增多，有直线、曲线、画形、之字形，以及粗而深的小圆穴等，这些符号是欧洲新石器时代岩画中的普遍风格，显示了卡莫尼卡人的部落对文化的继承性。另外，卡莫尼卡岩画艺术也发展了自己的特点和风格。岩画中的图案化、抽象化作品，已不再是第一种风格所显示的画面只是孤立的或成对的图形，而是已出现了复杂而完整的构图。以岩画中的太阳崇拜而言，第一种风格的岩画只是单个人物和一个画盘（太阳），但到了第二种风格，画面上的圆盘（太阳）就发射出光芒，而且出现了膜拜太阳仪式的场面。

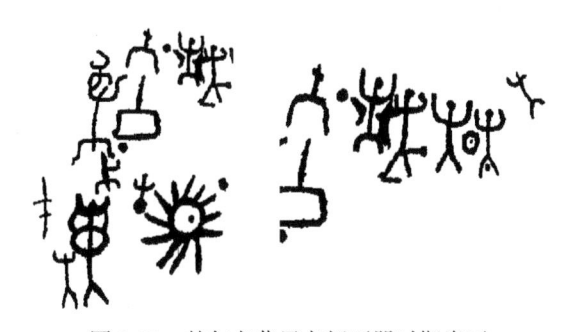

图 3-13　梵尔卡莫尼卡新石器时期岩画

资料来源：[法] 阿纳蒂 E. 艺术的起源 [M]. 刘健译. 北京：中国人民大学出版社，2007

第三种风格产生于青铜时代，约公元前 3000 年。这一时期的先后有一定差别。这组岩画的画面上出现了大量的武器，有斧、戟和三角形匕首，同时出现有刻制在巨石上的纪念碑式的岩画。这种纪念碑式的岩刻，不仅在梵尔卡莫尼卡山谷被发现，同时在邻近地区也有所发现，往北可至瑞士。纪念碑式的岩画，具有完整的构图,画面上有武器、符号、人物、动物等,它们往往围绕着纪念碑上的太阳。

第四种风格产生于铁器时代,约公元前 1000 年。如图 3-14 所示,梵尔卡莫尼卡的纳奎尼是梵尔卡莫尼卡岩刻集中的地方,共属于 5 个层次的雕刻,发现有 50 处覆盖的地方。大约在 1000 年的时间里,有无数个原始时期艺术家先后到这里来雕刻他们的作品,叙述的内容多都是一些复杂的场景。

图 3-14 梵尔卡莫尼卡的纳奎尼岩画属于复杂场景的岩画语言

资料来源:陈兆复,刑琏. 外国岩画发现史[M]. 上海:上海人民出版社,1993: 130

在梵尔卡莫尼卡岩画的四种主要风格中,我们可以清楚地看到"蹲踞式人形"岩画是怎样从简单的表现主义风格向自然主义风格过渡的。大卫·怀特(David S.Whitley)主编的《岩画调查手册》(*Handbook of Rock Art Research*)中,一份来自阿尔卑斯山的典型岩画主题发展图(图 3-15),再次让我们看到了"蹲踞式人形"岩画组合的发展过程。

当我们比较左江与梵尔卡莫尼卡岩画中的"蹲踞式人形"岩画时,会发现这些远古时期的作品在风格、题材和概念以及基本句法方面,表现出了某种程度上原始的一致性。虽然这种视觉艺术的表达在其后的岁月里逐渐有了风格和类型的分化,但是在艺术创作的前一半时间里,却呈现出很强的相似性。这种相似不仅仅是一种表面上形式的相似,更是一种深层艺术逻辑的相似。这种逻辑的发端是基于组合体系的基本机制,它借助于原初的通用表达方式,之后,地方特色的因素逐渐产生影响。起初，艺术的表达借助一种共同的语言，使用的符号图案则是原型，各种组合在不同的文化和种族环境中不断重复，而且相差无几。基本的逻辑常项也就成了概念背景的基本要素，即使到各种地方要素开始重叠的时期，情况还是这样[①]。

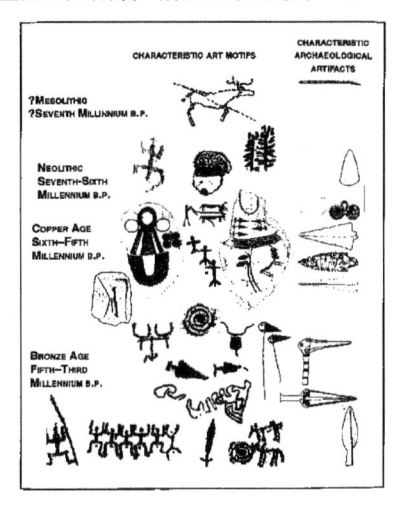

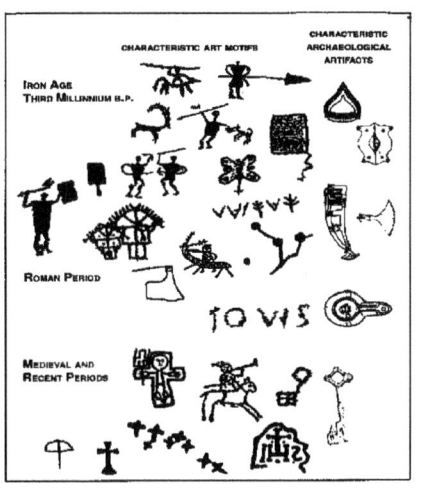

A　早期岩画　　　　　　　　B　晚期岩画

图 3-15　阿尔卑斯山岩画发展序列

资料来源：Whitley D. Handbook of Rock Art Research. New York: Altamira Press, 2001: 515-516

四、左江蹲踞式人形岩画的分期与年代

综合以上分析与研究，我们知道左江蹲踞式人形岩画的简单组合与场景组合，代表了两种不同的思维模式，它们应该出现在不同年代。虽然没有更多直接的证据证明，左江蹲踞式人形岩画两种句法到底哪个更早出现，但是，就目前的研究结果看，简单组合出现早于场景的可能性更大些。

从现有的研究材料，我们也大致可以推测出一条左江蹲踞式人形岩画的发展脉络。左江蹲踞式人形岩画最早应该出现在左江的下游，随后沿着左江逆流而上，不断发展，终于在龙州的棉江花山进入了创作的繁荣期，并最终在宁明花山达到了岩画艺术创作的成熟期。但是繁荣过后，往往就要面临衰败，在宁明的高山和珠山岩画中，我们似乎已经可以看到了前兆。当然在早期与晚期之

---

① ［法］阿纳蒂 E. 艺术的起源［M］. 刘健译. 北京：中国人民大学出版社，2007: 321.

间还有一个过渡期，它是一种复杂的组合句法，是由蹲踞式人形和一些伴生符号构成的，在左江流域四个县的岩画点都有出现。

左江流域的岩画应该一直都有人在不断创作。因为，各县岩画都有不同风格并存的现象，地点之间的岩画分期并不绝对。我们根据棒状人形和倒梯状人形所在句法组合出现的早晚，做出棒形蹲踞式人形早于倒梯状蹲踞式人形的初步判断，这种序列在梵尔卡莫尼卡的文化发展中也可以看到。

如表 3-9 所示，我们可以根据左江蹲踞式人形岩画躯体造型的差别，把它们大致分为三期。第一期为棒状人形，其中又有多种体态，一种为头与身体上下同宽，另一种为胸与腰几乎同宽。第二期为倒梯状人形，这种形状因为梯的角度不一样，有很多种形态，但是总的来说为梯形。此外，第三期为一种体形呈中间细两头稍粗的束腰状人形。

表 3-9　左江蹲踞式人形岩画正身人像的发展变化

Ⅰ期	Ⅱ期	Ⅲ期
Ⅰ	Ⅱ	Ⅲ
A　　B	A　　B	

注：Ⅰ.扶绥仙岩山　ⅠA扶绥岜割山　ⅠB扶绥岜割山；Ⅱ宁明花山　ⅡA崇左隐士山　ⅡB宁明花山；Ⅲ宁明花山

从蹲踞式人形发展的次序看，非常容易让人想到大石铲的分期，它也是从直线到束腰的发展，这或许只是个巧合。两个时期蹲踞式人形表现形式的差异主要是线与面的变化。发展前期并不强调身体的差异，突出的是形体的无差别性与恒久性，越到后期，梯形上下边的比例差别越大，有时会看到变为倒三角形的身体，强调了身体的强健和形体美，这是一个由线到面的发展过程。梯状人形用曲线表现健美的胸肌，我们甚至可以感觉到强大胸肌带给人的力量感。不仅如此，从体型的差异性，我们似乎还能感受到社会地位的差别。束腰的蹲踞式人形不但能让人感到身体的强壮和一种曲线美，同时也因为这种体型的蹲踞式人形岩画数量较少，而尤其显示出了它的特殊性。总之，在视觉的交流中，我们不仅仅是看到了岩画带给我们的审美享受，更重要的是感受了各种力量相互作用的合力。也许正如列维-斯特劳斯所认为的，艺术形式都是"二等分的现象"，原始艺术既是人从动物上升到文明人的条件，又被看作是人在社会内部的地位表现，并服务于说明和肯定等级的级别[1]。

左江岩画符号组成的场景一直被认为是左江岩画发展序列中的早期作品，以句法中丰富的符号作为证据，学者通常认为左江岩画绘制的年代是在战国至东汉时期[2]。其实通过分析我们可以发现，左江蹲踞式人形岩画发展序列中的早期作品应该为无序重复的简单符号组合，那么左江蹲踞式人形岩画简单句法出现的时间显然要早于场景组合岩画，场景岩画出现的时间被推测为最迟创作于东汉，那么简单组合的蹲踞式人形岩画最迟也应该在东汉之前就已经出现了，发展到战国到东汉时期逐渐达到兴盛，此后衰落。在崇左古坡乡的蹲踞式人形岩画旁边还发现了一个楷书"魁"字，从字体判断可能属于唐代或是宋代，这说明直到唐宋，岩画依然还不断被创作。

初创—繁荣—衰亡是艺术发展的基本规律之一。许多优秀的艺术理论家用明确的语言表述了这条规律。丹纳在《艺术哲学》中表述了同样的思想，他认为艺术的发展过程就像植物的发育过程一样。最初，植物的种子破土而出，艺术萌芽了。而后，开出美丽的花朵，艺术繁荣了，但是这个繁花满树的景象只是暂时的，因为促成这个盛况的树液在生产的过程中枯竭了[3]。左江岩画的发展应该是一个从最初的缓慢孕育、积蓄能量，到后来的欣欣向荣，再到消亡的过程。这毕竟是事物发展的一般规律。

---

[1] [法]列维-斯特劳斯J.结构人类学[M].谢维扬，俞宝孟译.上海：上海译文出版社，1995：284-288.
[2] 覃圣敏，覃彩銮，卢敏飞，等.广西左江流域崖壁画考察与研究[M].南宁：广西民族出版社，1987：134-138.
[3] [法]丹纳H A.艺术哲学[M].傅雷译.北京：人民出版社，1988：402.

第四章

左江蹲踞式人形岩画的分布空间

左江蹲踞式人形岩画及其所在的自然空间，共同形成了一个秩序中的神圣空间，它体现了各种经验秩序之间相互呼应的一个体系，同时也构成了古人对世界秩序的巧妙反应。只有当我们认识了左江岩画点的自然空间特征，才能进一步理解在这个空间中左江蹲踞式人形岩画、山川、河流用另外一种方式与观赏者交流并传达的特殊意义。

第一节 自 然 空 间

很多史前岩画的选址都是颇具含义的。地表、有特点的遗址、环境、地形和其他特征共同创造出了一种适合人与自然交流的环境[①]。因此，当我们思考岩画为什么会选择画在这里，而不是其他地方时，还要考虑到岩画承载物的独特属性、分布空间特征，以及周围的空间环境形态。

一、岩画的承载物

令人惊讶的是，左江流域涂绘的岩画，为什么直到现在还能被保存下来，而且颜色依然鲜艳，应该与其"画布"——承载物的选择是分不开的。有特色的"画布"表现在支持画面岩石的性质、"画布"的颜色及光滑度上。好的岩画承载体，不仅可以加强岩画的神圣性、提高岩画作画的工作效率，还可以丰富岩画的内容，延长岩画的保存时间。

（一）承载物的性质

左江流域的石山，主要是由石灰岩、白云岩等碳酸盐岩组成的，为石炭纪的浅海海底沉淀物。因为左江地区高温多雨、植被繁茂，岩壁上悬挂着不少碳酸钙类沉积物，俗称钟乳石类沉积物，很多岩画就画在上面。崖壁的颜色大部分为灰黄色，其他颜色的石壁上很少甚至完全无画。石灰岩石壁多呈黑褐色，如在

---

① ［法］阿纳蒂 E.世界岩画——原始语言［M］.张晓霞译.银川：宁夏人民出版社，2017：17.

这种底色上描绘赭红色的画像，就很不醒目，所以人们不在上面作画是可以理解的。但是，粉白色的石壁理应能更好地衬托赭红色画像，而上面却很少作画，这是为什么呢？据观察，灰白色的石壁为较纯净的白云岩或石灰岩，较容易风化。灰黄色的石壁，可能含有其他矿物质，不容易风化[1]。这是覃圣敏先生在《广西左江流域崖壁画考察与研究》中做出的推论。

在印第安人的传统中，土著人喜欢在含有石英物质的岩石上作画。在他们的传说中，石英是能量的源泉，并猜想它是雷鸟的闪电击打石头时留下的记号。即使这个神秘的雷鸟没有保佑他们，他们也会接受这些岩画点，因为它们被证明曾有过超自然的神灵存在过。另外，人们还喜欢在含有二氧化硅的沉淀物上作画。加拿大北部的印第安人解释说，这些残存的二氧化硅沉积物曾经是雷鸟的鸟巢，当人们在岩石上画画之前，这些沉淀物就已经存在了，这种物质累积的过程是很缓慢的[2]。这应该也是先民认为它们有神性的一个原因吧。

巧合的是，左江也流传着很多关于雷神崇拜的故事，把雷神当作天神是很古老的观念，在一定时期曾在世界各地流行。我们相信，骆越先民的作画动机与印第安人也有某些相通之处。

（二）承载物的独特点

令人费解是，多数左江岩画点附近的崖壁上都有裂缝或是山洞，这或许就是左江岩画承载物的一个独特之处吧。在左江岩画主要分布的 70 个岩画点（根据王克荣、邱忠仑、陈远璋等考察内容，统计得出的结果）[3]，除去大新岩画和凭祥的两个岩画点，共剩余 68 个岩画点。在宁明县的五个岩画点中，珠山和高山两个岩画点的岩画分布在岩洞周围的占宁明岩画点的 40%；龙州县 15 个岩画点，其中洪山、岩拱山、沉香角、宝剑山、岩怀山、朝船山、渡船山、三角岩、纱帽山、花山 10 个岩画点分布在岩洞周围，占龙州岩画点的 67%；崇左市共 25 个岩画点，其中驮柏山与马鼻山、万人洞、大岩山、白龟红山、白羊山、丈四岩山 7 个岩画点分布在岩洞的周围，丈四岩山、蜡烛山 2 个岩画是沿着断岩的

---

[1] 覃圣敏，覃彩銮，卢敏飞，等. 广西左江流域崖壁画考察与研究 [M]. 南宁：广西民族出版社，1987: 21.

[2] Nash G, Chippindale C. Pictures in Place [M]. Cambridge: Cambridge University Press，2004：307.

[3] 根据王克荣、邱忠仑、陈远璋所著的北京文物出版社 1988 年版《广西左江岩画》考察内容统计得出的结果。

裂缝分布的，占崇左市岩画点的28%；扶绥县共23个岩画点，其中岜赖山、灵芝山、合头山、敢造山、新湾山、岜来山6个岩画点的岩画分布在岩洞附近，灵芝山岩画是沿着断岩的裂缝分布的，占当地岩画点的30%。在左江流域有岩洞的岩画点占总岩画点的56%。

显然，这些岩画点周围的岩洞和裂缝不应该仅仅被看作是巧合。岩洞和裂缝就像是个共鸣的音箱，它可以扩大声音，成为神灵与人类交流的媒介。在这里，与一定仪式有关的谈话、鼓乐、歌唱等的声音会被美化，使得声音雄浑，突出了这个地方的神圣感。有学者在加拿大希尔德岩画点，通过测量发现，岩画点周围的缝隙和岩洞可以产生音响效果，如回音。它扩大了人、雷、风以及波浪打在崖底岩石上的声音[1]。有时，这些裂口也会被看成地下世界与陆地世界交流的通道。在一些地区，这些裂口还被看成是萨满获得力量和知识的途径，这表明地下世界的入口处和岩画之间有很重要的联系。有意思的是，左江流域是广西发现岩洞葬较多的地区之一。左江流域还流传着关于岩洞的很多传说，如《金银洞》《藏珠洞》《岜莱山》《天兵天将下凡》《铜钱滩》《金银洞和金银滩》《仙人洞》等，认为山洞里往往有取之不尽的珠宝，并且有着超人的法力。这些似乎说明崖壁的空隙与某种神秘力量有着联系。

通过以上分析，我们可知，那些作为左江红色岩画"画布"的结构非常相似。一方面，这些岩石上的图画似乎与一定岩石表面的特征有关，如光滑的表面、大理石的条纹，或者是有矿物质覆盖的岩石表层等；另一方面，在这些被装饰的崖面的岩石上或是附近，可能会呈现出一定形态学的特征，如裂缝、突出的岩厦，甚至是山洞。显而易见的是，先民把岩画涂绘在呈现出一定形状的岩石上，其目的并不仅仅是为了方便被看到或有利于岩画的保存，而且应该有着特定的价值和意义。

二、岩画的朝向

左江岩画大部分是朝向南或基本朝南的，一部分朝向东、西，基本朝北的很少，朝向正北的目前还没有发现[2]。

---

[1] Nash G, Chippindale C. Pictures in Place [M].Cambridge: Cambridge University Press, 2004：305.
[2] 覃圣敏，覃彩銮，卢敏飞，等. 广西左江流域崖壁画考察与研究[M].南宁：广西民族出版社，1987：21.

由宁明县花山岩画保存的环境可知，虽然其日照时间比北方短，但岩画画面在每天的12点以后都受到太阳光的直射。也就是说，和一些洞窟里的岩画相比而言，左江岩画可以接触到更多的太阳光。这样不但有利于先民在崖面上作画，也方便观者的欣赏，更重要的是当江面比较平静时，有画的崖面会在阳光的折射作用下，产生一种神奇的效果，岩画可能会在水面忽然出现或消失，就像它们是活动的一样。有时，气势宏大的岩画被折射在水面，形成海市蜃楼的效果，使经过这些地方的人感到惊讶或畏惧。对于对科学知识了解不多的古人来说，这可能是超自然神灵的显现。

这种现象最早我们在宁明花山岩画的古籍记载中也可发现。南宋人李石编著《续博物志》卷八中云："二广深豀石壁上有鬼影，如澹墨画。船人行，以为其祖考，祭之不敢慢。"[1]明人张穆《异闻录》中记载："广西太平府有高崖数里，现兵马持刀杖，或有无首者。"[2]清光绪九年编撰的《宁明州志》载："花山距城五十里，峭壁中有生成赤色人形，皆裸体，或大或小，或持干戈，或骑马。未乱之先，色明亮；乱过之后，色稍黯淡。"[3]清代编修《新宁州志》记载："画山在城东二十里旧村庄，常现灵异，有仙迹云。"[4]可见人们都认为这是神圣的地方。

三、岩画的位置

相对于在岩洞和密林处的岩画点，它们都处在一个相对开放的环境中，而左江的岩画点附近一般没有建筑标志，附近也很少有人居住。左江岩画的崖壁，多数选择在宽大、峻峭、基本垂直于地面或上部外突下部内凹的地方。有的崖壁底部直接与水相连，有的崖壁下有因山体石块崩落堆而成的倒石堆或是错落体，画面一般高出常年水位20～40米，最高可达120米。画面的整个形态轮廓比较复杂，好像要把有岩画的崖壁与其他地方区分开来一样。

另外，左江有岩画的山体几乎都在江边，因此去观看岩画最好的方法就是乘船。左江岩画所在的河流大多是古代河流的主要支流，或是古代河道的主要航线。

---

[1] （南宋）李石．续博物志［M］．成都：巴蜀书社，1991：117．
[2] （明）张穆．异闻录［M］．转引自覃圣敏，覃彩銮．左江崖画艺术寻踪［R］．南宁：广西人民出版社，1992：4．
[3] 宁明县志编撰委员会．宁明县志［C］．北京：中央民族学院出版社，1988：591．
[4] （清）载焕南，张槃奎．新宁州志（一）［C］．台北：成文出版社，1975：84．

龙州、崇左、扶绥的岩画分布于左江两岸,左江是邕江的主要支流,是通往南海的主要航道。另有一些岩画处于相对次要的支流附近,甚至是不太重要的河流边,它们可能就是古代一些流浪的、较小的民族选择的居住地。例如,宁明的岩画点处于明江附近,明江是左江的重要支流,每年注入左江总水量约40亿立方米,占左江来水量的四分之一左右,因而位置次之。大新县岩画所处的黑水河、下雷河也是左江水系的支流,但是相对明江就次要些。另外,龙州县岩画分布的河流位置比较重要。发源于越南北部山区的水口河与平而河,两河至龙州县城南汇流后史称左江,显然龙州县是进入越南的要道。还有一些岩画点比较特殊,在崇左县和扶绥县内出现了不在河边的崖壁画(崇左3个岩画点,扶绥5个岩画点),这些地点多为独立的孤峰,距离江河远的有12千米,近的也有2千米。

更让人惊讶的是,在81个岩画点中,有70个岩画点位于江河两岸临江的石壁上,约占岩画总数的88.6%,其中54个在江河的拐弯处,约占总数的68.3%,约占临江地点总数的77.1%(根据覃圣敏等考察内容,统计得出结果)[①]。因此,虽然乘船可以到达岩画点,但是左江的岩画多在江河拐弯处,所以还是非常危险的。

左江、右江一带渔民中流传着这样的口头语:"左江湾,右江滩,左江猴子右江牛。"这句话告诉人们左江河床深,弯口多。据说,左江有个弯口,叫九十九弯。弯口的悬崖上,散布着许多赭红色人形壁画,壁画的来由有个传说。很久以前,左江九十九弯处,水最急,弯里有只水妖害死了无数人。因此,来往的渔民总是担惊受怕。每到正月,人们便在九十九弯岸边摆起供品,祈求水妖不再出来害人。有一年,水妖害人特别厉害,来求神保佑的人跪在九十九弯岸上哭了二天二夜。哭声惊动了玉帝,他得知事情的原委后,就派天神把左江一带的妖怪降服了。后来,为了庆祝这次降妖的胜利,人们在九十九弯处点燃了两支金蜡烛,天兵天将和玉帝都来参加了。人们请玉帝派天兵天将守住弯口,防止妖精再来作怪,玉帝答应了。后来,守着弯口的天兵天将就变成了现在壁画上的人物[②]。这似乎说明,这些岩画点曾经还是"邪恶之地"。

由此可见,无论是"圣地"还是"邪恶之地",它们都是推动岩画产生的动

---

① 覃圣敏,覃彩銮,卢敏飞,等.广西左江流域崖壁画考察与研究[M].南宁:广西民族出版社,1987.
② 广西民间文艺家协会.广西民间文学作品精选·扶绥县卷[C].南宁:广西民族出版社,1997: 26-27.

力，并与岩画融为一体。不同形式的蹲踞式人形岩画，被涂绘在左江两岸不同地点的岩石上，这些岩石的概念空间依岩画符号的不同而不同。岩画形象经常是指向藏在石头中的那些实体或力量。岩石表面对我们来说是空间的终结处，而对左江蹲踞式人形岩画的创作者来说则是另一个空间的开始。因此，当我们观看岩画时，常常会感受到一种神秘的氛围，并由此而产生出一种敬畏之感，而这种感受至今仍在影响着人们（笔者在左江做调查时，发现至今在岩画点附近还有供奉的物品，如冥币和香火等）。

第二节　骆越先民的宗教信仰

处于社会生产力水平低级阶段的骆越先民，常把自然力量和社会力量作为支配自己生存和生活的神秘力量，这两种力量表现在先民观念中，就成为对超自然的自然力量与超人间的氏族祖先的崇拜。考古文化遗迹表明，最迟在新石器时代，骆越先民已经有了宗教信仰萌芽。在发现的贝丘遗址中，有些骨骸表面就撒有赤铁矿红色粉末，这与灵魂不灭信仰有关。左江岩画存在的自然空间，是骆越先民根据一定的思想观念和传统标，而有意地选择的，它与骆越先民的信仰紧密联系。

一、多神崇拜

人类早期由于无法克服风雨雷电等自然灾害，也不可能避免生老病死，于是就将一切事物和现象神化，认为自然界的一切都处在神的控制下。他们认为山有山神，河有河神，土地有土地神。整个世界也被分成三部分，不同的神住在不同的地方。

宇宙观的三分世界观念起源于史前时代，在西汉，仍然相当清晰地保留在人们的集体意识中。在湖南长沙马王堆一号墓出土的西汉帛画中，我们可以看到经过装饰性、夸张的三分世界神话宇宙观模式。天神世界处在画面的上方；人间世界处在画面中央，有人、动物及人类生活的场面；地下世界出现了一些海生动物，大地被阴间神兼海神的巨人双臂托起。这种宇宙创造的神话在世界各地分布甚广，一般称为"世界父母型"神话。骆越先民朴素的世界三分模式宇宙观念清楚地反映在壮族的神话、自然崇拜以及铜鼓的造型和纹饰中。

(一) 壮族神话

壮族有很多关于世界三分的神话，大致可分为四种类型。

第一种，古时候天地没有分家，空中旋转着一团大气，越转越急，后来就转成一个蛋的样子。这个蛋有三个黄，后来这个蛋爆开来，分为三片，一片飞到上边成为天，一片飞到下边成为水，留在中间的一片就成为中界的大地[1]。

第二种，远古时候，天和地紧紧叠加在一起，结成一块。后来，突然一声霹雳，裂成了两大片，上面部分一片往上升，成了雷公住的地方，下面一片往下落，成了人住的地方。从此，天上有风云，地上有万物。可是天太低，于是布洛陀就和大家一起找了根老铁木把天给顶了起来，柱顶把雷公弹到了高高的天上，柱脚把龙王压得钻到了海底，而人在中间快乐地生活[2]。

第三种，在古代，天地间分上中下三界。天上叫上界，由雷公管理，地面叫中界，由布洛陀管理，地下叫下界，由龙王管理。上界、中界隔着云，中界、下界隔着壳。三界各自封闭得严严实实，没有道路相通，没有门户进出，只有雷公、布洛陀和龙王，可以超越三界，通行无阻。那时三界之间距离很近，中界需要水，只要叫一声，上界就把雨水洒下来；中界没有火，只要叫一声，下界就把火生起来。三界和睦相处。后来，因为三界的距离太近，互相影响，于是布洛陀就把天升得很高很高，把地加得很厚很厚。三界的人讲话也都互相听不到，中界人需要水和火时，叫上界和下界都不灵了。此时，布洛陀就烧通天香，点红蜡烛，敲锣打鼓，上界听到了就把雨降下来，下界听到了，就把火生起来[3]。

第四种，宇宙是一个圆柱体结构，分三层，上层称为上界，由雷王主管，中界是人类生活的大地，由布洛陀主管，下层由蛟龙管理。三层原来离得很近，舂米时杵端可撞破天，打桩时木桩可穿到下界。后来布洛陀才把地面加厚，用几十根楠竹把天顶高，但山峦之巅依然与天相接。青蛙是雷公与蛟龙交媾所生之子，原与父王住在天上，后来作为天使被派到人间来，因此，它既可以与下界的母亲联系，也可以和上界的父亲保持联系。

---

[1] 农冠品.壮族神话集成[M].南宁：广西民族出版社，2007：21.
[2] 农冠品.壮族神话集成[M].南宁：广西民族出版社，2007：35.
[3] 农冠品.壮族神话集成[M].南宁：广西民族出版社，2007：56.

（二）壮族铜鼓

　　梁庭望先生认为，壮族铜鼓独特的束腰圆柱体造型结构是壮族祖先宇宙结构观的缩影，即表现出壮族先人的"三界说"——立体宇宙结构观。宇宙共分为三层——上界、中界和下界。鼓面代表在上界，其最明显的饰物是鼓心向四周辐射出光芒的太阳纹。太阳永远是那样光芒万丈，给人类以光和热。在它的周围是风伯、雨师，他们都是雷公的兄弟，受雷公的管辖。太阳纹、云雷纹、鸟纹在代表上界的鼓面上被简洁地表现了出来。鼓身反弧形的束腰，不但暗示了三界的浑然一体，还表示出地小于天、苍天覆地的深意。

　　壮族神话《姆洛甲》中讲道：在宇宙刚开始分为三界时，天小于地，遮地不严。于是姆洛甲把大地一把抓起来，把地皮扯得鼓胀起来，这样天地才合得严实。大地上鼓起来的地方，成为山包高地；凹下的地方，成为深壑峡谷，于是就有了江河湖海①。北流型和灵山型的鼓面都大于鼓身，同时鼓身胸大于腰，胸腰的分界线为凹槽或平缓凸线。这样铜鼓的造型与壮族神话中的宇宙三界结构正好吻合，其是受壮族神话意识深刻影响的结果。

　　同时，古代艺术家使用了象征性手法表现船纹、鹿纹、羽人纹、鹭鸶纹、鱼纹、水波纹等，简明地概括了在《布洛陀》中所描绘的繁荣的中界景象，保持了与鼓面相一致的艺术风格和神秘气氛。关于下界，按《布洛陀》的说法，那是一个神秘莫测的世界，蛟龙是他们的总管。不过中界无法与之接触，只有当他们的炊烟偶尔从溶洞中喷出时，才知道他们的存在。因为不知道其中情形，所以鼓身的第三节即鼓足部分，一般多是素面，仅在突棱处加一两道水波纹，以示下界在水面之下。在壮族三型铜鼓中，最特别的是鼓面上都有四到六只青蛙的造型，其被认为代表的是原来住在天上的雷公的儿子。所以古歌唱道："青蛙在哪里？青蛙在天上。使者亚良伟，送它到人间。"作为雷公的天使而到人间来的青蛙，在中界要水时，便咯咯鸣叫，通知父王雷公打开天池，人间便大雨淋淋。古代艺术家把它的形象铸在鼓面边沿即天地交界处，表明了它是上界与中界联络者的身份。另外还有神话说，青蛙是雷神与蛟龙的儿子，这证明了它同时与下界也有密切关系。

---

① 蒋廷瑜.壮族铜鼓研究［M］.南宁：广西人民出版社，2005：317-326.

（三）自然崇拜

1. 雷神

岭南地区素有"雷区"之称。屈大均《广东新语》说这里"无日不雷"。壮族先民对雷接触频繁，把雷看成是高踞在自己头上的"天神"，认为它主宰茫茫无际的天空，主宰着大地的福祸。雷王掌管着丰收、旱涝。雷声好像号令，春雷响了，人们举行春祭；秋天雷伏，人们进行赛祭。雷神不但滋培万物，还可惩恶扬善。

左江流域的神话中也有很多关于雷公的故事，说雷公的脸像公鸡，手中拿着斧凿，赤脚，一眨眼，就成为闪电。他常常用手中的斧凿劈妖怪及坏人，先用闪电照清楚，将其打死后变成无形的鬼，抬出去[1]。宋人周去非在《岭南代答》志异门第280条"天神"中云："广右敬事雷神，谓之天神，其祭曰祭天。盖雷州有雷庙，威灵甚盛，一路之民敬畏之，钦人尤畏。圃中一木枯死，野外片地草木萎死，悉曰天神降也。许祭天以禳之。苟雷震其地，则又甚也。其祭之也，六畜必具，多至百牲。祭之必三年，初年薄祭，中年稍丰，末年盛祭。每祭则养牲三年，而后克盛祭。其祭也极谨，虽同里巷，亦有惧心。一或不祭，而家偶有疾病、官事，则邻里亲戚众尤之，以为天神实为之灾。"这是作者对当时现实的记录。广西来宾市乡村，现在还有在夏历六月初二椎牛祭雷王的风俗。把雷神当作天神是很古老的观念，在一定时期曾在世界各地流行。

2. 蛙神

壮族人为什么崇拜青蛙，历史没有记载。就像人们对铜鼓上青蛙的解释一样，民间很多传说都认为青蛙是雷王的儿子，是雷王派到人间的使者。当人间需要水时，人们只要告诉青蛙一声，青蛙便对天空鸣叫。雷王听到青蛙的鸣叫声，就知道人间需要水了，于是就把雨水洒向人间，人间才能种好庄稼。

还有传说是：有一年，有一户人家死了人，家里人在哀悼，青蛙也来了，但是家人却认为青蛙是来捣乱，就用开水把它烫死了，青蛙死后，雷王的使者没有了，天旱时，没有使者向雷王报信，雷王就不发水，弄得天干地裂，人们没有办法就去求布洛陀和姆洛甲。布洛陀和姆洛甲告诉他们："你们必须为青蛙

---

[1] 农冠品.壮族神话集成[M].南宁：广西人民出版社，2007：211.

戴孝，举行葬礼，雷王才会饶恕你们的无知，才会给你们雨水。"①

这样，一代一代，人们每年都要举行盛大的青蛙节。东兰、巴马的青蛙节尤为盛大，每年都要从正月初一起，直到正月十五结束。在这个节日里跳的青蛙舞，步法和青蛙跳跃的形态非常像。

3. 水神

水的影响在壮族先民的生活中无处不在。他们视水为神，凡是泉源、河流深潭或是水口处，都是水神居住之处，几乎有水的地方都有水神掌管。水神的喜怒哀乐对人们的生产、生活有着很大的影响。人们或是因为久旱而求雨，或是因为久雨成涝而祈祷，都要祭祀水神。生活在左江流域的壮族先民，普遍信奉水神。广西十万大山一带的壮族居民，每年除夕、正月初二、正月十五这三天早上都要祭水神。云南省富宁、广南、西畴一带，凡家中有人去世，送葬前，其家人要用篮子装着死者的衣裳，到河边祭拜，向水神通报死者去向。

4. 土地神

土地神是壮族民间流行的一种地方保护神，通常被奉为村落中的最大保护神。在壮族聚居区，村寨附近都普遍设有土地庙，一般是三尺见方的小茅屋，里面供奉着两块直立的石头，是为土地神的形象。更有简陋者，仅在村子附近的大榕树下竖立一块石头作为土地神位。对于土地神的称呼，各地有所不同，有称为"社公社婆"，也有称为"土主""地主"，祭祀土地神称为"做社""拜公"。名称尽管不同，但祭祀的内容大体近似。通常，每年的农历二月初二被视为"土地公节"。这一天壮族村寨都要举行一些仪式，一方面通过占卜预测当年庄稼的收成情况；另一方面则通过献祭，保佑当年庄稼生长旺盛，获得丰收。此外，在桂西一带壮族聚居区，青蛙则被看成是主宰五谷丰歉的"田峒神"。相传田峒神是天帝的儿子，受天帝派遣主管人间田峒。对田峒神的祭祀，为一年一小祭，三年一大祭，一般在农历十一月举行，小祭三日，大祭七日。壮族人认为通过如此隆重的祭祀敬拜，就可获得田峒神的保护与赐福②。

二、祖先崇拜

祖先崇拜是随着鬼魂崇拜而产生和发展起来的。先民认为家族体系由两部

---

① 农冠品.壮族神话集成［M］.南宁：广西人民出版社，2007：211，768.
② 廖明君.壮族自然崇拜文化［M］.南宁：广西人民出版社，2002：93-125.

分组成，一为生者，一为逝者。当生者和逝者之间另一种形式的亲属关系形成时，有着个人权威的祖先们就融入生者的群体之中，使得逝者群体也像是由一个个独立的灵魂组成的，而这个群体就是祭拜的对象，这就是祖先崇拜[①]。在中国民间信仰的神灵中，祖先神是人们最重视的。人们对祖先的崇拜与祭祀，一方面是表达崇敬与感谢，另一方面是为了祈求祖先保佑家族兴旺。

（一）灵魂不灭

祖先崇拜源自于古人认为灵魂不灭。灵魂观念是伴随着物我同一思维的成熟，以及对死亡的认识而产生的。先民关于自然与生命的概念中，所有这些区别都被一种强烈的情感湮没了，他们深深地相信，有一种基本的不可磨灭的生命一体化（solidarity of life）沟通了多种多样、形形色色的个别生命形式。各个生物都有灵魂，在肉体死亡之后能够继续存在；人死后灵魂可能会回到代表本族的动植物中去，"生命一体性和不间断的统一性"使得一代又一代的人形成"一个独一无二的不间断的链条"。考古发掘证实，我国先民早在旧石器时代就有鬼魂不灭的观念，认为鬼魂会与人同住。

壮族先民认为人死后的魂魄会变为鬼魂，壮语称鬼为"防"。在壮族先民的意识里，凡是"防"都是可怕的。后来他们在观念里逐步将人死后的鬼魂分了三类。一类是家鬼，壮族话叫"防栏"或"防祖"，意思是家鬼、祖灵。对这类鬼魂，人们主要是敬畏，既敬念死去的先人之魂，但是又很害怕其怪罪，致祸于儿孙，至今，这种意识在乡间仍然相当普遍。另一类是神鬼，由"防"和"捌"组成，其构成比较复杂。既有庞杂的本民族土俗神灵，也有道教、佛教的主神及其神灵系统诸神。第三类是非正常死亡之鬼[②]。因为鬼魂能够降福或是作祟于人类，人们便举行"祭鬼""招魂""祭祖"等各种崇拜鬼魂的仪式。

另外，在壮族先民的鬼魂崇拜中，还有一种观念认为，由家祖灵魂变成的逝者，只有到达祖先灵地与祖先们团聚后，才能转化为能够护佑子孙的祖先之灵。因此，为了让逝者顺利通过各种关卡阻途，最终到达祖先灵地，从而获得赐福子嗣的神力，壮族人不惜任何代价为逝者举行各种祭祀与超度仪式，还要请法师主持法事，念诵经文，以指点逝者如何到达祖灵之地。壮族聚居区从史

---

① ［法］葛兰言 M. 中国人的宗教信仰［M］. 程门译. 贵阳：贵州人民出版社，2010: 22.
② 梁庭望. 壮族原生型民间宗教调查研究（上）［C］. 北京：宗教文化出版社，2009: 45.

前到现在，一直使用的二次葬也是为了使逝者的亡灵尽快加入祖先的行列。因为在壮族人的观念里，逝者筋肉未化，是不洁的，鬼魂不洁就不具备加入祖先之灵的资格，所以，等到一次葬若干年后，尸体完全腐化，必须挖开墓收拾死者的骨骸，重新安葬举行二次葬。

至今，在壮族人的观念里，还认为人死灵魂不灭，认为灵魂只是离开人体、离开人间到另一个世界继续活着[1]。武鸣区的壮族民众认为，人有三魂，人死后三魂各走一方，一个魂上天寻仙，一个魂到外做野鬼，一个魂进入祖宗行列。柳城县壮族民众认为，人活着的时候，只有一个魂，人死后，一魂变三魂：一个魂到坟墓，附在尸骨上，保护家人兴旺发达，但不能回家危害亲人；一个魂变成祖先，留在家中，保佑家人平安；一个魂转到花婆的花园里，听候花婆的差遣，转世为人或牲畜[2]。

我国南方的其他民族也存在这种灵魂不灭观。台湾高山族人把人的"灵魂"分为生灵和死灵两种。人生存时灵魂存在于身体的各部分，灵魂脱离肉体，人便得病，灵魂完全脱离肉体时，人便死亡。特别是台湾阿美人认为"生人体内有魂和魄，人死后魂升入天空，变为祖灵；魄则化为泥土而消失"[3]。在彝族祖先崇拜者看来，人生时，灵魂附于身体之内，人死后则独立存在，或栖附于他物，或往来于阴阳世界，或游离于死者的存在或住所附近。他们称这种游离存在的灵魂为"鬼"。这些都说明人的肉体"魄"是可以消失的，但是人的"魂"却是不灭的。人在死后的最佳归宿是回归祖宗行列或逝去的祖先们共同居住的地方。

林河和杨进飞先生在比较分析了马王堆汉墓《帛画》、侗族故事《雁鹅村》和《楚辞招魂》以后，认为楚辞"魂兮归来，反故居些"的故居指的是楚人老祖宗住的地方，认为人死后便是回到老祖宗住的地方去了[4]。云南壮族聚居区的麽教经典《摩荷泰·故勐》中，描绘了祖先灵地的情景：这个村子很平坦，这个地方不上租税，每天闲着绣花，每天摆竹桌喝酒，那是吃好粮食的地方，那

---

[1] 覃彩銮，喻如玉，覃圣敏.左江崖画艺术寻踪[M].南宁：广西人民出版社，1992：151.
[2] 覃圣敏.壮泰民族传统文化比较研究（第四卷）[M].南宁：广西人民出版社，2003：1979.
[3] 陈国强.台湾高山族的原始宗教[A]//宋恩常.中国少数民族宗教初编[C]昆明：云南人民出版社，1985：48.
[4] 林河，杨进飞.马王堆汉墓飞衣帛画与楚神话南方神话比较研究[J].民间文学坛，1985，(3)：22.

是拿碎银喂鸡的地方，那是鸡啄米，会飞的地方，三节芦苇响了就去，三节榨木树响了就去，去和你的祖宗一起吃，去和神仙一起住[①]。

（二）洞穴崇拜

1.人从洞生

壮族人对岩洞有着特殊的感情，因此，壮族神话里有很多关于"人从洞出"的故事。传说壮族创世女神姆洛甲的女阴是一大岩洞，壮族先民就是从岩洞里出来的（"姆"，壮文"meh"之音译，即"母亲"。凡女性或动物中的雌性称呼都以"meh"作词头）。在另外一个神话中，姆洛甲从石洞里飞出后创造了人类[②]。这些创造人类的女性应该产生于母系社会，到了父系社会这类"人从洞出"神话同样被保存了下来，只是女神姆洛甲换成了男始祖布洛陀。流行于桂西凌云县的一则《布洛陀》神话讲道：壮族男性创世神布洛陀开天辟地，其男根化作一根赶山鞭，把地上的一切赶得四处乱跑。正好女性创世神姆洛甲蹲在前头，其女阴变成了一座大山的岩洞，把飞来的万物皆装了进去，随后又一一生出……；另一则神话，"……当姆洛甲创造了山川大地，河水冲击岩石出现一个洞，布洛陀就从洞里走出来，和他一同出现在世界上的四兄弟——老大是雷王，老二是蛟龙，老三是老虎……"[③]。由此看来，骆越先民此时已有了男女、阴阳，以及由阴阳结合化生万物的思想观。

壮族"人从洞生"的思想观与他们长期在岩洞中生活也有关系。很多典籍中都有壮族先民穴居岩洞的记载。《后汉书·南蛮传》："交趾西有敢人国……今乌浒人也"，"敢"为"岩洞人"。乌浒人是壮族先民的异称之一。《隋书·南蛮》："南蛮杂类，与华人错居……俱无君民长，随山洞而居，古先所谓百越是也。"宋代《太平寰宇记》：宜州"山川险峻，人民犷戾……礼异俗殊，以岩穴居址。"壮族这种居岩洞的习俗，一直到20世纪80年代仍然存在。据1989年编撰出版的《大新县志》载，本县人民有穴居的历史。五山乡山水村内腊屯有11户壮族农民，原住在岩洞内，搭起木架，上面住人，下面放养猪牛。至1950年10月，

[①] 何正廷.壮族经诗译注[M].昆明：云南人民出版社，2004：447.
[②] 农冠品.壮族神话集成[M].南宁：广西民族出版社，2007：21.
[③] 中国各民族宗教与神话大词典编审委员会.中国各民族宗教与神话大词典（壮学部分）[M].北京：学苑出版社，1990：783.

才搬下山到村子居住。文念村的念笃、陇更两个屯的农民，穴居在念笃屯后的同一个岩洞内。念笃的4户人住在岩洞的一头洞口，陇更的2户人住在岩洞的另一头洞口。岩洞有100多米，一片漆黑，过洞要明火走15分钟。除念笃有2户已搬下山外，其余4户至今还在洞中穴居。下雷乡智兴村的陇斗钦屯有一两口人的农户，一直住在山洞里。政府多次动员他们下山，但是他们不愿意，至今仍住在山腰一个岩洞内。1949年，前福隆乡平良村的板仲屯，在其东南面山上的岩洞里，以及欧阳村偶屯旁的一处山岩内，曾分别住着3户人家，今已搬下山[1]。

壮族歌圩是另一种壮族人对"人从洞生"的记忆。对歌圩，壮族有一种较奇特的称呼，"上岩洞对歌"或"岩洞歌圩"。据说这是壮族为了纪念姆洛甲的创世生育之恩，把岩洞当作姆洛甲的生殖器来膜拜，逢年过节就聚集到岩洞里对歌娱乐。东兰县大同乡四合乡一带的壮族民众十分崇拜姆洛甲的生殖能力，认为壮山岩洞是姆洛甲的生殖器，壮族人就是从岩洞里生出来，源源不断。每年农历七月十四中元节，这一带的壮族家庭男女老少带着酒肉、鸡腿和粽粑去祭岩，过"岩育节"。这天，男女对歌，老少欢腾。祭岩洞前，众人先在岩洞口每人烧一炷香，然后由村老高呼"喔！喔！喔！"三声，岩洞内也传来"喔！喔！喔！"三声回音，人们便把它当作是姆洛甲答话了，便蜂拥入岩。按传统惯例，众人将带来的粽粑、鸡腿和酒肉放在一个地方，香火也插在一起，大家坐着听村老讲姆洛甲的故事，或听老歌师唱姆洛甲的山歌：

姆的怀抱最宽广，
姆的乳汁最甘甜，
千万人从你岩口生出来，
千万人出你岩口都安全，
后人岂忘始母恩，
今时特来寻祖源。

待祭岩洞10多分钟后，各人吃着各自带来的东西，男结双，女结对，唱起山歌，赞美岩洞，追溯祖源，谈情说爱。小孩则打竹枪，吹竹号，岩洞内一片欢腾。这天，人们以能回到始祖母的怀抱为乐，直到夕阳落山，还是依依不舍。

---

[1] 刘映华. 壮族古俗初探[M]. 南宁：广西人民出版社，1994: 84-85.

离开洞岩后，众人一路走向岩洞，并"喔……喔……"地招呼始祖，直到远离岩洞，回音消失，人们才四散回家。有些地方，男女青年还在当天晚上会集在岩洞下，对唱情歌，少则三五百人，多达上千人，形成岩洞歌圩[①]。伴随歌圩的还有各种宗教活动，大多与祈求生育或是农业丰产有关。

（三）死葬岩洞

广西是我国岩洞葬分布比较密集的地区之一。史料《炎徼纪闻》记载："（獠人）殓死有棺而不葬，置之崖穴间，高者绝地千尺，或临大河，不施蔽盖。"[②]刘锡藩《岭表纪蛮》载：东兰县苏仙村岩洞"有两棺平置洞口"。现在广西壮族聚居区还有把棺材暂放在岩洞里择日再葬的做法，有的就以岩洞作为墓地。另外，有些壮族人把装骨骸的陶罐放在岩洞里，即以岩洞作为二次葬的墓地，这当是壮族古代崖洞葬的遗风[②]。百色有首民歌，唱道："年轻人死了藏进岩洞，小孩死了填进深渊。"龙州壮族的传说："我们的祖先原是住在山洞的，后来人口多了，山洞不够住了，才分居到地上和树上；人们生时既然住在岩洞里，死后当葬回原处。"据不完全统计，到目前为止，广西已发现的岩洞葬有 138 处[③]。

广西岩洞葬有屈肢葬和二次葬。迄今为止，屈肢葬是考古材料所能证实的最古老的丧葬形式。在法国多尔顿（Dordogne）的拉甫勒西（La-Ferrassie）和科累兹（Correze）境内的圣沙贝尔（La Chapelle-aux-Saints）发现的旧石器时代中期莫斯特文化尼安德特人遗骸，均作蜷屈状，即屈肢葬式[④]。意大利格里马迪的恩芳洞中安葬的旧石器时代晚期奥瑞纳文化的格里马迪人（Grimaldi）亦为屈肢葬[⑤]。它们一般被认为是最早的人类有意识的丧葬行为。屈肢葬在欧洲、非洲、亚洲、北美洲的古代都盛行过。在我国的四川、云南、广东及台湾的一些少数民族也都实行或是残留这种葬俗。

---

① 吕大吉，何耀华. 中国各民族原始宗教资料集成（壮族卷）[M]. 北京：中国社会科学出版社，1998: 528.
② 周继勇，田丰. 广西左右江地区崖洞葬初步调查[J]. 江汉考古，1991, (3): 28-36.
③ 广西壮族自治区文物工作队. 广西先秦崖洞葬综述[J]. 广西考古文集，广西壮族自治区博物馆编[C]. 北京：文物出版社，2004: 192-212.
④ [英] 韦尔斯 H J. 世界史纲：生物和人类的简明史[M]. 北京：人民出版社，1982: 86.
⑤ 中国大百科全书总编辑委员会. 中国大百科全书[M]. 北京：中国大百科全书出版社，1986: 137.

关于屈肢葬的意义，多数学者认为这种姿势像胎儿在胎包内的样子，象征着人死后又回到他们所出生的胎里边去[1]。洗骨葬也是史前古人类埋葬死者的一种习俗，这种文化不仅分布于东南亚，而且环及整个太平洋沿岸，尤其是大洋洲和南美洲至今仍是洗骨葬分布的主要地区。近代学术界多数人认为洗骨葬是原始人的一种信仰。当时人们认为血肉是属于人世间的，必须等到血肉腐朽之后才能作正式的最后埋葬，这时死者才能进入鬼魂世界[2]。

汤惠生先生认为，二次葬实际上是"曝尸"形成的结果，其目的是去故就新，获得再生或是新生；凌纯声先生在分析了世界范围的洗骨葬后认定，这是一种出于对祖先崇拜而实行的葬俗[3]。因此，无论是"人从洞出"还是"死葬岩洞"的神话与习俗，都表现了骆越先民对祖先的崇拜。

现在，壮族民众中，祖先崇拜的现象也比较普遍。例如，壮族的干栏厅堂正中板壁跟前，立着一个高约五尺的长条形神台，神台下为八仙桌，是放祭祖供品的地方。神台往上是神龛，稍往里凹，有遮檐，壁上写"某某门历代宗亲考妣之神位座"。一年很多节日，祖先都可以优先享受香火。过去，壮族人若家有不宁，还可以通过巫婆去和某个死去的先人"通话"。大新县的有些地方特地在墙壁中留有祖先出入的神道，从门侧直通神龛，并禁止妇女站在神道出口[4]。广西武鸣县西北部和马山县东部一带的壮族先民认为，老人死后，留在家中的灵魂和送到坟墓的灵魂分别变为神和鬼，若活人经常祭拜他们，他们就会保佑家人，否则就会惩罚子孙三代，他们被供奉在堂屋神龛上，九代以后则进入村旁的社庙和社公同住。和社公一起享用村民祭拜，并保佑村寨人畜平安。

第三节 神 圣 空 间

左江的岩画之所以带给人很特别的感受，并不仅仅是因为它独具特色的图像、承载岩画的山川、与山川相依的河流、所在区域的风景等，还因为它们

---

[1] 高去寻. 黄河下游的屈肢葬问题 [J]. 中国考古学报, 1974, (2): 121-167.
[2] 夏鼐. 临洮寺洼山发掘记 [J]. 中国考古学报, 1949, (4): 71-137.
[3] 凌纯声. 中国边疆民族与环太平洋文化 [M]. 台湾：联经出版事业股份有限公司, 1979: 775.
[4] 梁庭望. 壮族风俗志 [C]. 北京：中央民族学院出版社, 1987: 80.

其实是一个共同体，一起形成了一个共同秩序中的神圣空间。因此，古人绝不是仅对岩画本身的崇拜，而是对神圣空间存在本身的敬畏。这个空间包括岩画以及空间中的山岳、河流等，它们一起组成的这个神圣场景显得那么突出，使它看起来最能够、最生动地体现整体中的神圣力量。在这个空间中，山川与河流用另外一种方式与观赏者进行交流，并传达一定的意义。

一、先民的"世界中心"

从多神信仰中我们看到，世界三分模式宇宙观很早就存在于骆越先民的思想观念中，并且先民和神灵之间试图通过各种办法保持着一定的联系。左江两岸承载岩画的山体，以一种通道的形式，使人间世界从一个宇宙层面到另一个宇宙层面的过渡成为可能；使圣地在空间的均质上形成了一个突破，成为宇宙的轴心。这个轴心周围环绕着世界（骆越先民的世界），于是，宇宙的轴心便成为骆越先民宇宙的"中心"。

山的形象经常出现在那种表述天国和尘世联系的图式中，因此，它被认为是处在世界的中心，如印度的须弥山，美索不达米亚的"土地之山"。这些神秘的山峰往往把尘世与天国联系在一起。《山海经》的地理观念也是四海之外有山。古巴比伦尼亚人认为宇宙是一个密封的箱子或是小室，大地是它的底板。大地四周有水环绕，水之外有天山以支撑天穹[1]。左江流域百分之八十以上的岩画临江分布，其他百分之十几的岩画虽然离江较远，但地貌及沉淀物特征表明，历史时期曾与河湖有关[2]，这就证明，岩画所在之地是山与水连接最紧密的地方。

左江流域处于亚热带季风气候区，雨季洪水暴涨，旱季缺水，洪涝或是干旱常威胁着人们的生命。左江流域东部有十万大山，南有公母山，西南横斜大青山，西北为西大明山，形如布袋。从北部湾冲来的强台风，越过十万大山之巅，在"布袋"中来回舒卷，使全年雨量的三分之二在六至八月泼向三万三千九百多平方千米的地面。加上岩溶地区特殊的水文动态变化，夏季暴雨常可使河床水位比平日水位上涨十余米，使沿江洪泛，百姓深受水灾之患。有些原已干枯的河谷、低地，也会受到突然来自地下暗河涨水的袭击，全村被

---

[1] [英] 丹皮尔W C.科学史及其与哲学和宗教的关系 [M].李珩译.北京：商务印书馆，1997: 32-33.
[2] 徐海鹏.广西左江流域崖壁画地区地貌条件初步分析 [J].广西民族研究，1987, (1): 30-38.

淹没，村民家破人亡。原来青山绿水、五谷丰登的地区，由于河流改道或流入地下洞穴、暗河，也可能在短期内变成一片荒滩。由此看来，这一流域的自然环境并不是十分好。

此外，左江地区地壳构造十分复杂，左江深切于断层谷地之中，天长日久，拐弯的河道逐渐成为行船危险地区。左江地区南部受南岭纬向构造带控制，东北部受新华夏系第二沉降带影响，西北受西北向构造影响，西部有康滇歹字形构造的干扰。区内断层节理裂隙十分发育，左江深切于断层之中，便成为深切曲流。断层多以西北向与东北向交会，因而河流呈 X 形弯曲前进，河曲十分发育。河曲凹岸处，河床急拐，上游水流直冲凹岸岸壁而来。在河流弯曲段，河道具有一种特殊的弯道环流（又称螺旋流），即在弯道里。自上游凸岸水面流至凹岸的汇聚水流，和从凹岸的河底向凸岸分散的水流，形成了一个连续的螺旋状的向下游移动的水流，因此，上游水流集中强烈地冲刷凹岸岸壁，使岸边砂石不断被带走，进入凹岸底部。巨大的石块停积在河床底部，部分中小砂石随横向环流堆积在凸岸。于是凹岸呈陡壁，凸岸不断形成漫滩阶地，曲流也进一步发育[①]。长此以往，左江拐弯的河道就变得十分危险。奇怪的是，左江临江的岩画点中有将近80%的岩画点处于江河的拐弯处[②]。考虑到骆越先民的信仰，就会明白，这些危险之地通常是水神的寄居之所，那么，处于左江及其拐弯处的山体，应该是最容易与地下和天界诸神沟通的，因为它们是不同宇宙层面的连接点，而这样的连接点只能处在一个"中心"。

当然，蹲踞式人形岩画的创作能够在左江持续很长时间，说明这里的环境还是适合人类居住的。左江流域属于丘陵山区，丛山延绵，丘陵起伏，大小江河贯穿其间。这里雨量充沛，植物生长繁茂，为远古人类生活提供了良好条件。从旧石器时代开始，这里就一直有人类居住。对于先民而言，临江而居，无论是寻找食物还是交通都很方便。他们常将聚落选择在河流转弯，或是大河小河的交汇处。这种背山面水的位置，通常聚落前面都有比较开阔的平地，如江西岸遗址位于扶绥县城西南，处在左江边的北岸，就有一舌形台地[③]。据调查，左江流域两种典型蹲踞式人形岩画点的对面几乎都有台地。河旁台地遗址附近的

---

① 徐海鹏.广西左江流域崖壁画地区地貌条件初步分析[J].广西民族研究，1987, (1): 30-38.
② 覃圣敏，覃彩銮，卢敏飞，等.广西左江流域崖壁画考察与研究[M].南宁：广西民族出版社，1987: 21.
③ 郑超雄.壮族历史文化的考古学研究[M].北京：民族出版社，2006: 71.

土地要比洞穴附近的土地肥沃得多，遗址所处河流，都是大拐弯的河面，比较宽阔，缓流的河湾，是鱼虾群聚的地方，也是其他水生物繁殖旺盛之处[①]。这些地方视野开阔，不但适宜居住，还为举行大型祭祀活动提供了场所。

在骆越民族心目中，宇宙的中心是一条既能上至神圣世界，又能下至地下世界的通道。这三种不同的宇宙层次——尘世、天国和地下，被置于密切的联系之中。"世界中心"在骆越先民心中是神圣的，它是天堂、人间和地狱连接的地方，是三界交汇之处；也是连接天堂和地狱的通道，被视为死者、生者以及诸神世界联系的地方。这个有神显的地方，因此也是真实的地方、特别具有"创造力"的地方，因为那里可以找到一切现实的能量和生命的源泉。

绘有岩画的左江流域就是骆越先民心中浓缩的小宇宙，载有岩画的左江两岸的山体是宇宙的中心，这是一个三界交合之处，也是三界最易沟通的地方。这一地区既可以给人们带来"生"的希望，也可以轻易把人们带向"地狱之门"。这种能够给人们带来生死的强大能量来自于另一个世界——神界，描绘在山体上的岩画则是先民期望在圣地与神灵沟通以获得神力的表现方式。骆越先民渴望与神界保持联系，并因此而获得生存的力量。

二、祖先灵魂聚集的圣所

左江先民一直有着"神人杂糅、灵魂不灭"的观念。他们希望家祖逝去后，其灵魂能够回到祖先的灵地与祖先们团聚。左江岩画所在的山崖既然是世界的中心，那么就是灵魂的通天之路，当然，这里也是灵魂最好的归宿。骆越先民的洞穴崇拜，以及承载左江岩画的崖壁上出现的众多裂缝和山洞的特性，似乎都与先民的灵魂回归圣地观念有关。

骆越先民之所以会选择那些充满岩洞缝隙的空间作为其祖先聚会的圣地，与广西独特的岩溶地质有关。广西的石灰岩分布尤其广泛，是世界上最重要的岩溶区之一，岩溶分布占广西总面积的41.75%。众多的岩溶洞穴成为广西自然地理的一大特色。宋人赵夔曾作《桂林二十四岩洞歌》刻于桂林南溪山穿云岩壁上。古人类学家裴文中先生曾指出："从地质地理条件方面看，广西更有发展古人类学的独特条件……在人类还没有能力修建房屋的原始时期，山洞就是

[①] 郑超雄.壮族历史文化的考古学研究[M].北京：民族出版社，2006：72.

人类居住的唯一住所……广西山洞特别多。"① 到目前为止，广西已发现旧石器时代晚期到新石器时代末期的洞穴遗址近百处，较著名的有柳江县通天岩、柳州白莲洞、桂林甑皮岩、那坡感驮岩等；发现的古人类化石有10多处，全部是在石灰岩洞穴中发现的②。另外，岩洞良好的居住性，也使它成为远古时期先民安居的首选。洞穴一方面非常坚固，可以抵御猛兽的袭击；另一方面冬暖夏凉，可以遮风挡雨，这些属性为先民生存和遗体的保存提供了十分有利的条件。因此，洞穴既是活着的人的安居场所，又是人类死后很好的灵魂安息之处。

现在，壮族聚居区的人们仍对岩洞十分敬畏，一般每一个村寨都对某一岩洞怀有特殊的感情，平时不敢随便进入其中，洞口长满葱郁的树木也无人敢去砍伐，只有在每年除夕，才可携带祭品前往洞中拜祭，祈求神灵保佑。因此不难想见，石山的洞穴在壮族先民的心中占有多么重要的位置。

左江先民选择左江两岸的崖壁作为祖先灵魂的回归之地并不足以为奇。在马山县，壮族人把出殡叫作"送魂上山"或"送魂上坡"。有的还叫"扶柩还山"。天峨把二次葬称为山葬。《达稳之歌》里唱到"送我上稔山"。壮族先民把山崖作为灵魂的寄托之所，所以壮族人的坟不在平地，多在山腰或是山顶，他们最喜欢将逝者葬在高山干燥的岩洞里，并且越高越好。有的地方还选一座多岩穴的山作为魂山③。由此看来，画有岩画的左江崖壁更像是骆越先民祖先灵魂回归安息的"灵屋"。

我国南方很多民族把祖先灵魂回归安息的地方称为"灵屋"。他们会在"灵屋"的墙壁绘上祖先像，或者简陋的绘画雕刻，也有的用一些"代用品"来标识死者，目的是让灵魂有所识别、有所凭借、有所归依。例如，西盟佤族马散窝努寨的氏族大房子就是祭典祖先的圣地。大房子里的壁画与沧源岩画非常相似。"灵屋"是祖先灵魂聚集之地，也是圣地。这种把圣地作为祖先灵魂回归之地的现象，在台湾的鲁凯族先民中也存在。鲁凯族先民称巴鲁古安为他们的圣地，并认为那里是他们历代祖先的灵魂归宿，所有经过那里的鲁凯人都要虔诚祭拜④。那里是集

---

① 黄体荣. 广西历史地理 [M]. 南宁：广西民族出版社，1985: 12.
② 蒋廷瑜. 广西原始社会考古综述 [A] // 广西壮族自治区民族研究所. 广西民族研究参考资料第四辑 [C]. 南宁：广西壮族自治区民族研究所，1984: 20-39.
③ 梁庭望. 花山崖壁画——祭祀蛙神的圣地 [J]. 中南民族学院学报，1986, (4): 18-23.
④ 高伟. 台湾少数民族 [M]. 北京：台海出版社，2008: 160.

先民与神祖之间理想化的神人沟通之地，他们身处一种集体表象和生命同一的混沌状态。因此，视者和被视者没有严格意义上的区分，是同一的。

三、祭祀鬼神的圣地

骆越先民通常认为自然界与人类社会关系密切，自然界的各个物种都因其独特性而被赋予了特殊的意义和效力。人们对山、石的崇拜由来已久，通常人们认为一些神灵就住在这些大山、大石之中。古代印度人相信土地神 Jotiba 和它的配偶 Yamamai 就住在巨石之中。把巨石大山当作神在大地上宫殿的意识相当古老，至今依然能够在不少民族的文化遗俗中找到痕迹。

（一）人神交流方式的演变

参考此前骆越先民的宗教信仰，可以由此推测，岩画创作者很可能把承载左江岩画的山体看成了神祖的居所。左江岩画点所处的独特位置，使其成为先民祭祀神灵，并与之交流的很好选择。左江流域的蹲踞式人形岩画在不同时期的风格，生动地展示了骆越先民与神灵交流方式的变化。

1. 神权时期

张光直先生在商周神话的研究中，曾对人和神交往的方式进行过讨论。他认为，早期人们对神仙世界的访问或人神之间的交往，是轻而易举的，人可以和神直接交往，人神杂糅；时代越往后，神仙世界越不易前往，这甚至成为完全不可能的事，只能通过巫觋这个媒介与神交流。壮族神话也显示了从世界始分天地，人神可以直接交往，到后来三界分隔，只有通过始祖布洛陀或上界的使者青蛙才能和神界来往的改变。

早期出现在岩洞岩石缝隙附近的、简单无序的很多蹲踞式人形岩画的组合，是对祖先以及神灵崇拜的表现。这时的先民处在一个神权的时代。在这个时代，先民经常会面对自然界的威力与压迫，感到无能为力，这时就会幻想在自然界的物体后面藏着超自然的神鬼，有意为难他们。这就可以理解为什么左江岩画点多在江边的拐角处等这些危险地区。因为这些地区的神灵更有威力，人们更敬畏他们，也更需要做些互惠的行动。

当骆越先民面对那些不可抗拒的自然力时，只有选择群落的集体力量来生存和生活。他们敬畏神灵，希望灾难不要降临在自己身上；并期望通过神人结体的方式寻求神的保护，抑或得到神赐予的力量。蹲踞式人形岩画是先民意志力和存活力两种力量的集合体，是神力的物化形式，先民希望借此在自然界中具有更强大的生存和生产力量，从而在艰难的自然环境里更具适应性地生存繁衍。

时代再往后，人和神之间交流越来越困难，他们只好借助一些特殊的力量来达到交流的目的。先民相信在他们中间有一种特别的"技术人才"，有特别的能力，能用一种特别的方式命令藏在物体后面的小鬼小神，让这些小鬼小神照着他们的意志去做事，这些"技术人才"就叫作巫，或叫作觋[①]。史前先民对圆梦师、先知者、预言家怀着尊敬和虔诚，因为这些像巫觋一样的人能够和决定他们命运的不可见的有着神秘力量的神灵、灵魂交往。

据学者推测，在原始宗教发展的初期，各地普遍存在着一个体巫术十分盛行的阶段。在那个阶段，许多人都能掌握巫的手段来与所信仰的神沟通并施以影响。巫觋和巫术不仅适应当时人们的思想认识状况，在人们各项生活中起到重要作用，而且成为人们争取生存、求得发展的重要精神支柱[②]。这个时期的左江蹲踞式人形岩画表现的不仅仅是祖先神，还出现了通过巫术仪式与神灵沟通的中介巫觋，他们相信只要采用一些合适的仪式就可以操纵某些超自然的力量，才能实现自己的目的。

2.神权与王权共存时期

当巫师逐渐获得氏族首领的身份和地位，并在更大的社会组织中形成占统治地位的巫觋阶层时，他们就成了新兴的权力阶层，神权与王权共存的时期也就到来了。

这个时期，大巫虽然还是作为神祖及先民之间的中介，但此时权力阶层已开始具备独立的力量，渐渐地不为神祖意志所左右，而具备了人王的意志。巫觋阶层逐步专业化，为以"通天地"的本领获得更大的社会权力的统治者服务。她（他）掌握着一个部落联盟或酋邦的政治、经济、族群、军事及事神等权力，集五权于一身。她（他）是大巫或神巫，也是中国历史上最早的智者群体和统治首领。这时的左江蹲踞式人形岩画出现了明显的大小对比，阶层区别。大的蹲踞式人形，有的还佩戴着宝剑，可能是开始拥有萌芽状态的王权、军政以及知识权力的巫觋。被夸大的蹲踞式人形，表达出人们对它的强调，突出了这个

---

① 徐旭升.中国古史的传说时代［M］.北京：文物出版社，1985: 77-78.
② 傅亚庶.中国上古祭祀文化［M］.北京：高等教育出版社，2005: 256.

象征符号的重要意义。

3. 王权时期

王权逐渐形成并与神权分离，骆越先民就更加强调祖先神的身份与地位，祖宗形象开始居首，祖先世界里的英雄人物，超自然世界中的神祇"人化"为传说历史上的英雄人物，成为祭祀主要对象。通过祭祀，后世之人可以回顾历史上曾经做过贡献的伟人与先人的英雄事迹。此时宗教祭典活动不仅仅是一种反映人们畏惧或迷信鬼神心态的现象，更多的是人们追思前辈英烈征服自然、为人类创造幸福的历程。

左江蹲踞式人形岩画符号和多个不同符号组合形成的一定叙事场景有可能是先民对历史事件的情境描述，而这个事件又是巫术或宗教仪式反复演绎的主题。创作这样的岩画是一种高强度的、有规划的、有组织的公众性工作，需要较多的人协作共同完成。他们完成这样大的工程不是为了个人或是几个人的某种目的，而是更加虔诚地为了氏族集团生存而举行的一种活动。

综上所述，不同时期的蹲踞式人形岩画，与大背景下人们思想观念的变化是相符合的。正身大的蹲踞式人形不只是代表巫师、祖先或是蛙神[①]，它的身份在不同时期是不一样的。左江岩画也不是在一个年代所完成的，而是经历了长时间的发展。创作者的思想观随着时间变化，经过了从"万物有灵"到以生殖神、祖神为核心的多神信仰，再逐步变化成"天人合一"的世界观，抑或强调人身依附关系的社会道德观的变化。这也是美术考古资料中反映出的，自旧石器时代晚期至东汉末年的人类世界观的变化轨道[②]。

（二）祭祀重地——社群

左江流域不同岩画点的蹲踞式人形岩画，是不同阶段的先民为了娱神、祭神而作的。这些岩画与承载它的山川、相伴的河流以及周围的自然景观，一起形成了一个个神圣的空间。这些岩画空间非常像中国古代的社，而不同时期的岩画所在之地更像是祭祀神鬼的社群，在这个神圣之地，凡上帝、天神、地祇及人鬼无所不祭。

---

① 岭雏. 左江流域崖壁画考察及学术讨论会纪要. 广西民族研究，1986, (1): 14-24.
② 俞伟超. 先秦两汉美术考古材料中所见世界观的变化 [A] // 王仁湘. 中国考古人类学百年文选 [C]. 北京：知识产权出版社，2009: 314.

这种社的源流，在时间上，起自新石器时代初期，一直延续到现代；在空间上，源于两河流域，南下到了东南亚。台湾和广西多保存有社的初型。太平洋的波利尼西亚和美拉尼西亚也有属于社的文化[①]。梁庭望先生说："左江流域是壮族地区的腹地……是最安全的地方。浔江、郁江容易受到楚的威胁，红水河乃滇桂交通水道。右江之西有古句町国，也是滇桂通道。相比之下，左江是比较安全的。所以唐代黄乾耀以这里为据点。侬智高也是先在这一带建立大历国地方政权，以后才拔邕州，乘船沿郁江东下。从历史上看，这一带除偶尔受交趾之扰外，是很少受中原及后来中央封建王朝势力干预的，可谓壮族祖先的大后方。以这一带为祭神圣地，颇有战略眼光。难怪明代以前，汉文史籍无一字提及花山崖壁画。"[②]至此我们也终于明白为什么在方向上，左江岩画的画面大部分朝南或基本朝南，一部分基本朝向东、西，基本朝北的很少，而朝向正北的目前还没有发现。南、北是一对相反相成的方位词，南向阳，北背阴。万物生长靠太阳，由于人们对太阳的崇拜，因而有南尊北卑的习惯，中国古代帝王之位南向，南面为称王称帝的代称。帝王祭天也在南郊。相对南面称帝北面为"臣"，并且北在军事上还常与"败北"相连。左江岩画点既然为古骆越人的社，当然不能让岩画面北了。

　　这种祭祀神灵和祖先在同一地方的遗俗，至今依然能够在台湾万山部落的少数民族中看到。台湾万山部落的灵屋有时也是部落神明居住的房屋，它是传统信仰和祭祀的中心。部落的丰年祭奠仪式在灵屋举行，选祭司等大事，也是在灵屋进行。东鲁凯群举行宗教祭仪，也要从灵屋祭祀开始，因为象征神明的物品就置放在屋内。好多部落的灵屋是专属男性祭祀的地方，在出远门、狩猎、出草或是任何比赛出发前都先要到灵屋，求助神明赐予能力和庇佑。显然，左江岩画点是骆越先民宇宙观中"世界中心"的圣地，也是骆越先民祖先回归的圣地；是骆越先民祭祀鬼神的圣地，更是骆越先民心中的圣地。它就像是一个有着多种功用的神圣空间。

　　总而言之，对左江岩画的研究虽然已经超过了半个世纪，但是人们由于过多地关注了岩画图像的本身，而忽略了先民对岩画的地点、空间、承载物的特征以及周围环境形态选择的意图。左江岩画分布点的岩石和山川是暗示神灵、

[①] 凌纯声. 中国边疆民族与环太平洋文化[M]. 台湾：联经出版事业股份有限公司，1979: 1447.

[②] 梁庭望. 花山崖壁画——祭祀蛙神的圣地[J]. 中南民族学院学报，1986, (4): 18-23.

祖先与之交流的信息来源之所，也是生者的希望、需要和他们与上天、与祖先进行交流思想的地方。那些经过选择而作为被崇拜的地方正是神灵和先民交流的地点。每一个新的仪式都是为了确认和加强这个地方的神圣。圣地的周围，也就是岩画点，成为圣人、先知开展活动的地方。各种史前活动就这样使这些地方成为人们聚会的地方和朝拜的目的地，在这里，一代代的仪式在庆祝，新的神话和传说也在不断增加。左江岩画点给了这一地区的景观一种特殊的神圣价值。这种力量为什么会形成？是因为先民的思想观念，当地的族群所经历的特定历史事件，甚至巫师的特定的形象和视觉幻象都扮演着重要的角色。因此当我们考虑岩画符号的分布时，一定要考虑其分布地点的自然位置的特殊性，这也许能回答为什么古代的作画者要选择将此地作为绘画点。

第五章

独特的左江蹲踞式人形岩画

作为一种"压缩的模型",左江蹲踞式人形岩画包含了比现实某物更多的内容,它既包含着一种普遍的意义,透露着人类的强烈情感,同时为了达到这些目的,它需要是一个不脱离个别,又不完全等同于经验中的个别,并保持着自己鲜明特点的有意味的形式。

第一节 左江蹲踞式人形岩画的独特性

"蹲踞式人形"是史前艺术中的一种重要表现题材,它曾普遍存在于世界各地的岩画中。我们只有把左江蹲踞式人形岩画同与其相近或是相邻地区的有关岩画加以比较,才能更好地把握它的本质及特性。

一、国外蹲踞式人形岩画的分布

蹲踞式人形岩画在世界上的分布范围比较广泛,展示的是具有复合经济族群特点的艺术。复合经济族群主要从事农业和商业,他们是耕作者,其生活和活动以季节的转换为节奏。他们的艺术风格常表现为两类:一类是场景,题材是具有神话色彩的片段或是取自日常生活的片段,这种日常生活对应基于农业、打猎、捕鱼、饲养家畜的经济体系;另一类是以记号和抽象题材为构图的句法,相对应的经济行为经常为采集块茎、浆果,并食用蜗牛、海物及其他类似的野味。

最早表现出复合经济艺术特点的地区是叙利亚—以色列—巴勒斯坦地区,随后在中国的黄河、长江流域也逐渐发展起来并开始扩散。墨西哥奥尔梅克人和玛雅人之前的文化,以及安第斯山区之前的文化,也显示出具有复合经济族群的特点的艺术。另外,在印度河和湄公河谷以及巴布亚新几内亚一些河流附近,至今仍有复合经济族群艺术形式出现。复合经济社会以三个摇篮——中东、远东和中美洲为出发点,开始了对全球的征服[1]。蹲踞式人形岩画也主要分布在以上这些地区的部分国家。

---

① [法]阿纳蒂 E. 艺术的起源[M]. 刘健译. 北京:中国人民大学出版社,2007:443-445.

（一）地中海地区的蹲踞式人形岩画

地中海嵌入了世界上最广袤的陆地：欧、非、亚大陆，在这里一切都显得早熟[①]。在北非，撒哈拉是岩画最集中的地方。一些蹲踞式人形岩画出现在摩洛哥、阿尔及利亚、利比亚采集者时期的岩画中（图5-1）。它们的"蹲踞"特征不是很明显，而是一些超现实的画，画面充满了幻觉和隐晦的信息，被称作"大精灵"。人们认为，这是个超自然的生灵，呈人字形状，面孔上没有眼睛，也没有别的细节，好像表现艺术家作画时处于幻觉状态。

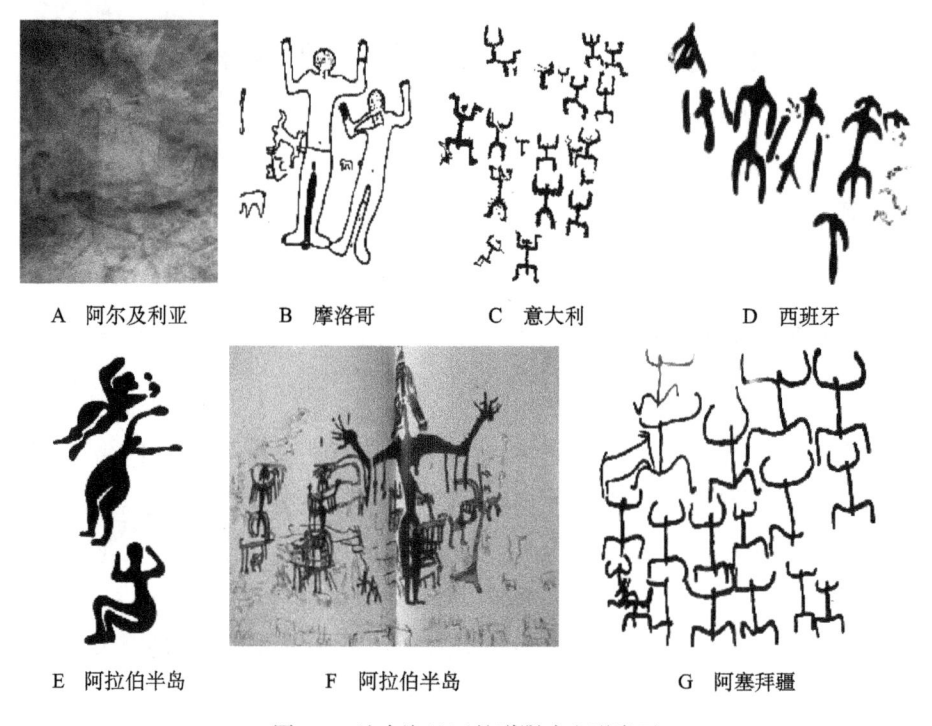

A 阿尔及利亚　　B 摩洛哥　　C 意大利　　D 西班牙

E 阿拉伯半岛　　F 阿拉伯半岛　　G 阿塞拜疆

图5-1　地中海地区的蹲踞式人形岩画

资料来源：[法]阿纳蒂 E. 艺术的起源[M]. 刘健译. 北京：中国人民大学出版社，2007

在欧洲，意大利的卡莫诺山谷是蹲踞式人形岩画最集中且数量最多的地方。这里的蹲踞式人形岩画呈现明显的年代序列。早期的蹲踞式人形岩画是棒状的，呈现出表现主义风格；此后，则发展成为自然主义风格的各式蹲踞式人形。西班牙莫雷纳山的岩画是红色细小的蹲踞式人形，它们一般在公元前七千年之后，

[①] [法]布罗代尔 F. 地中海考古[M]. 蒋明炜译. 北京：社会科学文献出版社，2005：14.

出现在欧洲数个地区最初的农业社会中。

在中东阿拉伯半岛中部，不同的种族生活在这里。他们创作的是岩石雕刻的蹲踞式人形岩画，有些属于"椭圆形头颅"风格的女性图案，另有一幅大型的岩画，表现的是蹲踞式女神形象和动物的岩画，产生于约公元前一千年[①]。阿塞拜疆是连接欧洲与中东的桥梁，这里有复合经济初期的被归为古老新石器时期的一群祈祷的蹲踞式人形岩石雕刻像。

（二）大洋洲地区的蹲踞式人形岩画

太平洋是世界上部落艺术的主要中心之一。蹲踞式人形主要分布于澳大利亚，还有一些则分布在太平洋边缘的夏威夷群岛、马克萨斯群岛和新几内亚岛上。当地的雕塑、纺织品以及树皮画都表现出蹲踞式人形的文化特质。这里的史前艺术已历经了成千上万年，而流传下来的艺术的习惯势力还在影响着现代艺术的风格。

如图5-2所示，澳大利亚最有特点的岩画分布在西北部到东南部这个弧形地区，蹲踞式人形主要存在于X线与米米风格的岩画中。"米米风格"延续过一个悠久的历史时代，早于"X线风格"，是早期比较普遍的风格，它以红色为主。中心主题有战斗、打猎、舞蹈等，形象非常符号化。最有代表性的作品是以优美的线条画成的，正在做各种活动的小人形，动感十分强烈。

"X线风格"的形象有点像X光线的透视图。作者不以描绘物象的外形为满足，而是要以解剖的方式显示五脏的内在形态和精神。分布在安海姆的，X线风格的蹲踞式人形岩画，主要由复杂的图案构成。题材种类丰富，特别是神话类和神奇类岩画尤其多。有些岩画是有叙事性的场景，表现了超乎寻常的想象力。澳大利亚南威尔士的人形就相对简单些，没有复杂的装饰性的线条，多了几分简洁性，却与我国广西左江岩画中的同类主题有着惊人的相似之处。

（三）美洲地区的蹲踞式人形岩画

据学者研究，部分古人类最初是通过白令海峡到达美洲这块土地的。在新的移民浪潮到来时，他们不断把落后的族群赶向南方。从南北美洲的西部海岸，到麦哲伦海峡都分布着上百万幅岩画和岩石雕刻画。其中岩画分布的密集区，

[①] ［法］阿纳蒂 E. 艺术的起源［M］. 刘健译. 北京：中国人民大学出版社，2007: 234.

A 澳大利亚
祈祷（米米风格）

B 澳大利亚奥兰格恶魔
纳门瑞克与纳马干闪电人（X线风格）

C 夏威夷群岛岩画

D 马克萨斯群岛
人与犬岩画

图 5-2 大洋洲地区蹲踞式人形岩画

资料来源：盖山林.世界岩画的文化阐释[M].北京：北京图书馆出版社，2001；陈兆复，邢琏.外国岩画发现史[M].上海：上海人民出版社，1993

以及风格延续时间最长的岩画，都位于从不列颠哥伦比亚省到智利的西部海岸。它们是古人类留给现代人的一份珍贵的艺术品。

北美洲的蹲踞式人形岩画分布在西北海岸，以及加利福尼亚和得克萨斯州。在西北海岸沿河、海滩的圆石或石板上，古人类用红色颜料绘制了很多蛙形人。如图 5-3 所示，它们有着硕大的头颅、弯弯的四肢、突出的胸腹。有的蛙形人头部是圆形的，两只眼睛是两个同心圆；有的蛙人不仅形体小，两只眼睛还是两个简略的小圆圈，一根曲线就代表了嘴；另有一些蛙形人的头脸表现得更加简率，只用两个小圆点和一根短线。大多数蛙人的手指是三根，脚趾均无清晰的刻画。蛙形人腹部的纹饰几乎没有雷同：有的是平行曲线，有的标出两乳和肚

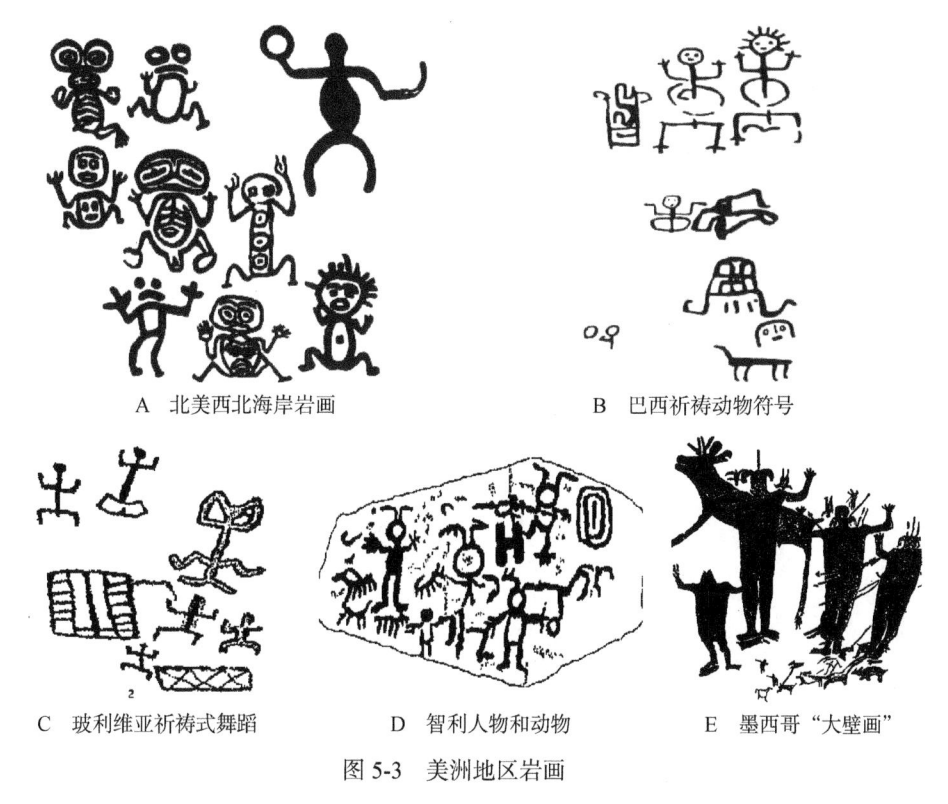

A　北美西北海岸岩画　　　　　　　B　巴西祈祷动物符号

C　玻利维亚祈祷式舞蹈　　D　智利人物和动物　　E　墨西哥"大壁画"

图 5-3　美洲地区岩画

资料来源：盖山林. 世界岩画的文化阐释［M］. 北京：北京图书馆出版社，2001

脐，有的用线条勾出了肋骨，有的就刻上一个人面，有的索性就是空白，有的头上是像太阳光一样的放射线。岩画中还有些人体刻画，这些普通的人体比起蛙形人的线条和构图都明显简略。双臂是一条连贯的粗线，双腿的刻画只是一个半圆，就连躯干也是一个椭圆形的块面。在美国西南的加利福尼亚以及得克萨斯州，蹲踞式人形岩画被称为方肩人物，实际上是运用方形块面来表示躯体的一种表现风格。通常，它们很高，有的达到两到三米，躯体占了身高的四分之三，并发出很多的放射线。这些岩画属于近晚期风格。

令人奇怪的是，美洲大陆上最古老的岩画艺术品却在巴西的格伊亚斯州的北部。看来，史前艺术家或许是在停止迁移之后才开始作画的[1]。南美洲的岩画风格多样。在巴西东北部发现的最古老的狩猎民族的岩画是用红色颜料涂绘的。蹲踞式人形有棒状的，也有装饰性的，并且还出现了手印和抽象的伴生符

---

[1] ［法］阿纳蒂 E. 艺术的起源［M］. 刘健译. 北京：中国人民大学出版社，2007：289.

号。玻利维亚和智利的蹲踞式人形风格也不尽相同，从表现性到再现性的都有。特别是下加利福尼亚半岛的圣波尔西达山脉有一幅被称为"大壁画"岩画长廊，蹲踞式人形非常有特色。它们使用红、黑两种颜色画成，人形风格与美国西南岩画相似。长方形体态的巨大的人形密集，头部有些有装饰物，符号组合为轶事场景形式①。

（四）东南亚地区的蹲踞式人形岩画

在韩国、日本，以及东南亚的菲律宾、马来西亚、印度尼西亚等国家，蹲踞式人形岩画（图5-4）都是当地岩画中非常重要的一部分。

A 韩国　　　　B 日本　　　　C 菲律宾

D 马来西亚死亡之舟岩画　　　E 印度尼西亚岩画

图 5-4　东南亚地区蹲踞式人形岩画

资料来源：李洪甫.太平洋岩画——人类最古老的民俗文化遗迹[M].上海：上海文化出版社，1997；盖山林.世界岩画的文化阐释[M].北京：北京图书馆出版社，2001；刘其伟.菲岛原始文化与艺术[M].台北：六合出版社，1972

韩国岩画分为早期和晚期。蹲踞式人形岩画产生于早期的新石器到青铜时代。采用凿刻的方法，用线描绘出男性和女性舞蹈者，它们的外形比较程式化，

---

① 李洪甫.太平洋岩画——人类最古老的民俗文化遗迹[M].上海：上海文化出版社，1997：378.

富有一定的韵律美。伴生符号有太阳神、人足迹、圆穴、星辰、网、船和木栅等，对太阳神的崇拜远在其他各种崇拜之上。

日本的富勾佩洞窟岩画也有很多的蹲踞式人形，它们绝大多数是用石器或其他坚硬的东西磨研雕刻而成，只有个别是用阴刻线刻出的外轮廓形。绘画手法有线描和和涂绘两种，有些人形头部有很多装饰，腿比较短。在符号的组合上有很多是复杂组合。日本富勾佩洞窟岩画被认为距今约有四千年，延续时间比较长。这个洞窟是远古先民举行祭祝活动的圣地，与萨满活动联系紧密。

1965年，普尔塔（Perlta）教授在安珂那洞窟发现了菲律宾的岩画。记录材料中只有一幅图，没有更多的说明，所以我们只能看到蹲踞式人形的外轮廓，关于它的符号组合形式以及具体的画法、年代还不是很清楚。不过，我们可以看到岩画主要表现的是一种倒梯状的，有着表现性风格的蹲踞式人形，伴生的是具有象征意义的生殖符号。

马来西亚岩画用的是涂绘的手法，它广泛地分布于东部和西部洞窟之中，但也有的被描绘在岩荫处。在东部沙拉瓦克（Sarawak）的一座名叫尼阿的岩山洞窟中，发现了新石器时代的模糊的红色岩绘。画面内容是一些在船上高举双手或拉着手的倒梯状蹲踞人形，它们被称作"灵魂之舟"。这种船形符号与古代的葬礼有关，船上的人是要被送到彼世的亡灵。印度尼西亚的洞穴岩画经历了从旧石器到金属时代的漫长历程。蹲踞式人形风格多样：既有线描的图案化的动物状人形，也有以图绘为主和线面结合的，表现性风格的祖先神像。伴生符号主要有手形、脚形、眼睛、女阴、鸟、蜥蜴、太阳和船等。

二、国内蹲踞式人形岩画的分布

在我国，蹲踞式人形岩画出现的时间相对于国外要晚些。整体岩画风格比较单调，符号组合没有国外丰富，作画持续的时间也没有国外长。但是，在岩画后期的发展过程中，我国蹲踞式人形岩画无论在伴生符号的数量还是符号组合的形式上都表现得极为丰富，并呈现出强烈的地方性和民族性特色。

中国的蹲踞式人形主要集中分布在西南岩画系统的广西、云南和四川，这三个地方无论是在地域还是历史上都有着千丝万缕的联系。东南岩画系统中的福建华安仙字潭岩画，是中国有记录的最早的岩画，一直以来，在学术界都比较受关注。它众多简化的蹲踞式人形，到底是文字还是岩画常成为争论的焦点。珠海宝镜湾的蹲踞式人形岩画数量相对福建少些，主要分布在宝镜湾藏宝洞的洞壁上，与著名的"载王之舟"在同一幅画面；台湾万山岩雕虽然只有一幅蹲踞式人形岩画，但由于其画面复杂，装饰华丽而尤其引人注目。北方草原蹲踞式人形岩画比较多，分布较散，延续的时间也相对长一些。

（一）我国西南地区的蹲踞式人形岩画

特定的自然地理条件，使得稻作农业成为我国西南地区的主要生产形态。人的能动性得到强调，社会活动及后来出现的阶级关系是先民关注的中心。因而，人形岩画成为西南方岩画最重要的主题，并且岩画创作年代也普遍晚于北方。伴随蹲踞式人形岩画出现的符号，多数是代表自然崇拜的天体图像、抽象符号和一些动物图像。因为宗教中一些超验性观念，图像多呈现程式化，较多表现了意识形态的一些活动，有着很强的叙事性（图5-5）。

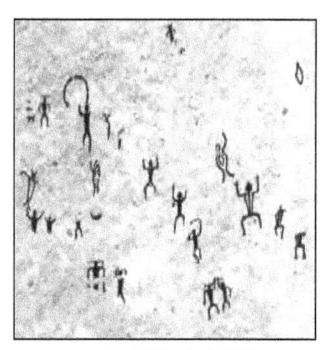

A 云南元江它克岩画　　B 云南麻栗坡岩画　　C 四川珙县岩画

图 5-5　我国西南蹲踞式人形岩画

资料来源：邓启耀.云南岩画艺术［M］.昆明：云南出版集团公司，2004；于锦绣，杨淑荣.中国各民族原始宗教资料集成［M］.北京：中国社会科学出版社，1996

云南沧源岩画被认为是出于宗教性与原始记事性的动机而创作的。它的符号丰富，场景句法较多，采用一种指示性或是借喻性质的修辞方法，并用"鸟瞰法"的手段表现村落或是狩猎图。有一些是简单的组合，如单个人形符号与一个伴生符号或一个人形组合，或者单一人形以左右为方向分层排列。复杂组合是几个符号间的组合，人形装饰物较多，形态没有侧身，多为正身；不注重掌握各部分身体比例，很多人形的腿部短，手臂过长；人体是用线或是涂绘方式画成的简单的倒三角形；图像较小，但是四肢部分画法变化较多，双臂有时高举，有时下垂，或只举一臂。

四川珙县麻塘坝岩画与崖壁上的悬棺葬有着密切关系。崖画与悬棺葬距地面的高度为十几至几十米。画形较小，最大的人像不超过30厘米，采用平涂方法。表现人物时，一般不画面部，而是着重表现四肢的活动。身体为倒三角形或椭圆形，线条较柔和流畅，人体部位的比例较匀称，能现出人体的曲线，显然，绘画技巧比较成熟。僰人崖画的符号比较丰富，有很多圆形，还有骑在马上扬鞭奔驰，立于马背手持各种器械作各种姿态的人形，反映的是当地人养马业的发达和骑术的高超，但是符号组合之间好像没有联系，缺乏叙事性。麻塘坝岩画被认为是汉晋至宋明时期人的作品，生活气息很浓厚，再现了死者生前的生活情景，或是后代人对死者的崇敬、怀念及赞扬死者的功业。

（二）我国东南地区的蹲踞式人形岩画

东南沿海系统岩画多濒临河海，在这种环境下产生的岩画多反映了人与海洋之间的文化关系。蹲踞式人形岩画在东南沿海的分布点比较少，主要在福建的华安、珠海的宝静湾及台湾的高雄。它们的制作方法主要是凿刻，艺术风格带有抽象化和符号化倾向，岩画内容多与宗教祭祀有关，伴随的符号也多是海洋文化元素（图5-6）。

华安仙字潭岩画位于华安汰溪仙字潭的北岸，高约30米，长约20米的岩壁上。这里河道弯曲，水流较深。仙字潭岩画中的蹲踞式人形属于线绘，画面

A 福建华安仙字潭岩画　　　　　B 台湾万山岩雕

图5-6 我国东南蹲踞式人形岩画

资料来源：陈兆复.中国岩画发现史[M].上海：上海人民出版社,1991；李洪甫.太平洋岩画——人类最古老的民俗文化遗迹[M].上海：上海文化出版社,1997: 209

组合排列讲究，分散为数组。蹲踞式人形岩画似有男女性别差异，有些有首无身，有些有身无首，伴生的符号有人面相，以及一些抽象的符号。华安仙字潭岩画制作手法除了凿刻，还有一些是用磨刻手法制成的。这种凿刻再加上研磨的技法是新石器时代岩画的制作技术特征。因此在华安仙字潭岩画的断代上，盖山林认为是新石器时代的作品[①]。在唐代的一些记载中，岩刻的内容被认为是当时镇压恶魔的咒语。现代学者认为是一幅记录征战的图像文字，各个部分或表现了杀戮俘虏而举行的祭祀，或是描述激烈的战斗和征战后的狂欢[②]。

珠海宝镜湾岩画于1989年被发现，蹲踞式人形岩画与著名的"载王之舟"分布在宝镜湾藏宝洞的东壁上。藏宝洞因江洋大盗张保存而得名，张保存抢劫的财宝相传藏于南岛之上。藏宝洞岩画分别为东西两壁，东壁岩画中心和最高部位是两条上下叠压组成的船，船中轴线上刻着一个头戴羽冠、面无轮廓的人形。船首右侧有一无轮廓的人面，在冠饰上还有几个圆穴。在这两首船的下方是一组蹲踞式人形的舞者，舞人脚下是一组花纹繁缛的群舟。藏宝洞西壁岩画上的"王者之舟"的形制与东壁相似，两头尖翘，船体有装饰。另外，在藏宝洞的左上方还刻有犬、船相间的图案。宝镜湾岩画被发现后，考古工作者在岩画所在的山坡和附近的沙丘上采集到陶片、石网坠和石锛等。多数专家认为，宝镜湾岩画年代与遗址有内在联系，岩画应是同一时期内不同阶段的产物。其中，"大石坪""天才石"属于新石器时代晚期，距今约4000年；藏宝洞岩画则是广东青铜时代的产物，时代可能不晚于春秋时期[③]。

台湾的万山岩雕分布在高雄县茂林乡万头兰山附近的原始森林中。岩雕的承载体是一片接近水源倚靠着绝壁的平缓坡地。岩雕采用琢制法。万山岩雕有三个岩画点，蹲踞式人形是孤巴察峨岩画的主要内容。伴生符号有人头、重圆纹、圆涡纹、对称倒挂式的曲线纹、蛇纹、曲线、凹坑以及密密麻麻的凹线和凹点。人像全身都是用敲凿的线条表现，被认为是母性或是双性。万山岩雕是农业初期、狩猎兼采集生活的延续，代表了台湾排湾族木雕文化的古型，特别是鲁凯族本身的古代文化[④]，如百步蛇崇拜、太阳崇拜等。祖先崇拜岩画的关系

---

① 盖山林. 福建华安仙字潭石刻新解[A]//福建省考古博物馆学会. 福建华安仙字潭摩崖石刻研究[C]. 北京：中央民族学院出版社，1990: 163-174.
② 林蔚文. 福建华安仙字潭摩崖石刻再探[J]. 美术史论，1987, (2): 64-69.
③ 李世源. 珠海宝镜湾岩画[M]. 北京：文物出版社，2002: 40-156.
④ 周菁葆. 丝绸之路岩画艺术[C]. 乌鲁木齐：新疆人民出版社，1993: 664.

尤为密切。万山岩雕属于环太平洋岩刻，并表现出百越文化的特质。

（三）我国北方地区的蹲踞式人形岩画

关于北方岩画中蹲踞式人形的解释很多，多数研究者认为是生殖图和舞蹈者，其年代被认定为是从新石器时代到青铜时代。盖山林根据岩画场面和造型不同，把它们分为操练舞、杀人祭神舞、狩猎舞、群舞、生育舞、战争舞等，这些舞蹈根据含义又可分为表现性和再现性两类[1]。阴山岩画中的蹲踞式人形再现性风格较多，绘画技法既有线描又有块面，人形比例基本准确，四肢灵活，充满动感；人物的腿部像汉字的"出"字，伴生符号主要是动物，其他符号较少，符号组合的三种方法基本上都有出现（图5-7A）。贺兰山岩画中蹲踞式人形比较特殊，多数是半人半兽的表现性风格（图5-7C）。巴丹吉林岩画突出了人形的装饰性特点（图5-7B）。

新疆呼图壁康家石门子的蹲踞式人形岩画非常有特色。在构图上与左江岩画有一定的相似性，都重在突出表达某一个主题。在环境的选择上比较特殊，岩画所在山体，山势雄伟，山的颜色为赭红。在四周的青山蔓草中，显得十分醒目（图5-7D）。康家石门子岩画被雕刻在高二三百米的赭红色的秃石山上，在这一区域的乾石山底部，有渗流出的滴滴清泉，这是一个不同于一般山地的环境。

康家石门子岩画在规模上呈现大、集中、程式化的特色。岩画面积达120多平方米，布满了大小不等、身姿各异的蹲踞式人形，最底部的高2.5米以上，最上部的高10米左右，人像有的大于真人，小的却只有10～20厘米。女性脖颈细长，胸部宽大，细腰，臀部肥硕，两腿修长，小腿微弯，一臂上举，一臂下弯；男性面部轮廓比较粗犷，下颚较宽，胸、臀不如女性肥硕，生殖器夸张。岩画语言结构复杂具有一定叙事性。对于岩画中一种比较特殊的一体双头和人形腹部绘制一个人头的形象，王炳华先生认为其是受"由男性怀子决定生殖的生育观念"的影响，并认为康家石门子岩画是公元前700～前500年左右活动在天山一带的塞人（又称斯基泰人）为表现生殖崇拜所遗留下的[2]。通过与国外考古文化的比较，汤惠生先生得出，康家石门子岩画中一手上举、一手下垂

---

[1] 盖山林.世界岩画的文化阐释[M].北京：北京图书馆出版社，2001：127.
[2] 王炳华.新疆天山生殖崇拜岩画[M].北京：文物出版社，1990：11.

A　内蒙古阴山岩画　　　　　　　　B　内蒙古巴丹吉林岩画

C　宁夏贺兰山岩画

D　新疆康家石门子岩画

图 5-7　我国北方蹲踞式人形岩画

资料来源：宋珍妮. 中国岩画图案［M］. 上海：上海三联书店,1997．

的蹲踞式人形为生殖女神，并认为岩画的创作时间为新石器时代晚期或是青铜时代[①]。

三、左江蹲踞式人形岩画的独特性

为了清楚左江流域蹲踞式人形岩画的风格，必须把它和与其相近或是相邻地区的有关纹样加以比较，这样可以看出某些历史条件对原始民族的艺术特色

---

① 汤惠生. 原始艺术中的蹲踞式人形研究［J］. 中国历史文物，1996, (1): 3-18.

起着决定性的作用。

（一）左江蹲踞式人形岩画与国外相似岩画的比较

从世界范围内看，左江蹲踞式人形岩画与广阔大陆上的蹲踞式人形岩画一样，有着几乎相近的技巧、相同的颜色（特别是红色）、相同的组合类型，具有相同的逻辑基础和相同的符号图案以及表意文字系列。同时，左江蹲踞式人形岩画与世界范围内的蹲踞式人形岩画相比较而言，也存在着因时因地而制宜的小差异。

1. 作为一种符号

左江岩画中蹲踞式人形最大的特点是简洁、程式化。创作者试图隐藏事物的实在性，去除不必要的细节，在制作时并不追求线条的准确，只考虑整体而把细节置于次要的地位。

左江蹲踞式人形岩画全部无一例外的上肢高举、下肢弯曲，不但形成了强烈的对称与韵律感，而且突出了"蹲踞式人形"的外观表现特征，使其成为一个简洁的、可直观把握的概念性形式，强调了它的永久性。这种表现形式包含了更多的内容与意味，使"蹲踞式人形"成为一个有机整体的艺术形象和一种情感符号。另外，左江岩画中的蹲踞式人形符号大小比例丰富，最小的为60厘米，最大的能达到3米，一般比较大的也在1.5～1.9米，可与墨西哥巴雅岩画相媲美。而且，左江岩画中蹲踞式人形符号虽然是按一套既定的程式组合而成，但在服饰、发型、手指以及动作上却有很多差别，进而造成了个体之间的差异，并大大增强了蹲踞式人形符号的多样性和丰富性。

2. 作为一种符号组合

左江岩画中蹲踞式人形及其伴生符号，几乎涵盖了从简单组合到轶事场景的各种句法组合方式，尤其是轶事场景句法全面展示了左江蹲踞式人形的风格特征。

各种蹲踞人形和丰富的伴生符号通过蹲踞式人形的大小、对比、透视等构图规则，被安排在空间的上下左右。它们之间并不是简单的相加关系，而是一个有着密切联系的有机整体。画面在呈现出纵深、动感的同时，也因人形的程式化而表现出强烈的空间秩序感，营造了一个规模宏大、气势雄伟的场面。时空在这一刻看似静止，但它表现出的意味形式却满足了观看者误读和期待的主观感受，并最终达到了它的预期目的。

更要引起我们注意的是，在国内外岩画的比较中，我们还看到左江蹲踞式人形岩画与现今南岛语族中的蹲踞式人形岩画，不但在形制上有着很强的相似性，而且连很多伴随的符号都一样。华南与太平洋岛屿相距万里，但岩画中却有着相似的蹲踞式人以及伴生符号，揆诸现实，除了考虑到它们之间相似的气候、地理位置外，文化传播的可能性也不能被排除。

（二）左江蹲踞式人形岩画与国内相似岩画的比较

1. 北方岩画

广西左江岩画属于西南岩画系统，是一种稻谷经济文化的产物。它与属于草原游牧文化的北方岩画有着很大的差异。我国北方岩画分布地点不集中，总体上产生的时间较早。因地域广阔，游牧民族经常驰骋在草原，逐水草而居，处在一种流动性的生活状态，与动物形成了一种特殊的亲密关系。因而，一幅岩画上的人物往往很少，伴生符号中的动物形象比较多，很多时候动物要比人物刻画的还要大。岩画具有动感、写实的特性。画面构图较松散，透视纵深效果不强，一般是通过线条的纵横、缓疾、疏密、交叠变化或适当的线面结合体现形体的变化。

2. 东南岩画

左江蹲踞式人形岩画与东南沿海的蹲踞式人形岩画相比较，两者在涂绘内容上高度相似。两个区域的蹲踞式人形岩画分布都比较集中，蹲踞式人形的表现风格甚至有某种体系的一脉相承性。但两地岩画的差别也很明显，左江岩画的制作方法是用红色涂绘，东南沿海岩画的制作方法是凿刻。东南地区的岩画整体上还有抽象化和图案化的特征。这或许与它是以渔捞业为主的海洋文化产物有关吧。

3. 西南岩画

左江岩画、云南沧源岩画及四川珙县僰人岩画同属于西南岩画系统。三者由于产生的自然地理环境相似，加之民族的迁徙与文化交流，三地岩画在形式特征上有很多相似之处。首先，岩画造型都是以蹲踞式人形为主并伴随各种不同符号来传达一定信息。制作材料多是用单一的红色颜料，采用涂绘的方法绘制而成，绘画技巧用的是剪影的方式。其次，岩画承载体几乎都是露天、陡峭的崖壁，且崖体与水源很近。因而，这些因素决定了它们在岩画风格上的相似性。

当然，具体到各地的民族和地域特性，左江蹲踞式人形岩画还是与云南、四川岩画存在很多地方风格的差异性。左江蹲踞式人形岩画分布点有 81 个，延绵 200 多千米，整体制像模式表现出极大的统一性与整体性。云南、四川的蹲踞式人形，虽然腿部都呈弯曲状，但是弯曲程度不太相同，并且双手有的全部上举，或者下提，再或一手上举一手下提，而左江岩画中的蹲踞式人形，无论正面或是侧面，腿部下弯多数呈九十度，双手则是全部上举；此外，左江正面蹲踞式人形岩画多数不著尾，不似其他地方的蹲踞式人形岩画，还有著尾与不著尾之分；而且，左江蹲踞式人形岩画表现的内容也不像云南沧源、四川珙县岩画那样，有狩猎、放牧、村落、战争、舞蹈、祭日等内容，它的题材几乎是千篇一律，没有太多的变化。

（三）左江岩画中独特的"蹲踞式人形"造型

在左江蹲踞人形岩画中，有一种正面"平头顶"的蹲踞式人形非常引人注意。它在左江各个岩画点都有出现，尤其是在左江的下游出现较多，并且，还多处在画面突出位置。多数专家认为它表现的是古越族的"剪发"。但如果是表现剪发的话，头顶不一定也要画成"平顶"，所以从画面看这应该是创作者有意为之。

另外，一种体形呈中间细两头粗的"束腰状"蹲踞式人形，是左江蹲踞式人形岩画的另一独特造型，它具有很强的民族风格。这种体型的蹲踞式人形岩画数量比较少，但却有着特殊性。它较多表现的是有装饰的蹲踞式人形，处于画面主要位置，体形较大。尤其是在伴有刀剑或动物形符号时，百分之八十以上的体型为"束腰状"蹲踞式人形（表5-1）。显然这种风格的蹲踞式人形代表着一种高贵身份。我们认为，这种蹲踞式人形岩画的体型制作观念应该与壮族的铜鼓文化有关。

表 5-1　佩带武器的"蹲踞式人形"岩画

	佩带武器的"蹲踞式人形"岩画		
扶绥		崇左	
龙州		宁明	

观其整个形态，犹如一个腰间稍束的铜鼓，铜鼓乃是骆越人独创的艺术杰作，在古代是身份和地位的象征。束腰状蹲踞式人形是居住在左江的骆越先民对铜鼓崇拜表现的一种岩画语言，同时与蹲踞式人形岩画一起出现的还有圆形，有时被认为是对铜鼓或是太阳的崇拜，应该都是稻作文化的一种反映。

如表 5-2 所示，左江蹲踞式人形与兽类符号的组合，可以说是左江蹲踞式人形岩画的另一个特点。这种与兽类符号在一起的蹲踞式人形多数身形呈束腰状，身体配有装饰，显示出了地位的尊贵与特殊性。

表 5-2 左江人兽组合的岩画

	左江人兽组合的岩画				
扶绥		崇左		龙州	
宁明					

人与动物一起出现的造型，在商周时期是比较多见的主题之一，比较重要的有虎食人卣、鹰攫人首等。潘守永先生经过对比研究后认为"人鸟合体"构型来自史前时期东方沿海地区特有的文化原型构建，其在殷墟为代表的商文化中得到了承袭和发展。人与动物组合是我国早期的一种神像制作模式[①]。这种与蹲踞式人形岩画伴随出现的动物符号，一般被认为是骆越族的对犬图腾的崇拜，它也是壮族稻作文化的一种表现。

至此，通过与国内蹲踞式人形岩画的比较分析可知，左江岩画所属的西南岩画系统是蹲踞式人形岩画的集中分布区，东南沿海地区则属于蹲踞式人形岩画的辐射分布区。同时，我们也可以看到，左江岩画在南方蹲踞式人形岩画中的重要位置是毋庸置疑的，它一方面与西南稻作农业文化岩画系统在制作方式与内容上有着惊人的相似性，表现出文化的一致性；另一方面与东南海洋文化岩画系统在表现形式与内容上也有着一定的亲缘关系。同时，它还有着自己的

---

① 潘守永，雷虹霁. "鹰攫人首"玉佩与中国早期神像模式问题 [J]. 民族艺术, 2001, (4): 126-142.

独特性。显然，左江流域的蹲踞式人形岩画在发展自己独特风格的同时，还与另外两个不同系统的岩画都有过不同程度的文化接触。

第二节　左江蹲踞式人形岩画独特性的成因

从蹲踞式人形岩画在世界上的分布范围以及展现的风格看，在"蹲踞状"人像造型上，各地都表现出了极大的一致性，这是以农耕为主的复合经济族群艺术的特点之一。

蹲踞式人形岩画最早产生在地中海东岸的叙利亚-以色列-巴勒斯坦地区并扩散，随后在中国的黄河、长江流域也逐渐发展，在美洲的墨西哥奥尔梅克人和玛雅人之前的文化以及安第斯山区之前的文化也显示出具有复合经济族群的特点的艺术。另外，在湄公河谷以及巴布亚新几内亚一些河流附近，至今仍有复合经济族群的艺术形式出现，这些地区都出现了基本形式呈"蹲踞状"，有着几乎相近的技巧、相同的颜色（特别是红色）、相同的组合类型，具有相同的逻辑基础和相同的符号图案以及表意文字系列。之所以这样，我们可以认为，这是因为人类在创造艺术时思维根本方式的近似，是源自人类艺术创造力的脑力机制处都有一个共同点[①]，这是人同此心、心同此理的大同所造成的。

具体到左江蹲踞式人形岩画的风格，它既与国内外蹲踞式人形岩画保持着某种相似性，同时在制像模式上还有着自己的独特性。这是因为左江岩画独特风格的产生一方面与先民有着相似的心理有关；另一方面与相似的气候、相近的自然地理环境也有关系。除此之外，社会文化所造成的艺术彼此的互相影响更为重要，并且这种影响往往传播得很远。

一、蹲踞式人形岩画与南岛语族的扩散

南岛语族又被称为马来-波利尼西亚语族，是指现今广泛分布于北起我国台湾、中经东南亚、南至西南太平洋三大群岛，东起复活节岛、西到马达加斯加等海岛地带，民族语言亲缘关系和文化内涵相似的土著族群。关于南岛语族起源于哪里，又是如何扩散的一直是学者的关注焦点，并存在各种不同观点。让

---

① [法]阿纳蒂 E. 艺术的起源[M]. 刘健译. 北京：中国人民大学出版社，2007: 318.

人感到困惑的是，在这些有争议的南岛语族分布区几乎都有近似的蹲踞式人形岩画分布。

（一）南岛语族分布区中的蹲踞式人形岩画

从蹲踞式人形岩画在世界的分布可以看出，我国华南地区蹲踞式人形岩画主要分布在广西、云南、四川和福建，在现今南岛语族分布区中，学者普遍认为台湾应该是南岛语族的最早起源点之一。蹲踞式人形是台湾万山岩雕三个岩画之一的孤巴察峨的岩画的主要内容，以蹲踞式人形为题材的岩画也是东南亚岩画的重要组成部分。

在太平洋上的夏威夷群岛、马克萨斯群岛和新几内亚岛上都有蹲踞式人形岩画分布，这个区域又以波利尼西亚的夏威夷岛最多。这里的蹲踞式人形岩画布局构图手法与我国华南岩画近似，圆圈纹是伴随的主要符号，另外夏威夷岩画中人与狗相伴的画面也有多处发现。位于波利尼西亚东端的马克萨斯群岛，分布着丰富的新石器的遗址，除了原始艺术人像外，还有一些石雕和彩画人物。彩画人物双腿微屈，身边有时会有一条狗，线条质朴率真。在这些分布区中左江蹲踞式人形岩画最多也最集中，它在风格上与我国西南及东南地区的蹲踞式人形岩画都有相似之处，并且与远在太平洋岛屿的岩画也高度近似，那么，左江蹲踞式人形岩画的这种独特性与南岛语族的起源与扩散是否有关系呢？

（二）南岛语族的起源与扩散研究

20世纪以来，对南岛语族起源的研究，一直都是东南亚与太平洋历史研究中的重点。这些年，很多学者也分别从不同的角度对其进行了分析。

1. 历史语言学

南岛语族分布区所使用的语言有800种之多，但语言学家通过对其进行分析，将它们统称为南岛语系。历史语言学家对南岛语系的研究是从19世纪60年代开始的，最近40年发表成果尤其多。戴恩选用苏瓦迪士的"基本词汇表"，用于南岛语族语言分类的比较研究，发现现南岛语族中有三个地区的语言变异、复杂性程度最高，即台湾、苏门答腊和新几内亚岛，其中尤以新几内亚岛语言的总数最多。根据萨丕尔（E. Sapir）"语言最分歧的地区就是这个民族的古代居留中心"的观点，因而确定这一区域为南岛语族发源地。

另一位学者柯恩（H. A. Kern）依据"语言古生物学"方法，通过分析古南岛语中包含哪些环境内容，尤其是植物群和动物群的构成，从而确定中南半岛为南岛语族的发源地[①]。夏威夷大学的 Robert Blust 在 1977 年则提出将台湾先住民的语言作为原南岛语系的第一层次的分支，原南岛语族最先分裂为泰雅族群、邹语群、排湾语群、马来亚-波利尼西亚语群的模式[②]。台湾史前文化博物馆馆长童春发也从台湾土著语音演变的过程得出台湾很可能是南岛语族的起源地。在这种以当今南岛语族分布为主的研究取向下，台湾、中南半岛以及新几内亚都被认为有可能是南岛语族的发源地。

2. 遗传学

以 Jonathan Friedlaender 为主的国际团队在 2008 年对太平洋地区 41 个族群的 952 个个体进行了分析。他们对 687 类基因指标（既包括线粒体 DNA，也包含 Y 染色体）的分析结果显示，波利尼西亚人和米克罗尼西亚人与东亚，尤其是台湾先住民的基因联系最密切，而与美拉尼西亚人关系远。这说明台湾和相邻的东亚大陆应该是南岛语族的基因发源地，并且南岛语族曾以很快的速度向大洋洲一代迁徙[③]。这项关于南岛语族基因的研究，把其发源地指向了台湾和东南亚。基因本应最能直接反映族群血亲关系，但是由于基因的漂移以及近现代移民的影响，遗传学的观点有时也很容易遭到质疑。

3. 考古学与民族学

考古学家经常会根据对个别器物类别和特征相似性的比较来推断南岛语族的起源。美国历史学派人类学家拜雅（H. O. Beyer）根据石器形态类型学分析，认为菲律宾群岛是东亚大陆与太平洋群岛史前、古代民族文化空间联系的主要纽带；吕宋岛新石器时代早期文化来自印支半岛和华南的传播，新石器中期文化是以华南沿海为跳板的大陆文化传播的结果，也是太平洋岛屿土著文化（南岛）的基本源头。

贝尔伍德（Peter Bellwood）将带有红色之陶器（red-slipped pottery）作为验证南岛民族文化由中国台湾直接向菲律宾及印度尼西亚群岛扩散的重要标志。

---

① 吴春明，陈文. 南岛语族起源中"闽台说"商榷 [J]. 民族研究，2004, (4): 77-83.
② 焦天龙. 福建-南岛语族 [M]. 北京：中华书局，2010: 13.
③ Friedlaender J S, Friedlaender F R, Reed F A, et al. The genetic structure of Pacific Jslanders [J]. Public Library of Science Genetic, 2008, 4(1):19.

奥地利的海因·戈尔登以及日本的鹿野忠雄根据中国和波利尼西亚都有段石锛的事实认为有段石锛或是由华南传到波利尼西亚的，大洋洲的古文化或有些起源于中国[①]。

1960年以来，张光直先生开始将华南的绳纹陶文化与南岛语族的祖先联系起来，通过一系列的文章阐释分析台湾的大坌坑文化很可能是原南岛语族的代表或一部分，台湾是整个南岛语族最早起源的地区的一部分，隔着台湾海峡的福建的富国墩文化可能是大坌坑文化的一部分。贝尔伍德更明确地论述了南岛语族从华南的台湾到大洋洲的扩张史[②]。

张光直先生对南岛语族的考古学研究已经开始打破单个学科的束缚，并结合了语言学的一些方法与成果，而之后学者们更是尝试综合利用考古学、民族学等学科进行科际整合研究。林惠祥教授从体质特征、文化习俗、考古遗存等学术角度比较全面地论述了华南大陆为马来人的起源地[③]。凌纯声先生根据克虏伯所列26种文化特质十之八九都可在华西南找到，认为西方人类学家所指的"印度尼西亚文化圈"的范围应扩展到华南大陆。在他的《中国边疆民族》一文中，将南岛系作为中国民族五个系统之一的东南系统，明确地指出南岛系民族曾分布于中国南部，势力强大，人口众多，为汉藏系南下前中国重要土著之一，并将华南的台湾高山群的九族、海南岛黎人群的四分群、西南洞僚群的仡佬族土僚、民家族等纳入南岛系范畴[④]。徐松石先生从语言、习俗、梯子、物质文化等共同性角度分别阐述了吴越族、闽粤族、苗族等与马来族的源流关系。认为吴越、闽越区域是马来族的最大发祥地[⑤]。研究基本上与林惠祥、凌纯声先生的思路是一致的，都是从民族志材料类比与历史文献的钩沉中，探索华南古今民族与东南亚马来民族间的源流关系。

综上分析，学者对南岛语族起源与扩散的研究显示出两种倾向，一种是以现今南岛语族的生存空间为研究对象，以语言和遗传学为研究角度的分析，认为台湾、中南半岛、东南亚为南岛语族发源地点，他们以此为据点向太平洋扩

[①] 林惠祥.中国东南区新石器时代文化特征之一：有段石锛[J].考古学报，1958, (3): 1-14.
[②] 张光直.中国东南海岸考古与南岛语族的起源[A]//四川大学博物馆，中国古代铜鼓研究学会.南方民族考古第一辑[C].成都：四川大学出版社，1987: 1-4.
[③] 林惠祥.林惠祥人类学论著[C].福州：福建人民出版社，1981: 289-354.
[④] 凌纯生.中国边疆民族与环太平洋文化[M].台湾：联经出版事业股份有限公司，1979: 17.
[⑤] 吴春明.南岛语族-起源研究述评[J].广西民族研究，2004, (2): 82-90.

散。这种分析和研究非常理性也很客观，但其忽略了族群的迁徙与文化的扩散。另一种更加注重利用各种学科之间的整合，关注南岛语族在华南大陆的文化遗存以及与现代鲜活的民族、民俗文化互动。他们把台湾看成是整个南岛语族最早起源地区的一部分，南岛语族的老家在中国的华南。比较二者，笔者认为第二种研究取向更具合理性，南岛语族应该是由华南通过东南沿海向太平洋扩散的。

至此，我们明白了华南地区与太平洋岛屿南岛语族之间存在的关系，也似乎感受到华南地区与太平洋地区蹲踞式人形岩画之间的某种联系。那么，广西、云南、四川和福建的蹲踞式人形岩画的创作者，与南岛语族在华南的起源地是否有关系呢？

（三）蹲踞式人形岩画与南岛语族的起源

华南地区蹲踞式人形岩画在绘画风格上的一致性，自然会让人想到，早期蹲踞式人形岩画创作族属之间可能会存在着某些交织，而他们或许就是早期南岛语族的后代。那么，只有溯其本源方可知其流裔。

1. 华南地区蹲踞式人形岩画的创作族属

广西、云南、四川岩画所在的西南地区在历史上是民族成分最为复杂的地区。自商周起，"百濮"与"百越"即在这里处于杂居状态。沧源岩画被认为是早期定居于滇西南的古濮人的遗留，在文化上与巴蜀有一定的联系。四川珙县麻塘坝岩画与悬棺葬文化共生，悬棺为僚人葬俗，且岩画所表现内容多为僚人特征，因此可能是汉晋至宋明时的僚人作品。福建华安仙字潭岩画则通常被认为是战国后期越人的民间文字[①]。关于广西蹲踞式人形岩画的创作族属，我们知道是骆越人，他们是现今壮侗语族的祖先。虽然研究学者们对这四地岩画创作族属问题一直有异议，但对于四地蹲踞式人形岩画所表现出的文化近似性，大家却普遍认为它们的创作者之间应该有着关联。岩画应该是他们早期民族迁徙和文化交融的一种呈现。

广西岩画创作族属虽为骆越族群，但其最初源自百濮，在先秦时期与北方民族有一定的往来，文化发展缓慢却一直持续且独立地发展着自己的文化。约

---

① 石钟健. 论广西岩壁画与福建岩石刻的关系［J］. 学术论坛，1978, (1): 95-107.

公元前334年，楚灭越，其中部分东瓯越人从闽海南下西徙到粤西南和桂南一带，与当地的骆越人杂居，最先到达之地为贵县，这就是后来西瓯的政治中心。秦始皇统一岭南后，因西瓯地区河流纵横、交通方便、与中原汉人接触较多，一部分很快被汉族同化；另一部分因为躲避兵燹而外逃，其中不少人沿西江而上或是沿红水河西走，散居于左右江流域一带，与骆越人混居，并很快与之融合为一体。"西瓯"名到西汉以后在历史上消失，而骆越直到东汉还有存在。因而骆越族群虽源自百濮，但受越文化的影响却较大。正是因为如此，云南、四川与广西岩画在表现内容以及表现手法上高度一致，福建与广西岩画在内容上近似，但在表现手法上却与东南沿海岩画系统一致。从四地岩画刻画的技法上看，虽然有些差别，但都表现出了对"蹲踞式人形"的偏爱。

2. 南岛语族与岩画族属的关系

20世纪80年代，关于南岛语族的研究中，一种以残留的南岛语词汇为角度的研究得出，南岛语族与Kadai语族（包括海南岛的黎语大陆上的Kelao等语言）及傣语群像亲属关系[①]。容观琼先生也提出，黎族语言与壮侗语言都是南岛语系的一部分[②]。邓晓华和王士元认为，目前分布在中国西南地区的壮侗语言与南岛语的关系远比汉藏语系的关系更密切，壮侗语族先民就是从东南沿海迁徙而来的南岛语移民[③]。学者们还以民族学为主，结合多种学科进行探索，证明南岛语族的祖先就是中国华南早期的越人、濮人，现在的闽粤人、黎族以及壮侗语族有可能是南岛语族的后人。根据以往研究可以判断，华南地区蹲踞式人形岩画的创作者很有可能就是早期的南岛语族。

云南、四川岩画创作族属更多来自百濮，福建岩画则是越人创造出的文化。广西岩画的创作者虽是骆越人，但在文化却是濮越族群的融合体。南岛语族对蹲踞式人形图像偏爱的文化特质，便以岩画为载体通过福建向太平洋的岛屿扩散。事实上，福建一直以来都被认为是南岛语族从华南向台湾扩散过程中的重要据点。邓晓华等研究者对当今闽南方言进行分析后发现，其中存在着相当数量的南岛语系的词汇，并进而推论南岛语是福建史前和上古时代先民的语言。

---

① 苏文青. 从南岛语族看台湾与福建的关系[J]. 福建社会主义学院学报，2012, (4): 7-10.
② 容观琼. 关于黎族早期历史问题的研究[A] // 广东省民族研究所. 广东民族研究论丛第八辑[C]. 广州：广东人民出版社，1995: 162-169.
③ 邓晓华，王士元. 壮侗族语言的数理分类及其时间深度[J]. 中国语文，2007, (6): 536-548.

随着华南大陆至台湾、东南亚、西南太平洋广泛地带的考古新发现与跨时空的比较研究，以及这一土著地带史前考古文化的谱系建构并予以民族史的阐释，更多证据丰富并明确了闽台地区就处在这一共同体的中段[①]。这一地区是南岛语族向太平洋扩散进程中的重要一部分。它与现今的南岛语族有着更直接的联系，因而这一地区的蹲踞式人形岩画与今南岛语族岩画表现出极大的一致性。

与此同时，我们也注意到今南岛语族分布区中的蹲踞式人形岩画比较分散，且在数量上也不如华南地区的多，尤其是台湾作为南岛语族最早的起源地之一，蹲踞式人形岩画在数量上与华南岩画相差甚远。究其原因，是因为蹲踞式人形虽是南岛语族所喜爱的一个文化要素，但对蹲踞式人形图像的承载体却随着民族的迁徙与文化交融发生了变化。"蹲踞式人形"图像在西南主要以涂绘的形式出现在岩画上，而在向东南沿海扩散的过程中，一是岩画制作技法变为凿刻；二是艺术表现形式多为民间艺术。在台湾以蹲踞式人形为主的图像在木雕、石刻、工艺品、服饰等民间艺术中比比皆是。海南黎族的民间艺术品中蹲踞式人形也比较普遍。太平洋是世界上部落艺术的主要中心之一，太平洋上的南岛语族常把蹲踞式人形图像作为民间艺术设计的主要素材。

依上文言及的"情理逻辑"，可以理出一条推阐脉络。蹲踞式人形图像应是南岛语族的一个文化特质。起源于华南地区的南岛语族对这一图像尤为喜爱，这一文化特质随着南岛语族的迁徙，从福建、台湾扩散到了太平洋的各个岛屿。它虽起源于华南，但它的辉煌却仅停留在广西、云南、福建古代的岩画中，而在现今南岛语族分布区的民间艺术中则表现出了它的强大生命延续力。博厄斯曾指出，某种文化目前发达的地区不一定就是历史上此种文化的发源地或中心。最古老的事物的遗存往往会在偏远的地区[②]。由此，我们也终于明白了左江蹲踞式人形岩画与南岛语族分布区蹲踞式人形岩画之间的关系。

二、蹲踞式人形岩画与稻米之路的东传

关于南岛语族为何在大约6000年前跨海到达台湾，再向南扩散，Bellwood的解释是谷类农业的发展使得人口急速扩张。20世纪40年代中国学者就从农业、考古等方面，证明中国是世界上最早的稻作起源地之一。以种植水稻为中

---

① 苏文青. 从南岛语族看台湾与福建的关系［J］. 福建社会主义学院学报，2012, (4): 7-10.
② 宋蜀华，白振声. 民族学理论与方法［M］. 北京：中央民族大学出版社，1998: 35.

心并具有相同特征的稻作文化，一经产生便伴随着民族迁徙和民族文化的交流，进行着双向传播。因此，古老的稻作文化在新石器时代晚期已经广泛分布在我国南方。它不但成为长江文明的主轴，也成为中华文明基层文化的重要组成部分。并且这种文化还远传东亚、东南亚，形成了古老的稻米之路。

（一）稻米之路上的蹲踞式人形岩画

20世纪40年代中国学者从农业、考古等方面，证明中国是世界上最早的稻作起源地之一。但中国的稻作起源于何处？通过哪条线路东传？一直是学者们关注的焦点，并存在各种不同的意见。

让人不得不注意的是，在我国的广西、云南、福建、台湾，以及日本、韩国、菲律宾等国家也都出现了极其近似的蹲踞式人形岩画，伴随着蹲踞式人形岩画的出现，还出现了其他符号，如服饰、船、圆形、犬等。从岩画风格看，我国蹲踞式人形岩画多为棒状人形。云南与广西蹲踞式人形岩画在制作方式与内容上极其相似，广西与福建蹲踞式人形岩画在表现形式与内容上则有更多的近似，而福建与台湾岩画更是表现出有一定的亲缘关系。东南亚地区的蹲踞式人形岩画风格多样，但在数量上远不及我国。韩国、日本岩画较接近我国棒状的蹲踞式人形岩画，而马来西亚、菲律宾的蹲踞式人形岩画则是线面相结合表现性的风格特征。这些地区的稻作文化、铜鼓文化等也都相似，它们呈现出了一种区域文化的共性。

（二）稻作栽培的起源

雷德蒙·弗思认为，人类社会和人类文化的诸般特征都可以用人类开发出的环境来解释，尤其是气候情况会给人的生活造成一种极大的限制，在一定程度上，环境总要迫使生活在其中的人们接受一种物质生活方式。我国南方气候湿润，十分适合稻作生产。左江流域所在的西南地区从公元前16世纪至前11世纪的殷商时代，气候一直比较温暖，大部分地区覆盖有天然植被。两广丘陵山地和云贵高原地区草木繁茂，分布有茂密的原始森林和沼泽植被。因此西南地区成为早期人类的发源地之一。广西和云南还发现了早期稻作农业的遗迹。在我国的西江流域、长江流域、海南岛、台湾省等广大地区，也都有分布野生稻的事实和文献记录。

关于我国稻作起源的问题，很多学者都做过研究。李昆声先生认为，亚洲栽培稻起源于从中国浙江、福建、江西、台湾、广东、广西、云南到中南半岛、越南北部、缅甸北部（主要是掸邦）、老挝北部、印度阿萨姆这一广阔的弧形地带。所以这一地带的栽培稻谷普遍有悠久的历史和较广泛的分布[①]。日本学者中尾佐助等提出"照叶树林文化论"，认为喜马拉雅山南麓、阿萨姆、东南亚北部山地、云南高原、长江南侧（江南一带）的山地和日本的西南部，分布着以常绿柞树为主的森林，称为"照叶树林"。这里是最早水稻的产地[②]。另有一些专家认为云南、广西、福建所在区域是亚洲栽培稻起源的中心，赞成这种观点的还有游汝杰、童恩正教授。他们分别从语言学、考古学的角度证明了广西、云南是亚洲栽培稻起源的中心。居住在上述地带的原始居民的某些部落首先成功驯化野生稻，然后栽培稻技术在同一族系先民的不同部落中很快传播。于是栽培稻从最初的起源中心经过云南、四川进入黄河流域，并向东经过广东、福建和浙江或经过华中进入长江流域。

由此，广西、云南、四川、福建栽培稻谷普遍有悠久的历史和较广泛的分布，并产生了相似而丰富生动的稻作文化，如蛙崇拜、太阳崇拜、鸟崇拜、蛇崇拜、龙舟赛、性器崇拜、人头祭、干栏式建筑等。广西、云南、福建岩画上大量的蹲踞式人形符号伴随着铜鼓、鸟、船等符号，就是这些地区稻作文化元素的体现。尤其是数量众多的蹲踞式人形，作为稻作民族的一种重要的文化特质出现在了岩画里。

（三）稻米之路的东传

诚然，环境会对人类生活产生影响，但人类作为文化主体还是具有一定能动性。因此，我国广西、云南、福建地区蹲踞式人形岩画虽然在制作方式以及伴生符号上存在一定的差异，但蹲踞式人形的风格却极其相似。这显然与岩画的创作者——古代百濮、百越族群密切的文化接触是分不开的。

出现在日本、菲律宾、马来西亚的蹲踞式人形岩画与我国的蹲踞式人形岩画表现出很多相似的地方。它与我国稻作文化的东传有着一定关系。我国稻作

---

① 李昆声. 亚洲稻作文化的起源. [J]. 社会科学战线，1984, (4): 122-130.
② [日] 佐佐木高明. 照叶树林文化之路——自不丹、云南至日本 [M]. 刘愚山译. 昆明：云南大学出版社, 1998: 10-11.

文化东传路线有由中国经朝鲜半岛传入日本说；也有由中国福建台湾经琉球群岛到达九州的华南说。对于华中说，很多学者比较认可。但是华南说，很多学者都认为这条路线缺乏考古学证据而对其加以否定。但事实上，我们从我国的福建、台湾及日本的蹲踞式人形岩画的风格中还是能够找到很多相似之处。当然，早期稻作文化的传播并非一定包括稻种的传播，也可能是间接的观念传播。在福建沿海地区，今天仍然可以找到很多稻作文化元素，如人头祭、鸟崇拜、蛇崇拜。因此，作为一种突出的稻作文化特质，蹲踞式人形符号出现在了稻米之路上的岩画中，虽然数量远不如国内岩画多，而且表现风格也出现了多样性，但我们也看到了它们的相似性。

三、蹲踞式人形岩画与左江流域的稻作文化

左江流域属于亚热带季风气候区，土壤、雨量、气温、日照等都适宜于稻作。左右江、邕江流域被认为是西瓯骆越民族居住与稻作农业起源的中心之一。并且考古资料证明，壮族聚居区是水稻发源地之一。广西的野生稻资源，仅次于海南省，居第二位[1]，且处于世界上野生稻分布最密集的地区[2]，直到现在，广西的基本经济文化类型也是属于稻作农耕，并且，在这种农耕基础上产生了大量的稻作文化。左江蹲踞式人形岩画的独特性很大程度上与这里的稻作文化密切相关。

（一）稻米之路上的稻作文化

从上文可知，广西、云南、四川、福建都有栽培稻谷的悠久历史和广泛的稻谷分布。生活于这一地区的民族无论是物质文化、饮食文化还是神话传说与宗教仪式等文化要素都具有许多共性，产生了相近的稻作文化[3]。同时随着稻米的东传，这些稻作文化也传到了日本、朝鲜乃至菲律宾、马来西亚等。

种植稻米地区的文化有着很大的相似性。美国民族学家克娄伯曾把印度尼西亚和中南半岛组成一个文化区，在这个区中保存着许多相同的文化特质，如刀耕火种梯田、巢居、文身、重祭祀、猎头、人祭、祖先崇拜、多灵魂等共26

---

[1] 张声震. 壮族通史 [M]. 北京：民族出版社，1997: 44.
[2] 覃乃昌. "那"文化圈论 [J]. 农业考古，2000, (3): 150-158.
[3] [日] 佐佐木高明. 照叶树林文化之路——自不丹、云南至日本 [M]. 刘愚山译. 昆明：云南大学出版社，1998: 10-11.

种，它们组成了东南亚古文化。克娄伯所列的26种文化特质，在今天的中国西南和南部许多文化较为落后的少数民族中，十之八九都可以找到。虽然剩下的十之一二已经不存在，但在中国古文献中，可以找到相同的记载。凌纯声先生在东南亚古文化中加入了铜鼓、龙船、长盾、犬图腾、图腾、岩葬、罐葬、石板葬等20种文化特质，并认为东南亚古文化的分布应为：北起长江，中经中南半岛，南至南洋群岛；此文化起源从大陆向南迁移，初到异地，与当地文化混合，住定之后，又有其他文化侵入。

以上所列文化特质基本概括了稻米东传之路上多数地区的文化特征。不过，通过前文的论述，我们认为"蹲踞式人形"也应该属于稻作民族的一个重要文化特质，是稻作文化反映的一个重要特征。

（二）左江流域的稻作文化

结合左江流域的考古资料来看，生活在左江流域的先民自新石器时代便开始了适应这一自然地理环境特点的稻作农耕方式。新石器时代贝丘遗址出土的遗物表明，居住在这里的原始居民已经以氏族为单位过着较为长久的定居生活，经济生活仍以采集和渔猎为主，但有肩石斧、有肩锛和石杆、磨盘以及石刀、蚌刀的发现，说明当时已出现了原始农业。特别是石杵、磨盘和陶器的发现，表明已有原始稻作农业的食物加工。大石铲遗迹则表明，新石器时代晚期左江流域地区的原始农业已有了较大的发展，耕作方法也有了一定的改进，生产规模和耕种面积进一步扩大，即由原来的江河两岸扩大延伸到附近的近临湖泽水源的丘陵地带。大石铲是从有肩石斧发展演变而成，是壮族先民为适应当地原始农业发展的需要而发明的一种新型农业生产工具，它提高了生产效率，促进了农业经济的发展。

文化生态学特别强调在开发环境资源过程中所使用的技术的变化，因为这会对伴生的行为方式以及由此带来的其他文化特征产生影响。当大石铲这种源于古骆越民族农业的特殊文化形式以邕江及其上游的左右江流域为中心向四周传播时，留下了特殊的稻作文化影响的痕迹。大石铲遗址中心地带，是"那"（田）字地名密集的地区。壮侗民族地区有大量的用本民族语言命名的地名，其中有不少地名与稻作农业有密切关系，特别是含"那"（na）和"峒"（dong）的地名，它们之间有着密切的联系。因"那"指田，而"峒"指一片田，而且是四周围有山岭的一片田，壮语称与"那"（田）有关的文化为"那文化"。"那文化"即稻文化，是岭南壮族独具特色的文化[①]。左江流域含有密集的"那"的地名是其作为稻作文明起源之一的鲜明印记。

随着先民物质生活的发展，稻作文化还逐渐反映在了物质生活以及宗教信仰上，如蛙崇拜、太阳崇拜、鸟崇拜、蛇崇拜、犬崇拜、洞穴崇拜、龙舟赛、人头祭、干栏式建筑等。左江流域的这些稻作文化与其他稻米分布区的文化非常近似，但是，不同之处是左江流域稻作文化对这里的岩画影响非常大。左江蹲踞式人形岩画几乎就是左江流域稻作文化的一个缩影。

（三）左江流域稻作文化对岩画的影响

左江蹲踞式人形岩画，作为左江流域稻作民族文化的产物，无论在岩画的分布空间还是岩画的构图以及形式表现语言方面，都深深受到了稻作生产的影响。限于篇幅，我们以下仅对其主要图像造型进行分析。

左江大量的蹲踞式人形岩画，被认为是壮族稻作文化中蛙崇拜的典型反映。青蛙的身体造型尤其与人类蹲踞式动作相似，而且蛙类的生理特性及对稻作农业生产的重要性，这些都势必会影响影响骆越先民对祖先来源的思想建构。另外，左江岩画中一种正面"平头顶"的蹲踞式人形，被专家认为表现的是古越族的"剪发"，其实这种造型并不是"剪发"，而是创作者受稻作文化影响所产生的一种艺术表现形式。

林巳奈夫先生在对长沙子弹库出土的战国帛画十二神的由来进行考察时，曾指出其中所见的头顶上方作平坦表现的图像，其被称作"方头"者，是非常人所有的异常特征。具有此种特征的头形，应该来自于良渚文化时代的倒梯形器上所描绘的有眼鼻的神面[②]。如图 5-8 所示，源于河姆渡稻作文化的良渚神徽，它与左江"平顶"的蹲踞式人形非常相似。

另外一个很有名的"平顶"头像是湖南省宁乡县出土的商代大禾方鼎上的人面。如图 5-9 所示，这个鼎被断定是与古代农业祭祀相关的礼器，大禾方鼎上的人面代表是掌管农业的农神[③]。梁庭望先生更是认为，左江岩画中的大小方

---

① 覃乃昌. 壮族稻作农业文化史［M］. 南宁：广西民族出版社，1997: 68.
② ［日］林巳奈夫. 中国古玉研究［M］. 杨美莉译. 台北：艺术图书公司，1997: 201.
③ 石志廉. 商大禾鼎与古代农业［J］. 文博，1985, (2): 14-17.

图 5-8　良渚神徽　　　　　　　图 5-9　人面纹方鼎
资料来源：浙江省文物考古研究所. 浙江考古精　　　　湖南省博物馆藏
华 [M]. 北京：文物出版社, 1999: 70

头蹲踞式人形身首直接相连没有颈部，它们与蛙类没有颈部的特征相同，因此为蛙神[1]。因而"平顶"的蹲踞式人形岩画应该代表与农业有关的神性人物，是稻作文化的一种艺术表现形式。它们在左江蹲踞式人形岩画中，虽然数量不多，但是位置却很重要。

伴随蹲踞式人形岩画出现最多的圆，被认为是对太阳的崇拜，或是对铜鼓的崇拜。太阳与人们的生产、生活有着密切的关系，因此，不少部族都崇拜太阳。对于稻作民族壮族来说，太阳更是决定着稻米的丰歉。此外，壮族的铜鼓艺术也被认为是受稻作农业影响而产生的。

在壮族的北流、灵山、冷水冲三型铜鼓纹饰造型中，最特别的是鼓面上都有四到六只青蛙的造型。"有青蛙塑像装饰的铜鼓，从中国的广东、广西、贵州、云南到越南北部、泰国、缅甸东北，覆盖了最主要的铜鼓分布区。但最多最典型的青蛙塑像铜鼓则集中在广西境内。"[2]青蛙常与农业联系在一起，对于铜鼓上的青蛙纹饰，法国学者塞斯蒂文做过精辟论述："马·凯坦马克提到，铜鼓饰以蛙纹图饰，通常都与水，特别是与咆哮着的急流中的水神联系，当铜鼓被击打时，发出隆隆的雷声，激动人心。铜鼓也象征着主宰丰收的自然神，能保证农业丰收，居民繁衍。蛮人把铜鼓埋在土中，是希望天上的雷与地下的水接触，使水流得更快，土地得到灌溉。"[3]至今在壮族传说《铜鼓与图额斗争》中，说人

---

[1] 梁庭望. 花山崖壁画——祭祀蛙神的圣地 [J]. 中南民族学院学报, 1984, (4): 18-23.
[2] 蒋廷瑜. 铜鼓艺术研究 [M]. 南宁：广西民族出版社, 1986: 82.
[3] 蒋廷瑜. 铜鼓艺术研究 [M]. 南宁：广西民族出版社, 1986: 85.

们为了让铜鼓安心留在主人家中,将铜鼓置于粮仓里或给铜鼓的耳朵上拴上稻草,铜鼓看见人们粮食丰收,就会安心待在家中。云南文山壮族百姓如今还将铜鼓埋入稻谷堆中,认为这样稻米耐吃[1]。壮族民间在收藏铜鼓时,有用稻草绳拴其耳,或将鼓倒置盛满稻谷的习俗,说此举为"养鼓",以防其飞跑。这些都说明铜鼓文化源于稻作农业,是稻作文化的一种重要的表现形式。

左江蹲踞人形岩画中一种体形呈中间细两头粗的"束腰状"蹲踞式人形,因为有丰富的装饰,处于画面主要位置,体形较大,且伴有刀剑或动物形等符号,所以代表的应该是身份尊贵的人。观其整个形态,犹如一个腰间稍束的铜鼓,因此,创作者的思维受铜鼓崇拜影响的可能,也不能被排除。

另外,左江蹲踞式人形岩画中,人兽组合的造型也是它的一个特点。人与动物一起出现的造型,在商周时期是比较多见的主题之一,比较重要的有虎食人卣、鹰攫人首等。潘守永先生经过对比研究后认为,"人鸟合体"构型来自史前时期东方沿海地区特有的文化原型构建,其在以殷墟为代表的商文化中得到了承袭和发展。人与动物组合是我国早期的一种神像制作模式[2]。所以,与蹲踞式人形岩画伴随出现的动物很可能是氏族的图腾。研究者一般认为这种动物符号可能代表的是狗。狗是壮民崇拜的一种图腾,对狗的崇拜是壮族稻作文化的重要组成部分。在壮族民间文学谷种起源的神话中,狗的地位是无可取代的;后来的以"狗耕田"为母体的传说,充分体现了壮族先民对狗在人类早期农业生产时所做贡献的感激之情。

四、蹲踞式人形岩画与左江流域的战争

古国时期,岭南壮族聚居区的政治文明实体在文献记载中虽仅见苍梧古国一个,但是,当时地区已有诸多古国实体存在,由于它们与中原地区接触较少,因而在后来的文献记载中被忽略了。中原的商周时期,岭南地区进入方国崛起阶段,方国实体与商周王朝都有过接触交往。例如,《逸周书·王会解》载:"伊尹受命,于是为四方令曰:正南瓯、邓、桂国、损子、产里、百濮、九茵,请以珠玑、玳瑁、象齿、文犀、翠羽、菌鹤、短狗为献。"[3]这些都是今湖南及岭南

---

① 张东茹.壮族铜鼓传说与古代风俗习惯[J].学理论,2009,(30):238-239.
② 潘守永,雷虹霁."鹰攫人首"玉佩与中国早期神像模式问题[J].民族艺术,2001,(4):126-142.
③ 郑超雄.壮族历史文化的考古学研究[M].北京:民族出版社,2006:245.

地区的方国，它们已然有了阶层区别以及王权存在的象征。

从左江流域蹲踞式人形岩画的发展看，岩画早期的造型简单、组合散乱无序说明当时还处在原始社会后期阶段。当左江蹲踞式人形岩画出现人兽组合造像模式，人物大小对比，配有装饰人像的增加，说明居住在左江流域的骆越族群，在逐渐的发展中已经出现了大的氏族部落集团，并正在向方国发展。此时的骆越族群深受百濮文化影响，经济文化发展非常缓慢。作为骆越族群稻作文化核心内容的早期蹲踞式人形岩画创作，因左江流域文化缓慢的发展而延续了很长时间。

当众多的方国慢慢强大并且争王逐霸时，它们之间便时常发生惨烈的战争。战争带来了灾难也加速了族群间文化的交往，伴随蹲踞式人形岩画所出现的丰富的多样的符号就是证明。尤其是大量圆形伴生符号以及束腰蹲踞式人形的出现，应该与铜鼓文化的传播有关。圆形符号是一个有着多种复合语义的符号，此时的它在新的语境中又被赋予了更多的语义，常与军事以及权力联系在一起。这种文化沿着桂西北的驮娘江—右江—郁江水系以及礼社江—元江—红河水系传播，并顺着左江水系分别从上游与下游传播对左江稻作文化产生重要影响，并通过左江岩画表现出来。此时，生活在广西东北部并受楚越文化影响的西瓯族，因为地理位置优势保持着一种快速发展。在秦汉时期，西瓯与骆越方国并存，并在经济文化上相互影响，随着骆越与西瓯的兴起和壮大，其活动范围也逐步扩大，它们成为广西地区最强大的两个政治实体。

如果仅仅是稻作文化以及岭南方国之间的战乱影响，还不能成就后来左江蹲踞式人形岩画的辉煌。对左江蹲踞式人形岩画发展起着决定性作用的，应该是公元前221年秦始皇发动的统一岭南的战争。秦始皇统一六国之后，派屠睢率领50万大军，分兵五路，浩浩荡荡开进岭南。一开始，秦军遭到西瓯的顽强阻击，但是西瓯终不敌秦，连方国之君译吁宋也在混战中身亡。在接下来的游击战中，虽然西瓯人浴血奋战并斩杀了秦军主帅尉屠睢，但终因双方力量对比悬殊而失败。这场战争持续了将近5年。接下来，秦军又对骆越族群发起进攻，骆越族群不得不与西瓯族群联盟进行抵抗，这场战争又持续了将近6年，最后，秦军终于达到了统一岭南的目的。

战败的西瓯与骆越联军沿着左江逆流而上，他们用手中的画笔记录了对先人的怀念，也表达了对这场毁灭族群的战争的记忆，同时还展现了族群之间文化的交融。左江蹲踞式人形岩画正身人像的各种发饰有37种，侧身人像发饰9

种，佩戴的不同武器也有将近 10 种；不同的圆形近 49 种[①]，另外还有乐器、船纹等有地方特色的伴生符号，显示了各民族文化的交流。正是左江流域的稻作文化、岭南方国战争以及西瓯骆越族群强烈的历史记忆，才使左江蹲踞式人形岩画风格保持着不同于一般地域蹲踞式人形岩画风格的完整性与统一性。它们加深了左江流域先民的宗教信仰以及民族文化的交融。

在近乎烦琐的铺陈之中，我们可以清楚地看出，左江流域的蹲踞式人形岩画风格的形成是各种原因造成的。古代的壮族分布区处于中原与东南亚、华南与西南各省文化交流的交会处，因而其文化具有相对的开放和交融性，在石器时代就与相邻的各民族之间交往形成了相似的稻作文化特质。同时，在公元前 12 世纪至公元前 7 世纪，左江流域与中原不断交往，通过民族迁徙以及战争等方式，中原地区的文化经过湘桂走廊，源源不断传入壮族分布区，促进了当地经济文化发展。左江流域处在壮族聚居区腹地，不但深受中原文化影响，也与濮僚民族长期交往有着密切联系，更是与越南为邻，与越南的岱、侬等民族跨国境而居，还与东南亚的泰、老、掸等民族有着同源关系。因此，左江流域的文化既有民族性又有跨国性，各种汇集在左江流域的文化促成并制约着左江蹲踞式人形岩画的制作方法、形式因素及排列方法，使它既具有蹲踞式人形岩画的普遍性，又有着自己强烈的地方特色。

---

① 覃圣敏，覃彩銮，卢敏飞，等. 广西左江流域崖壁画考察与研究 [M]. 南宁：广西民族出版社，1987: 158-169.

第六章

"蹲踞式人形"的语义解读

左江流域大部分的岩画，几乎都是以"蹲踞式人形"为中心，而进行组合并表达一定语义的。可以毫不夸张地说，"蹲踞式人形"就是左江岩画的灵魂。那么，为何生活在左江流域的族群如此偏爱这一符号呢？这一艺术形象到底具有何种意义？

第一节　中国早期考古资料中的"蹲踞式人形"

一、石器时代

（一）石雕

虽然"蹲踞式人形"的原始意义，在历史的长河中已经被逐渐遗忘，但是，由于中国有着丰富的文化遗存，因此，我们可以通过对早期考古资料中的"蹲踞式人形"做以爬梳，从而深入理解这一形象的意义。

兴隆洼文化是目前我国北方发现最早的一种考古学文化类型，文化年代在公元前6200年至公元前5400年。如图6-1所示，兴隆洼文化具有明显蹲踞式的石雕有三尊：两尊出土于林西县西山遗址，一尊出土于白音长汗遗址。西山遗址两尊雕像出土地点距离半地穴式房屋建筑仅20米，一大、一小，皆为花岗岩雕琢，不光滑，女性。制作手法和造型基本相同，眼嘴凹下，鼻子凸起，乳房高耸，鼓腹。下肢被一方形尖足石柱替代，背部较平，微内凹。大的双臂交叉于腰腹之间。小的则双臂分开，向上弯曲，颈胸前凸雕半圆形项饰。一起出土的还有石雕蟾蜍一尊[①]。白音长汗遗址出土的石雕像位于AF19的居住面中央，正对门道，立置在灶后0.4米处。头呈上削下阔的三角形，颅顶尖削，前额突出，双眼大而深陷。在石雕像不远处还出土蛙形石雕一件[②]。

---

① 王刚. 从兴隆洼石雕人像看原始崇拜［J］. 昭乌达蒙族师专学报, 1998, (3): 11-13.
② 内蒙古自治区文物考古研究所. 白音长汗——新石器时代遗址发掘报告［R］. 北京：科学出版社，2004: 131-132.

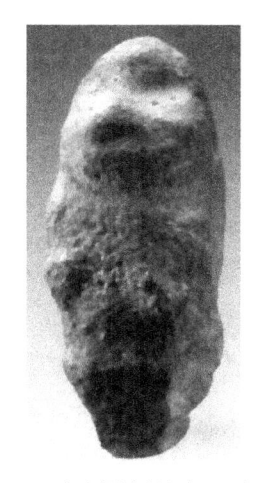

A 白音长汗遗址（AF19）　　B 西山遗址 1　　C 西山遗址 2

图 6-1 石器时代的蹲踞式人形石雕

资料来源：内蒙古自治区文物考古研究所.白音长汗——新石器时代遗址发掘报告[R].北京：科学出版社，2004：131；王刚.从兴隆洼石雕人像看原始崇拜[J].昭乌达蒙族师专学报，1998，(3): 11-13

三尊石人雕像风格造型古朴典雅，技法娴熟，比例均匀，主要表现手法都以重点突出女性性别为特征，特别是发达丰满的乳房，以及引人注目的鼓腹，寄托着当时人们对生育繁息之神的崇拜[1]。同时，这些石雕像出土地点都位于居住区活动范围内，与当时人生活起居、宗教信仰有着密切关系，因而，也是一种祖先崇拜的表现[2]。有些学者还认为，石雕人像与石雕蟾蜍是同一时间、同一地点出土的遗物，石质相同，从制作手法观察仿佛出自一人之手[3]。兴隆洼出土的女神以及蟾蜍都是氏族社会普遍流行过的宗教信仰，其目的都应该是保持家庭或是氏族部落的繁荣兴旺。

（二）彩陶

新石器早期的艺术主要以石、骨为原料，此后，出现的陶器是人类迈向文明门槛的见证。新石器中晚期产生的彩陶，与先民的日常生活和情感关系更为密切，是一种集物质实用性与精神象征性于一体的艺术。它们是史前艺术的重

---

[1] 内蒙古自治区文物考古研究所.白音长汗——新石器时代遗址发掘报告[R].北京：科学出版社，2004: 131-132.
[2] 陈苇.从居室墓和石雕像看兴隆洼文化的祖先崇拜[J].内蒙古文物考古，2008, (1): 66-73.
[3] 王刚.从兴隆洼石雕人像看原始崇拜[J].昭乌达蒙族师专学报，1998, (3): 11-13.

要构成及源头之一。

中国有着悠久的制陶历史，黄河流域是我国彩陶最发达的地区，那里出现彩陶的时间几乎与世界其他几个文明古国是一致的。黄河流域的马家窑文化彩陶，无论是数量还是工艺水平，都达到了极致，其中蛙形纹饰在马家窑文化中最发达和最富特征。彩陶上的蛙纹最先出现在大地湾和仰韶文化中，直到马家窑文化早期，这种蛙纹都近于写实。如图6-2A、图6-2B所示，从马家窑文化中期开始，一种接近于蹲踞式人形的蛙纹开始出现，并延续到了辛店文化。这种"蛙人纹"成为马家窑半山和马厂类型最有特色的纹饰，被学者称为"蛙纹"[1]、"神人纹、氏族神"[2]、"生命符号"[3]，也有些学者认为这是一种含有蛙或蟾蜍属性的神祇纹样[4]。这些神人纹凸显了期望生命永生[5]、保佑农业丰产、祖先崇拜的寓意[6]。

此外，如图6-2C所示，青海柳湾出土的彩陶壶上，塑绘的蛙纹和裸体像比较特殊。有些学者认为应称其为男女两性同体[7]，认为它代表了生命永生[8]，或是祖先崇拜[9]。在近现代美术中，两性同体通常被认为是巫觋的一项常见特征。巫觋以沟通天地为主要任务，因而具有阴（地）阳（天）两性的特征[10]。图6-2D所示的是一种用X光式或骨架式画法画成的蛙纹，被认为是巫术宇宙观的一种特征性表现方式[11]。

---

[1] 李湜. 彩陶蛙纹演变机制初探[J]. 美术史论，1989, (1): 32.
[2] 张朋川. 黄土上下：美术考古文萃[M]. 济南：山东画报出版社，2006: 51.
[3] 靳之林. 绵绵瓜瓞[M]. 桂林：广西师范大学出版社，2002: 112.
[4] 陆思贤. 甘肃、青海彩陶上的蛙纹图案研究[J]. 内蒙古大学学报，1983, (3): 39-48；叶舒宪. 蛙神八千年[J]. 寻根，2008, (1): 4-10.
[5] 叶舒宪. 蛙神八千年[J]. 寻根，2008, (1): 4-10；汤惠生. 青海史前彩陶纹饰的文化解读[J]. 民族艺术，2002, (2): 142-156；靳之林. 绵绵瓜瓞[M]. 桂林：广西师范大学出版社，2002: 112.
[6] 张朋川先生认为半山马厂的神人纹是主宰农业是农神，以播种为特征的父性的神农神纹出现，是农业昌盛的反映。张朋川. 黄土上下：美术考古文萃[M]. 济南：山东画报出版社，2006: 58.
[7] 李仰松. 柳湾出土人像彩陶壶新解[J]. 文物，1978, (4): 88；宋兆麟. 巫与民间信仰[M]. 北京：中国华侨出版公司，1990: 134.
[8] 叶舒宪. 蛙人：再生母神的象征：青海柳湾"阴阳人"彩陶壶解读[J]. 民族艺术，2008, (2): 82-89.
[9] 张朋川. 黄土上下：美术考古文萃[M]. 济南：山东画报出版社，2006: 58.
[10] 张光直. 仰韶文化的巫觋资料[A]// 张光直. 中国考古学论文集[C]. 北京：生活·读书·新知三联书店，1999: 146.
[11] 张光直. 仰韶文化的巫觋资料[A]// 张光直. 中国考古学论文集[C]. 北京：生活·读书·新知三联书店，1999: 141.

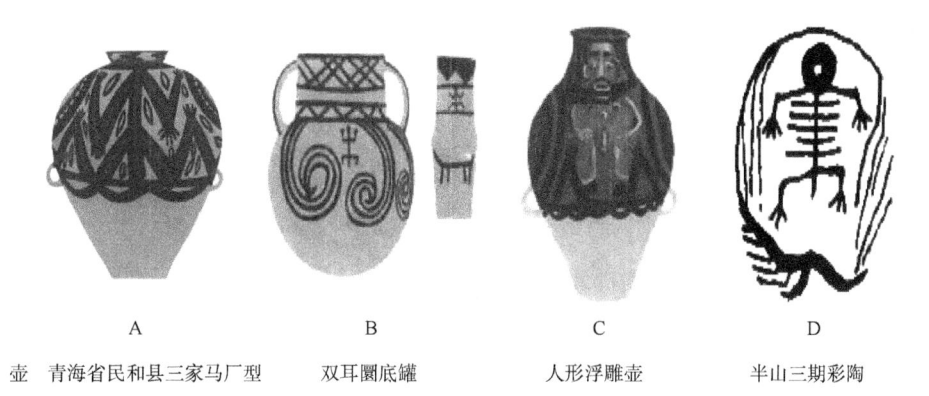

A	B	C	D
壶　青海省民和县三家马厂型	双耳圜底罐	人形浮雕壶	半山三期彩陶

图 6-2　马家窑文化彩陶中的"蹲踞式人形"

资料来源：张朋川.中国彩陶图谱[M].北京：文物出版社，1990

另外，1989 年在河南汝州市临汝镇临汝洪山庙，一个大型合葬墓（编号 M1）出土的瓮棺外壁上，也发现了一个雕绘结合的"蹲踞式"的形象。洪山庙合葬墓属于仰韶文化庙底沟类型，年代在公元前 4000 年至公元前 3500 年。在 M1 出土了 136 件瓮棺[①]，瓮棺外壁绘有各种图案。这次发现有两点很重要，一是图案很少重复；二是用男性生殖器装饰的三个瓮棺，其主人是女性。图 6-3 是在 W:39 瓮棺上发现的雕绘结合的蹲踞式人像。蹲踞式浮雕的头部与上肢都已残缺，下肢粗大，在两腿之间用泥条塑出了男性的生殖器。学者认为，红山瓮棺上各种各样的图案，并不是图腾或部落的标志（至少绝大多数不是）[②]；另外，男性生殖器代表的是生殖崇拜[③]。

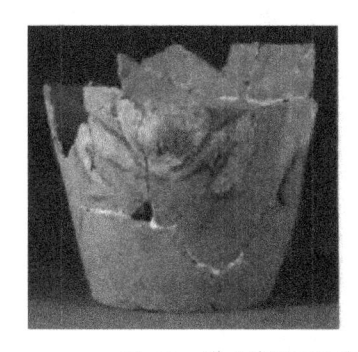

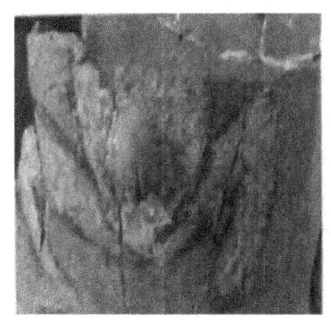

图 6-3　洪山庙 W:39 瓮棺外壁上的蹲踞式人形

资料来源：河南省文物考古研究所.汝州洪山庙[M].郑州：中州古籍出版社，1995：彩版六

---

① 河南省文物考古研究所.汝州洪山庙[M].郑州：中州古籍出版社，1995：79.
② 杨晓能.另一种古史[M].北京：生活·读书·新知三联书店，2008：85.
③ 袁广阔.洪山庙一号男性生殖器图像试析[J].文物，1995，(4)：12-15.

（三）玉器

1. 红山文化

2002年10月，辽宁省文物考古研究所牛河梁考古工作站在第16地点发现了一座属于红山文化晚期的大型墓葬，编号为M4，从墓葬的中心位置、巨大的规模、营造的费工和随葬重量级玉器等方面，都显示出这座墓的墓主人具有"一人独尊"的地位。图6-4A所示的玉人是最为重要的一件随葬器物。它出土时的位置在墓主人的左侧盆骨外侧，面朝下，方向与人骨的方向基本一致。玉人形态为双腿微曲，呈蹲踞状，双臂屈肘合于胸前，脐下部位凸鼓，额间有形似于眼眶而立置的梭形洞孔[①]，在颈的两侧及后面对钻三通孔，显然，此孔是穿绳索之用，将玉人或悬挂于宗庙中，或捆绑固定到祭坛，供人们进行祭拜或用作通天地鬼神的巫术仪式的工具。玉人被称为作法的"玉巫人"[②]。墓主人也被推测为红山文化晚期一位通神的大巫或者一人独尊的萨满。

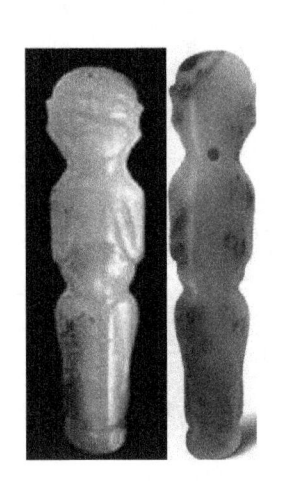

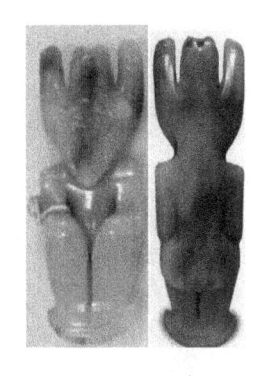

A　牛河梁16点出土玉人　　　B　剑桥大学博物馆藏玉坐人　　　C　故宫藏玉坐人

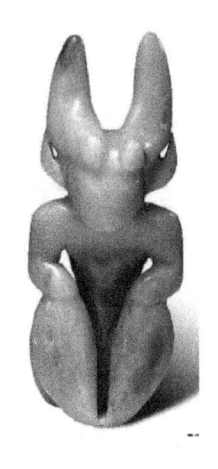

图6-4　红山玉人

资料来源：徐琳. 三件红山玉巫人评述[J]. 收藏家, 2010, (40): 36-38

[①] 辽宁省文物考古研究所. 牛河梁遗址[M]. 北京：学苑出版社，2004: 69.
[②] 郭大川. 红山文化"玉巫人"的发现与"萨满式文明"的有关问题[J]. 文物, 2008, (10): 80-87.

徐琳先生将故宫所藏玉坐人像（图6-4C）以及英国剑桥大学博物馆玉雕坐人像（图6-4B）与红山玉人进行比较研究发现：英国剑桥大学博物馆收藏的玉人裸身而坐；头上戴有兽首，正面看似帽；从背后看更似披着整张兽皮，披至腰际的兽皮，截为裙状；从器物上面看，则是一高举前肢的熊的上半身。故宫玉坐人头戴的动物冠帽更似鹿首。玉人的主人被认为是主持各种祭祀活动的专职祭司——巫师，也有人称之为"红山萨满"，兽冠和兽皮是他们身穿的一个道具，如举行大傩时要戴的"傩面"[①]。

2. 凌家滩玉人

凌家滩遗址位于安徽省含山县，1985年被发现，年代为距今5560±195年至5290±185年，与红山文化年代相当，但早于良渚文化。从凌家滩遗址发现的文物看，这时期的凌家滩先民已脱离对自然和图腾的崇拜阶段[②]。

凌家滩玉人共出土六尊。如图6-5所示，这些玉人均为玉灰白色，长扁形浮雕。从正面看，方冠、方面的玉人系斜条纹腰带。手臂上的刻纹表示手镯，双臂弯曲放于胸前，下肢呈蹲踞状，赤足。它们的表情庄重、静穆、虔诚，背后有对钻隧孔。从其形态可看出男女有别，可能代表六个不同的神。严文明先生认为，凌家滩玉人蹲踞屈肢的动作似乎是在祈祷的样子。玉人的主人为宗教活动中的重要执事人员或祭司，甚至也可能兼做军事领袖，因为他们的墓中往往随葬玉钺等，半使用、半仪仗性的武器[③]。另有学者从玉人的装束和姿态说明其为原始宗教中祈天祭神的大巫。根据其背后对穿的隧孔，且发掘墓地旁有祭坛的证据，认为玉人是在凌家滩部族影响很大、深受敬仰的某个祖先，是被部族祭祀的对象，是一种偶像崇拜[④]。

3. 良渚文化玉人神

良渚文化距今约4250～5250年，在诸多良渚文化出土的玉器中，如图6-6所示，编号为M12:98的饰有蹲踞式神人纹的"玉琮王"尤其引人关注。神人图像是由头戴华丽羽冠的倒梯形头部，与貌似兽面的身体两大部分组成，身体

---

① 徐琳. 三件红山玉巫人评述 [J]. 收藏家，2010, (4): 35-48.
② 安徽省文物考古研究所. 凌家滩玉器 [M]. 北京：文物出版社，2000: 1, 10.
③ 严文明. 凌家滩玉器浅识 [M]. 北京：文物出版社，2000: 155-158.
④ 王仁湘. 中国史前的纵梁冠——由凌家滩遗址出土玉人说起 [J]. 中原物，2007, (3): 38-45；过常职. 凌家滩玉人的文化解读 [J]. 巢湖学院学报，2009, (1): 114-117.

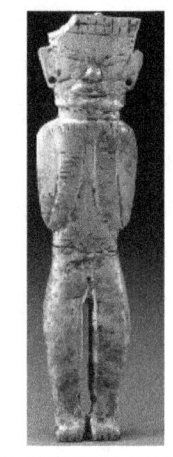

A　凌家滩玉人 98M29:14　　　　B　凌家滩玉人 87M1:1

图 6-5　凌家滩玉人

资料来源：安徽文物考古研究所. 凌家滩玉器 [M]. 北京：文物出版社，2000

上肢平臂，弯肘、手指神像腰部，神人的胸部以浮雕突出威严的兽面，下肢作蹲踞状，脚为三爪鸟足[①]。这种包括神人像和兽面的神人纹样被巫鸿先生称为二元纹样，这是一种有着深刻寓意的程式化的设计。在同一墓中，布局完全一样的这种图形多达 18 个，分布在四件器物上：反山 M12:98 号琮上 8 个，100 号钺上 2 个，87 号柱形器上 6 个，91 号和 104 号物体上各 2 个[②]。在该遗址 22 号墓出土的一套项饰中的璜（M22: 20）上也有这个形象。刻有这种"标准化"图像的物体本身也十分独特。钺是良渚文化墓葬中迄今所见最大的一件钺。琮是良渚文化玉琮中最大最重的一件，圆柱状玉器在其他遗址中从未出土过。出土这三件玉器的 12 号墓是反山最重要的一座墓葬，出土玉璜的 22 号墓靠近 12 号墓。有人指出钺和琮是良渚文化贵族男子的随葬品，璜则是良渚文化贵族妇女的随葬品[③]。

学者们多认为神人像是"族徽"或者是"神徽"。巫鸿先生认为反复出现、高度程式化的二元兽面纹不是一个一般的装饰纹样，应该是身份的固定象征物[③]。

[①] 王明达. 浙江余杭反山良渚墓地发掘简报 [J]. 文物, 1988, (1): 1-31.
[②] 庆祝苏秉琦考古五十五年编辑组. 庆祝苏秉琦考古五十五年论文集 [C]. 北京：文物出版社，1989: 187.
[③] 巫鸿. 中国古代艺术与建筑中的纪念碑性 [M]. 上海：世纪出版集团，2009: 45.

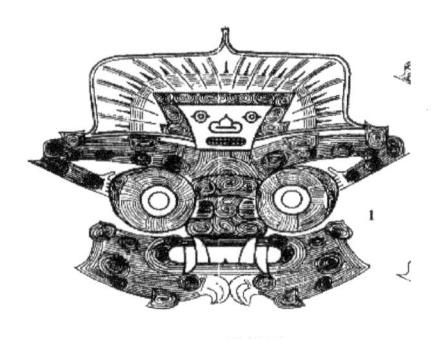

第六章 "蹲踞式人形"的语义解读　155

A　线描图　　　　　　　　　　　B　图片 P102

图 6-6　浙江良渚出土的玉琮神人像（反山 M12:98）

资料来源：刘斌. 神巫的世界 [M]. 杭州浙江摄影出版社，2007: 102；庆祝苏秉琦考古五十五年编辑组. 庆祝苏秉琦考古五十五年论文集 [C]. 北京：文物出版社，1989: 188.

王明达先生则将其视为"区别于一般部族成员的显贵者的身份地位的徽记"[①]。对此影响最大的是张光直先生的"动物伙伴"理论，他认为玉琮是贯通天地的法器，神人纹是一种"巫"，即巫师借助"动物伙伴"以升天地的造型[②]。叶舒宪先生认为这种神人像并不表示借助动物登天，而仅仅是由"权贵"来掌握的"族徽"。邓淑萍先生指出，神人像是指死去的祖先，而非活着的生民。董楚平、谷建祥先生也都认为神人像的实质是祖先崇拜[③]。更多学者都将鸟纹或是神人像视为良渚文化的图腾标志[④]。还有一些专家把神人像看作是"神徽"。牟永抗先生认为神人像显示了神的核心在于人，因而是一位头戴羽冠的战神[⑤]、太阳神[⑥]；萧兵先生根据《山海经·海外西经》中"帝断其首，葬于常羊之山；乃以乳为目，

[①] 王明达. 反山良渚文化墓地初论 [J]. 文物，1988，(12): 48-52；王巍. 良渚文化玉琮刍议 [J]. 考古，1986，(11): 1009-1016.
[②] 张光直. 青铜时代 [M]. 北京：生活·读书·新知三联书店，1990: 76.
[③] 董楚平. 良渚文化上帝小考 [J]. 浙江学刊，1996，(5): 28-29；谷建祥. 人、鸟、兽与琮 [A]// 南京博物院. 东方文明之光 [C]. 海口：海南国际出版社，1996: 396.
[④] 林华东. 良渚文化研究 [M]. 杭州：浙江教育出版社，1998: 266-267；王水根. 鸟图腾及相关问题 [J]. 南方文物，1994，(1): 60-65；董楚平. 良渚文化神像释义——兼与牟永抗先生商榷. 浙江学刊，1997: (6)100-103；刘斌. 良渚文化玉琮初探 [J]. 文物，1990，(2): 30-37；黄厚明. 良渚文化鸟人纹像的内涵和功能. 艺术探索，2005，(2): 38-44.
[⑤] 庆祝苏秉琦考古五十五年编辑组. 庆祝苏秉琦考古五十五年论文集 [C]. 北京：文物出版社，1989: 187.
[⑥] 牟永抗. 东方史前时期太阳崇拜的考古学观察 [A]// 牟永抗. 牟永抗考古学文集 [C]. 北京：科学出版社，2009: 424.

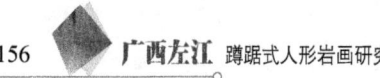

以脐为口，操干戚以舞"的记载，将其视为代表生殖崇拜的女神；俞伟超先生根据《周礼·春官·大宗伯》所载"黄琮礼地"，且所有玉琮又都是外轮做成方形，中有圆穿，含天圆地方之义，所以他认为神人像具有女性特征，其代表的是地母神[①]。潘守永先生更是在将其考证为祖神形象的同时，还明确地指出"九屈"的姿态已经昭示了它所隐含的"生殖崇拜"的喻义[②]。

二、青铜时代

（一）玉器

1. 正面蹲踞式玉人

商周时期，蹲踞式玉人分正面和侧面两种。图6-7所示玉人是殷墟妇好墓出的"双性同体"（又称"双性共体"或"雌雄同体"）雕像。玉人一面为男性，一面为女性，男性为椭圆脸，淡灰色，裸体，双目微突，大耳，长宽眉，头上梳两个角状发髻，耸肩，双手放胯间，做蹲踞状，以不同线条表示肌肉；女性的形象与男性近似，唯眉较弯，小口，双手置腹部。这种男、女共同存在于一体的人像，被认为与青海柳湾阴阳人有一样的意义，是一种关于人类生殖繁衍的艺术表现。哲学家以及宗教经典则认为它表现了人类生命的一种历程，是一种试图回到原始统一状态的努力。玉人脚下伸出的短榫说明它是供人们敬奉的。

如图6-8所示的是被安阳殷畿艺术博物馆收藏的商代玉人，与图6-9所示的上海博物馆收藏的商代早期玉人比较相似。两个玉人均为半圆雕，头戴平顶帽，斜橄榄式双目，阔嘴紧闭，双手抱于腹间，双膝向外侧微弯。他们的姿势与红山玉人和凌家滩玉人似乎是一脉相承的，而其所带平顶冠更是因与凌家滩玉人头像、殷商三星堆玉人头像的帽饰相似，因而被推测为非王即神[③]。

2. 侧身蹲踞式玉人

商代侧身蹲踞式玉人多数出自于殷墟妇好墓[④]。如图6-10A所示，殷墟妇好

---

① 俞伟超. 古史的考古学探索[M]. 北京：文物出版社，2002: 149.
② 潘守永，雷虹霁. 中国古代玉器上所见"⊕"字纹含义——"九屈神人"与中国早期神像模式[J]. 民族艺术，2000, (2): 132-148.
③ 常庆林，常晓雷. 殷墟玉器——安阳殷畿艺术博物馆藏玉[M]. 上海：上海大学出版社，2009: 12.
④ 社会科学院考古研究所. 殷墟妇好墓[M]. 北京：文物出版社，1980: 155.

第六章 "蹲踞式人形"的语义解读 | 157

A 男性面　　　　B 女性面
图 6-7　殷墟妇好墓玉立人柄形器

图 6-8　商代玉人
安阳殷墟艺术博物馆藏

图 6-9　商代早期玉人
上海博物馆藏

资料来源：中国社会科学院考古研究所.殷墟妇好墓[M].北京：文物出版社，1980：彩版 25

墓出土的标本 518 玉人头微抬，戴冠，姿态很不自然。大眼，高鼻，张嘴，耳较大，臂拳曲于胸前，膝上耸，小腿下有三角形榫，上有圆孔。如图 6-10B 所示，殷墟妇好墓标本 987 玉人形状与标本 518 玉人极为相似，但只雕出了面部及上下肢的轮廓，未雕细部纹饰，似为半成品，在小腿下有一小圆孔，脚下有榫。如图 6-10C 所示，殷墟妇好墓标本 357 玉人头戴冠，张嘴，翘鼻，臂向上屈，手指向外，

A 标本 518　　　B 标本 987　　　C 标本 357　　　D 标本 470
图 6-10　殷墟妇好墓出土玉人

资料来源：中国社会科学院考古研究所.殷墟妇好墓[M].北京：文物出版社，1980：154

图 6-11　江西新干大洋洲出土商代玉人

资料来源：周南泉.夏商时期的玉人神器鉴赏——古玉研究之七［J］.故宫博物院院刊，1998,（1）：65-74

下肢较短，作拳曲状，脚下有榫，线条简单。如图 6-10D 所示，殷墟妇好墓标本 470 玉人形状与标本 357 玉人极为相似，但只雕出了面部及上下肢的轮廓臂上有小孔，脚下有短榫，可能作镶嵌用。另有三件殷墟侧身蹲踞式玉人为安阳殷畿艺术博物馆藏玉，形制与殷墟妇好墓出土玉人相似。

如图 6-11 所示，江西新干大洋洲商墓的半圆雕玉羽人[①]（标本 628），出土于墓主项链顶端右侧，作侧身蹲坐状，两面对称。粗眉，臣字形眼，半环大耳，嘴巴呈高勾而内卷成缘状，戴高羽冠。顶后部用掏雕技法琢出三个相套链环。臂拳屈于胸前，蹲腿，脚与臂部齐平。足背上有一斜洞，直斜穿至足后跟，脚底有短榫，榫部有凹槽。腰背至臂部阴刻鳞片纹和羽纹，肋下至腿部雕刻出羽翼。

商代的蹲踞式玉人穿着讲究、面相慈祥、制作精美，可能就是所谓"代天行事"的奴隶主的形象[②]；常庆林先生认为侧身蹲踞式玉人就是商代的贞人，这种呈蹲踞状的姿势在现代人看来是一种很不舒服甚至很吃力的姿势，但是在商代的玉人中十分常见（图 6-12）。玉人身上的纹饰表示的是鸟的翅膀。鹦鹉在殷商时代的鸟类中，具有与贞人一样的蹲踞姿态。甚至鹦鹉的头上可以装饰龙的纹饰。

蹲踞式贞人与会说话、会飞上天的鹦鹉一样，都是上天的神代言人。贞人的这种蹲踞姿态，是真实祭祀时的一种巫舞的瞬间姿态[③]。大洋洲商墓的玉人也被墓学者称为"羽人"，"起着生命之链的作用"[④]，是连接生存世界与灵魂世界、生与死之间往返的桥梁。它代表灵魂升天的生死观；或与我国古代神仙思想或仙道思想有关[⑤]；另有学者认为其脑后之环链特征，可证明它是典型的雷神形

---

① 李学勤.江西新干大洋洲商墓发掘简报［J］.文物，1991,（10）：1-26.
② 周南泉.夏商时期的玉人神器鉴赏——古玉研究之七［J］.故宫博物院院刊，1998,（1）：65-74.
③ 常庆林，常晓雷.殷墟玉器——安阳殷畿艺术博物馆藏玉［M］.上海：上海大学出版社，2009：18.
④ 周广明，李荣华.羽化登仙——新干商代大墓玉羽人释义［J］.南方文物，2001,（3）：44.
⑤ 李缙云.谈新干商墓的玛瑙套环人形饰［J］.中国文物报，1991,（1）：13.

图 6-12　商代侧身蹲踞式玉人

资料来源：常庆林，常晓雷.殷墟玉器——安阳殷畿艺术博物馆藏玉 [M].上海：上海大学出版社，2009：18

象[①]；也可能是"献给神灵的牺牲"[②]。

西周的蹲踞式玉人皆扁平、侧身，除少数通身表现人形图像外，多数附加各种形状的兽。如图 6-13 所示，山西省曲沃县晋侯墓地 92 号墓出土的周代蹲踞式玉人，头顶部凸耸起似冠，其上有一小圆孔穿过。如图 6-14 所示，陕西省扶风县黄堆乡强家沟一号西周中期墓中，侧身蹲踞式玉人半透明，通体抛光，圆雕而成。人呈蹲踞状，双手抚膝，大张嘴，圆形双目正视前方，眉骨凸起，大耳，头顶有类似发髻的突起饰，并有一对穿小圆孔。据报告，这件玉人是一串由一件玉人、一件玉蚕及若干玛瑙珠管和料珠管共 12 件玉料组成的佩玉之一。其串列方式是玉人、玉蚕垂在最下边，玉串饰置于死者头部左侧[③]。

（二）青铜器

出现在商周青铜器上的蹲踞式人形，比较著名的是泉屋博古馆收藏的青铜鼓上的纹饰。如图 6-15 所示，鼓的中心装饰有大大的双角兽面，裸体正面，蹲踞形，双手高举。整体为浅浮雕兽面纹，眼球中心呈深深凹陷的圆盘形。在头部的上方有一个大大的方形，内部分割成小方块，应该属于南方地方性的青铜器。林巳奈夫先生认为双手高举是古代神灵的一个常见的动作。而此神头上有

[①] 尤仁德.雷神玉像——大洋洲"玉羽人别解"[J]（台）故宫文物月刊，2000,(210): 110-117.
[②] 臧振.古玉功能摭辨——玉为神灵食品说 [A]// 杨伯达.中国玉文化玉学论丛 [C].北京：紫禁城出版社，2004: 19.
[③] 周原扶风文管所.陕西扶风强家一号西周墓 [J].文博，1987,(4): 5-20.

图 6-13　周代蹲踞式玉人（标本 M92：92-14）

资料来源：北京大学考古学系，山西省考古研究所. 天马—曲村遗址北赵晋侯墓地第五次发掘［J］文物，1995,(7): 20

图 6-14　标本 M1: 92（出土于陕西扶风县）

资料来源：周南泉. 论西周玉器上的人神图像——古玉研究之五［M］故宫博物院院刊，1995,(3): 53

图 6-15　殷后期青铜鼓上的神像

资料来源：林巳奈夫. 神与兽的纹样学［M］常耀华译. 北京：生活·读书·新知三联书店，2009: 135

蓝形花纹，应为天神[①]。俞伟超先生认为这是九屈神人，因其下身有特别巨大的男性生殖器，突出了男根，因而象征祖神[②]。

（三）古文字

除了彩陶、玉器和青铜器上的蹲踞式人形外，我们还可以从甲骨文、金文

[①] 林巳奈夫. 神与兽的纹样学［M］常耀华译. 北京：生活·读书·新知三联书店，2009：139.
[②] 俞伟超."神面卣"上的人格化"天帝"图像［A］// 俞伟超. 古史的考古学探索［C］. 北京：文物出版社，2002: 144.

第六章 "蹲踞式人形"的语义解读　161

上看到相似的图形。甲骨文发现于商代后期王都的遗址——殷墟。青铜器上铸造铭文是从商代后期开始流行的，到周代达到高峰①。李济先生在《跪坐、蹲踞与箕踞》一文中分析了《甲骨文编》中所见的"跪"或"跪坐"姿态的文字（图6-16）。他把这些字分为四类：与女性有关；具有征服的意义；涉及祭祀鬼神；另外与饮食有关②。如果仅从外形上看，笔者觉得这些文字更像是侧身蹲踞的人像。

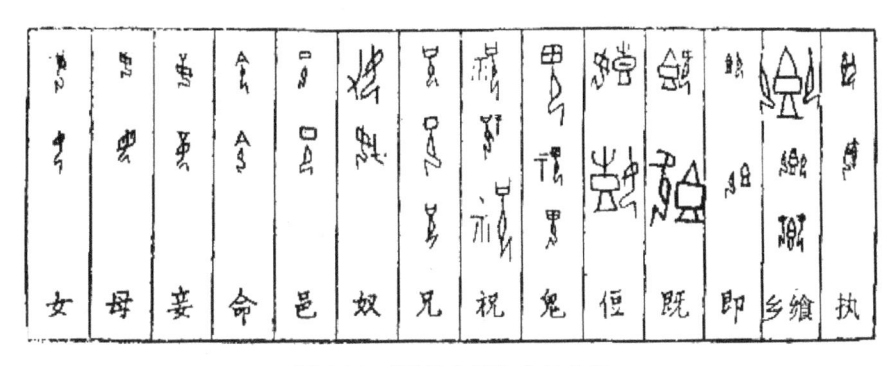

| 女 | 母 | 妾 | 命 | 邑 | 奴 | 兄 | 祝 | 鬼 | 侸 | 既 | 即 | 乡缯 | 执 |

图6-16 《甲骨文编》中的文字

资料来源：李济.跪坐、蹲踞与箕踞［A］//王仁湘.中国考古人类学百年文选［C］.北京：知识产权出版社，2009：25

美国普林斯顿大学艺术博物馆藏有一件属于商代早期的青铜觚。图6-17描绘的是一兽（虎？）在攻击一蹲踞式人，此人一手持戈、一手持盾③。这个图像中的蹲踞式人形应与虎食人母题中的人物属于同一种类型。另外一种蹲踞式的图形文字很可能代表的是族徽。图6-18是罗振玉列出的三代金文"天黿"；图6-19是武鸣铜卣上的阴刻人形；图6-20是葛英会分析的燕国族徽及其部族联合中的分族族徽④，从这些图像中我们都看到了双手上举的蹲踞式人形。

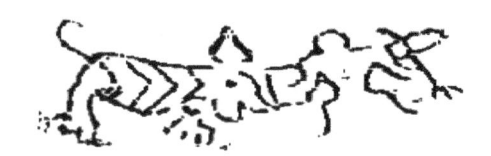

图6-17 青铜觚上的图形文字商代早期普林斯顿大学艺术博物馆藏

资料来源：杨晓能.另一种古史［M］.唐际根，孙亚冰译.北京：生活·读书·新知三联书店，2008：169

---

① 高明.中国古代文字学通论［M］.北京：北京大学出版社，1996：41.
② 李济.跪坐、蹲踞与箕踞［A］//王仁湘.中国考古人类学百年文选［C］.北京：知识产权出版社，2009：25.
③ 杨晓能.另一种古史［M］.唐际根，孙亚冰译.北京：生活·读书·新知三联书店，2008：168.
④ 葛英会.燕国的部族及部族联合［J］.北京文物与考古，1983，(1)：5.

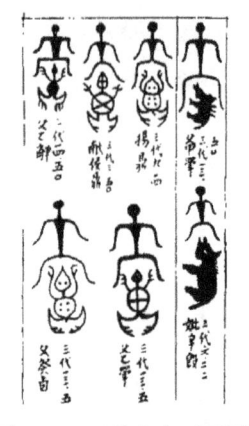

图 6-18 三代金文"天黿"

资料来源：靳之林.中华民族的保护神与繁衍之神——抓髻娃娃.北京：中国社会科学出版社，1989：51

图 6-19 武鸣铜卣上的阴刻人形

资料来源：覃圣敏，覃彩銮，卢敏飞，等.广西左江流域崖壁画考察与研究[M].南宁：广西民族出版社，1987：133

图 6-20 燕国族徽及其部族联合中的分族族徽

资料来源：葛英会.燕国的部族及部族联合[J].北京文物与考古，1983，(1)：5

三、东周至汉代

如图 6-21 所示，发现于湖南以及越南的靴形钺上的主题纹饰与左江岩画中的蹲踞式人形非常相似。靴形铜钺在先秦、秦汉时期主要分布于中国的广东、广西、云南、湖南，以及越南、老挝、印度尼西亚等东南亚国家。早在 20 世纪 30 年代，研究百越民族史的学者就提出，越人是历史上使用一种名为"钺"武器的民族。从船形钺的形式和装饰花纹看，它很难以用于劳动和战斗，却像是祭祀物品或仪仗用品[1]。另外，甲骨文中的"王"字乃作斧钺形状[2]，这说明钺应该是权力的象征，钺上的人物与良渚玉琮上的神人像应属同类。

---

[1] 蒋廷瑜.先秦越人的青铜钺[J].广西民族研究，1985，(1)：17-19.
[2] 何平利.崇山理念与中国文化[M].济南：齐鲁书社，2001：478.

A 越南清化图　　　　B 越南岳池　　　　C 湖南衡山

图 6-21　青铜钺上的蹲踞式人形纹饰

资料来源：覃圣敏，覃彩銮，卢敏飞，等.广西左江流域崖壁画考察与研究 [M].南宁：广西民族出版社，1987:134

河南辉县琉璃阁战国墓 M59 发掘的两件铜壶上，有种鸟兽人身的蹲踞神人像。如图 6-22 所示，它的头上是蛇形 "角"，两臂有翼，被称为 "羽人"。这种蹲踞式神人像在战国铜器中是非常流行的一种纹饰[1]。它类似于湖北荆门漳河车桥战国墓所出土的一件铜戈上面的纹饰。如图 6-23～图 6-25 所示，这种纹饰曾被学者们反复讨论。戈上的神人也呈蹲踞状，戴羽冠，被称为 "太岁避兵" 戈。"太岁避兵" 戈中的神人被认为是《山海经》中的噎鸣，即太岁神。"太岁避兵" 就是太岁在此不可用兵争伐[2]，李学勤先生对其加以补充并认为太岁是社神[3]，古

图 6-22　玻璃阁铜壶上的神　　图 6-23　古越阁藏铜剑上的　　图 6-24　"太岁避兵" 戈（战
　　　　　人形（战国）　　　　　　　　　　神人像（东周）　　　　　　　　　国）

资料来源：郭宝钧.山彪镇与琉璃阁　　资料来源：李零.入山与出塞 [M].　　资料来源：李零.入山与出塞 [M].
[M]北京：科学出版社，1959:93　　　北京：文物出版社，2004:216　　　　北京：文物出版社，2004:209

---

[1] 李零.《玻璃阁铜壶上的神物图像》补遗 [J].文物天地，1993，(3):31-33.
[2] 俞伟超，李家浩.论 "兵遵太岁" 戈 [A]//文化部文物局古文献研究室.出土文献研究 [C].北京：文物出版社，1985:137-144.
[3] 杨琳.马王堆帛画《社神护魂图》阐释 [J].考古与文物，2000，(2):71-74.

人死入土，其命运由社神掌管。周世荣先生则试图将太一和社神合二为一，把太一看成天神与地祇的合一[①]。

看来这种神人纹饰虽然出现在铜戈、铜器、帛书等不同的物品上，但应该是一脉相承的，多数被认为是备受尊崇的"太一"神人，同时，它还兼有岁神、战神、社神的功能。如图6-26～图6-28所示，相似的蹲踞式神人还出现在马王堆汉墓中的"神祇图"中，曾侯乙的漆棺上，以及马王堆汉墓的帛画上。这些图像通常被认为是土伯。传说中的土伯是"幽都"的统治者，可以威慑厉鬼，并可以把死者的灵魂顺利护送到目的地。

考古资料显示，河南、山东汉墓画像石中有一种"巨人怀抱伏羲、女娲"

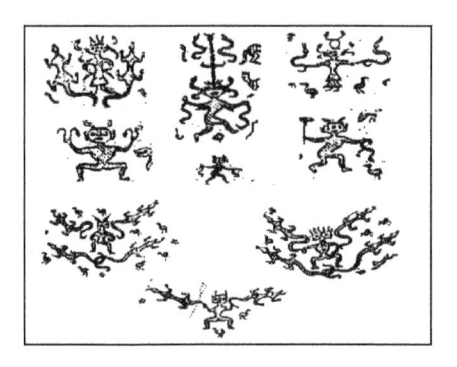

图6-25 江苏淮阴高庄出土铜器上的神人纹

资料来源：李零.入山与出塞[M].北京：文物出版社，2004: 216

图6-26 马王堆帛画中的"神祇图"

资料来源：李零.入山与出塞[M].北京：文物出版社，2004: 204

图6-27 曾侯乙漆棺上的神人战国楚墓

资料来源：张安志.中国美术全集绘画篇原始社会至南北朝[M].北京：人民美术出版社，1988: 45

图6-28 马王堆帛画局部（双手上举的为土伯）

资料来源：张安志.中国美术全集绘画篇原始社会至南北朝[M].北京：人民美术出版社，1988: 71

---

① 周世荣.马王堆汉墓的"神祇图"帛画[J].考古，1990, (10): 925-928.

的图案，如图 6-29、图 6-30 所示，画像石中的巨人也常呈蹲踞状。学者认为这种神话图像居中的大神应是汉代的至上神太一神，伏羲、女娲分别代表阴阳两仪。太一神拥抱伏羲、女娲的蛇躯使之相结合的图像，是当时人们思想意识中"太一化生阴阳，阴阳化生万物"的宇宙起源观念，通过艺术形式而做的一种反映[1]。根据同样的道理，有的学者认为神人是盘古[2]。

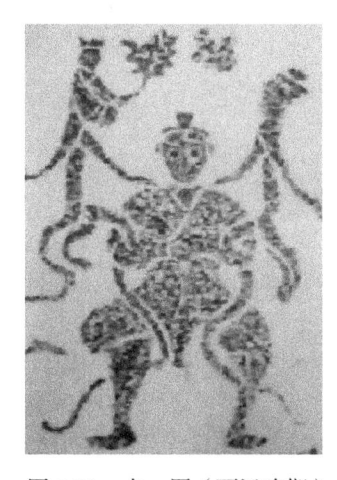

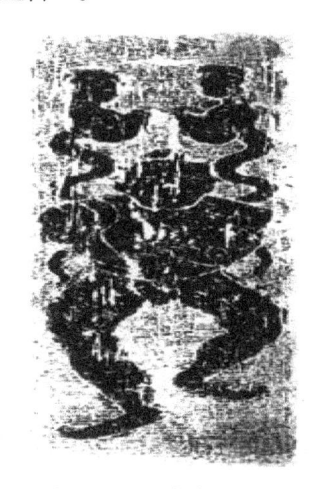

图 6-29　太一图（西汉晚期）　　图 6-30　太一图（河南南阳北门外魏公桥）

资料来源：蒋英炬.编中国画像石全集第六册 [M].
济南：山东美术出版社，2000: 13

通过对我国早期考古资料中蹲踞人形符号的爬梳可知，蹲踞式人形符号不仅在我国地理上分布广泛，还经历了从新石器早期到文明社会的发展。它大多出现在我国早期艺术中的岩画、石雕、陶器、玉器、青铜器及文字上。对于这种形象的含义，学者们根据不同的造型和场合做出了一定的解释，也使我们对这一图像有了初步了解。但是尽管以上的材料很丰富，解释也都很精彩，可是其意义多融入了的当地文化，甚至被后来所衍生的文化内涵所替代。如果要更好地探讨左江蹲踞式人形符号的意义，我们必须把它放入更大的时空内对其意义作以探讨。

---

[1] 刘弘.汉画像石上所见太一神考 [J].民间文学论坛，1989, (4): 40-44; 吴曾德.汉代画像石 [M].北京：文物出版社，1984: 108.
[2] 中国美术全集编辑委员会.中国美术全集·绘画篇·18 画像石、画像砖 [M].上海：上海人民出版社，1988: 120.

第二节　早期艺术中"蹲踞式人形"的象征意义

蹲踞式人形符号广泛分布于世界各地，且经历了整个人类文化史。直到现在，一些原始部落或某些仍旧保持传统艺术部落的纺织品、树皮画、剪纸等艺术形式上，依然会出现相似的符号。基于"人同此心，心同此理"的大同，人们早期的信仰、实践和艺术保持了一定的相近性。因此，通过我国早期的文化遗存、丰富的资料记载和论述，以及对相关资料的比较分析，可以更好地揭示左江蹲踞人形符号的意义。

一、九屈神人

蹲踞姿势呈现了人体最多的弯曲动态，有着这种姿态的人像，在我国古代通常被称作神人，它是古代美术中常见的一个形象。

（一）九屈神人的造型传统

宋玉为屈原而作《楚辞·招魂》一文中，记录了身为"九约"的土伯神，这是最早描述九曲神人的文章。汉王逸《楚辞章句》为之作注："幽都，地下后土所治也。约，屈也……言地有土伯执卫户，其身九屈……"对于王逸将"九约"注为"九屈"，历代学者多有不解。俞伟超先生最先破解"九屈"乃神人的身体之姿态。他说："王逸注'九约'为'九屈'是对的，今人因不解而以为有误。所谓'九屈'，其实非常简单，就是指神人身体形态的一种状态，双手（每支胳膊，为两屈）、双腿（每条腿亦为两屈）皆作两度弯曲（以上共八屈），全身又作蹲踞状，故身、股之间又有一屈，总计正为'九屈'"[1]。关于体态为正面的"九屈神人"，我们在前文所述的殷商至汉代艺术品中所见甚多。

《说文解字》中说："九，阳之变也。象屈曲究尽之形。"文字学家丁山解释说："文字之初，凡纠缭曲屈之形，皆作'九'，后借为数目，因九本为肘字，象臂节形，臂节可屈可伸，故有九屈意。"[2] 马叙伦、高亨、李孝定等也都指出了"九"与"曲肘"的关系。"神人九屈"之形的发现将这个讨论又向前推进一步；"九屈"乃屈曲究尽之形，故可借为最大数；又因"九屈"是神人之常态，

---

[1] 潘守永. 九屈神人与良渚古玉纹饰 [J]. 民族艺术，2000,(1): 150-165.
[2] 赵武宏. 细说汉字 [M]. 北京：大众文艺出版社，2010: 554.

故"申"即"神"[①]。徐旭生先生说：神是由"申"来的（这也是大多数学者的意见），又可进一步引申为"帝"（禘），其"原意为电，像闪电屈曲之形，因为神的威严最显著的就是雷电"[②]。潘守永先生认为，"神"并不是对闪电的摹绘，而应摹描的是"神人"侧视图形[①]。其实，无论是对闪电还是对人姿态的摹描，"九屈"之态都应是"神人"最好的标识。

以上是对"九屈"之态为"神人"标识的一些解释。关于这点，我国早期的考古资料似乎也证明了，有着蹲踞式姿态的人像从旧石器时期直到汉代的确一直有着神圣的身份。在石器时代，蹲踞式人形的身份主要为始祖神（尤其是女性始祖）、神人（包括掌管生命与生殖之神、蛙神、地母神、太阳神、战神）、巫觋、兼带巫觋身份的军事首领；青铜时代的主要身份为帝王、巫觋、掌管生命与生殖之神；东周到汉代的身份是土伯、社神、太一、盘古。蹲踞式神人身份的改变与当时人们思想观的变化是分不开的。

（二）"九屈神人"身份的演变

石器时代是一个物我混同的时期，世界各地的原始部落，几乎普遍产生了周围都是神灵的诸神的信仰，尤其是对控制人生命的女神的崇拜最为突出。当先民面对自然界的威力与压迫，感到无能为力时，就幻想在自然界的物体后面藏着某些超自然的神鬼，有意为难他们，于是他们相信在他们自己中间能有一种特别的"技术人才"，有特别的能力，用一种特别的方式命令藏在物体后面的小鬼小神，使之照着他们的意志去做事，这些"技术人才"就叫作巫觋[③]。伴随农业发展，社会分化出现阶级，也就有了巫觋这个专业群体，那些初期的民巫，凭借着自己的学识，"由私巫便成公巫。及为公巫，便俨然成了当地领袖。领袖的权威越大，于是变为酋长，变为帝王[④]。从红山文化看，其'坛、庙、冢'三合一的规模已经具有了'礼'的雏形。这一切说明在这里活动的原始先民已经脱离了对自然的崇拜，对图腾的崇拜的低级阶段，应属于超越于部落之上的联盟组织"[⑤]。红山和凌家滩出土的蹲踞式玉人都是代表当时军事首领的大巫；反

---

① 潘守永.九屈神人与良渚古玉纹饰[J].民族艺术，2000,(1):150-165.
② 徐旭升.中国古史的传说时代[M].北京：文物出版社，1985:198.
③ 徐旭升.中国古史的传说时代[M].北京：文物出版社，1985:77-78.
④ 李安宅.巫术的分析[M].成都：四川人民出版社，1982:23.
⑤ 辽西发现五千年前祭坛女神庙积石冢群址.光明日报[N],1986-07-25.第一版.

山、瑶山祭坛，也是"巫觋们表现'神'的存在和神权的专用场所，而祭坛的主事者（祭师或巫觋），是神的代言人，是神权的执行者"[①]。这些蹲踞式人形的玉质礼器是死者生前特殊身份的象征：他们不但为人王，还掌握着与天地沟通的权力。

在青铜时代，上帝通过殷王统治人间，依靠其对天候的支配，也成为统治自然界的至高无上的神，殷的诸神最终都由上帝统治[②]。起初上帝与殷的祖先并不对立，他们通过祭司或巫觋的力量沟通，贯通为一体。这时的蹲踞式人形为"天帝""祖先神""巫觋"。郭沫若从文字学角度对甲骨文金文中蹲踞式人形下附之以龟的人形加以分析，也认为这个蹲踞式人形应该是"帝"或"神"[③]。但是到了西周，祖先世界与神的世界逐渐分立，成为两个不同的范畴。周人是以祖配于天，上天与周人祖神是一种父子关系。配天祀祖是天、祖沟通的主要方法之一，这种以先祖、先王配天而祭，崇拜上帝的核心内容是尊严其祖[④]。周人的始祖神一身而三任：祖神、谷神、土地神，周天子成为周王朝中最大的社神、稷神[⑤]。东周以后祖先的世界与神的世界之间的联系，被整个切断了。神仙的世界"变成"了一个不论圣人还是先祖都难以达到的地方，上帝与诸神至今成为一个越来越为人迹所不能至的范畴[⑥]。逐渐形成了神仙皆居天上、鬼灵深潜地下、天地之间是人类活动场所的世界[⑦]。此时，蹲踞式人像的身份也随着人们世界观的转变，逐渐成为有着无限能量，掌握人间万物生死的后土、土伯、社神、太一、盘古。后土、土伯、社神的崇拜是与大地母亲的观念一脉相承的。太一、盘古崇拜则是先民对宇宙从混沌到阴阳两分再到化生万物观念的形象化表示。太一和盘古都是"天道"运行的中心，是阴阳未分的"道"和"天神贵者"[⑧]，它被认为是宇宙的根，直接参与了创生过程。始祖盘古是伏羲、女娲的合体神，

---

① 浙江省文物考古研究所. 余杭瑶山良渚文化祭坛遗址发掘简报 [J]. 文物，1988, (1): 32-51.
② 王青. 商周秦汉时期政治神话的演变 [A] // 陈明. 原道 [C]. 北京：中国广播电视出版社，1996: 247.
③ 汤惠生，张文华. 青海岩画 [M]. 北京：科学出版社，2001: 75.
④ 李向平. 神权与王权 [M]. 沈阳：辽宁教育出版社，1991: 83.
⑤ 李向平. 神权与王权 [M]. 沈阳：辽宁教育出版社，1991: 191.
⑥ 张光直. 中国青铜时代 [M]. 北京：生活·读书·新知三联书店，183: 308.
⑦ 俞伟超. 先秦两汉美术考古材料中所见世界观的变化 [A] // 王仁湘. 中国考古人类学百年文选 [C]. 北京：知识产权出版社，2009: 301-313.
⑧ （汉）司马迁. 史记（第四册）[M]. 北京：中华书局，1982: 1386.

也是万物的创造者。

也就是说，蹲踞式姿势是神人身份的象征，这种喻义从石器时代就已经开始了。虽然随着时间的推移，蹲踞式神人所蕴含的能量逐渐大到无所不能，其身份也变成了创造宇宙、掌控世界的最高神，但他作为祖先神的身份却始终没有变化。

二、生生不息

汤惠生先生曾对蹲踞式图形做过精彩的论述，并认为无论这种形象表示的是男神还是女神都与生殖崇拜有关[①]。其实，我国考古资料显示，蹲踞式人形并不仅仅代表着生命的繁衍，它还代表着生命的永生和再生。因此，它应是一个"生生不息"的象征符号。

（一）"蹲踞"姿态的内涵

1. 生命的繁衍与再生

当女性分娩时，她们的姿势是屈膝、提腿的蹲踞式；当两性交合时，也是这种蹲踞姿态。因此，人们很早就认识到了这种姿势与生命之间的联系，因而在新石器时代，工匠们往往把女神雕刻成或坐或卧的分娩姿势，这是对生育姿势的强调。如图6-31所示，这种与生殖姿势相关的图案在过去的几千年中，一直重复出现，其存在超过了2万年[②]。表现分娩的蹲踞式姿态证实了女神作为生命给予者的最显著的功能。

在生命的循环中，女性的力量不仅表现在生育、生殖力方面，它还体现了死亡与再生。对于原始先民来说，死亡并不预示着最后的终结，而是大自然循环的一个环节，死亡总是紧密伴随着再生。如图6-32所示，新石器的很多遗址中，蹲踞式的女神常常作为陶瓶和庙宇上的浮雕的一部分。另外，如图6-33所示，蹲踞的形象也常常被简化成一个M形的符号。女神的阴门着重强调了这些形象的再生力量。她们掌管着生殖力和死后的再生。古希腊的鲍珀女神和苏美尔的鲍女神就具有这样的能力[③]。从这一作用，我们可以看到女神穿越阴阳两

---

① 汤惠生，张文华. 青海岩画 [M]. 北京：科学出版社，2001: 64-78.
② [美] 金芭塔斯 M. 活着的女神 [M]. 叶舒宪译. 桂林：广西师范大学出版社，2008: 11.
③ [美] 金芭塔斯. 活着的女神 [M]. 桂林：广西师范大学出版社，2008: 31.

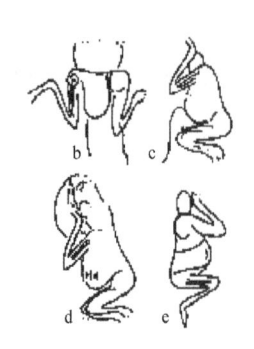

图 6-31 最早的"女娲"造型（出现在法国南部洞穴出土的骨雕图形上）

资料来源：叶舒宪.千面女神[M].上海：上海社会科学院出版社，2004: 317

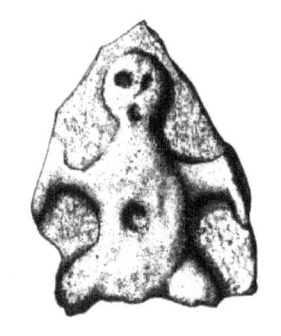

图 6-32 再生女神用来装饰新石器时代的庙宇和陶瓶的浮雕（来自库库泰尼）

资料来源：[美]金芭塔斯 M.活着的女神[M].叶舒宪译.桂林：广西师范大学出版社，2008: 28

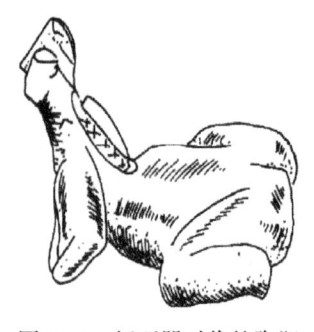

图 6-33 新石器时代的陶塑女神像（出土于土耳其西部）

资料来源：[美]金芭塔斯 M.活着的女神[M].叶舒宪译.桂林：广西师范大学出版社，2008: 28

界——死亡的虚幻恐怖和生育的甜美希望——她实际上为这两个世界提供了一种联系[①]。

2. 祖先的记忆与崇拜

如图 6-34 所示，我们的祖先在进化成为人之前，与猿类和猩猩的四肢动作有很多相似之处。人类放置身体的方法，除直立一式不算外，大概有四种方式：①坐地；②蹲踞；③跪坐；④高坐。蹲踞是早期人类在坐具发明以前共守的一种最有效的缓冲体力的方式。以两足接受全身重量，是人类的特别姿态，站着如此，蹲下也是如此。在坐具发明以前，箕踞与蹲踞都是极普遍的，故原始民族的体骨，在胫腓与距骨的关节，大半留有"蹲面"的痕迹，证明了这一姿态的普遍存在，且蹲踞姿态仍流传在没有椅凳的现代农村社会[②]。因此，蹲踞姿势实际是我们祖先在进化过程中，对从四肢到直立行走过渡阶段的一个记忆。直到现在，陕北以及中原农民在吃饭或者是休息时，依然会采取蹲踞的形式，土话叫"骨堆"。

对祖先的怀念与崇拜，使得蹲踞式人像几乎贯穿于我国整个早期的美术考古资料中。这种图像在环太平洋沿岸印第安人的图腾柱中尤其突出。在巴博氏的《图腾华表》一书中，他搜集的 561 件存在于北美西岸的图腾雕刻中，蹲踞

---

① [美]金芭塔斯 M.活着的女神[M].叶舒宪译.桂林：广西师范大学出版社，2008: 20.
② 王仁湘.中国考古人类学百年文选[C].北京：知识产权出版社，2009: 29.

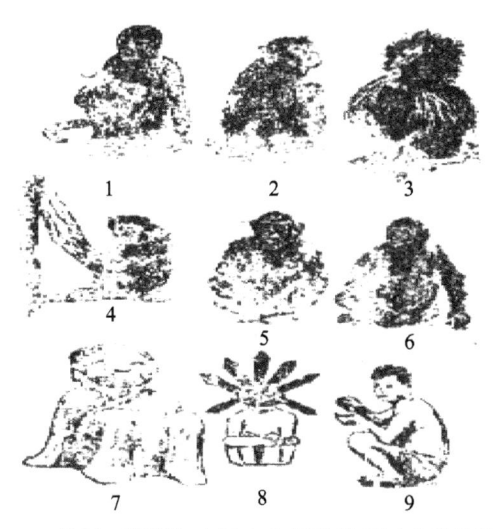

图 6-34 猴子、猩猩与人类之坐相种种以及人类的蹲踞像

A. 羱毛猴坐相；B. 狝猴，母与子；C. 狒狒坐相；D. 白手长臂猿坐相；E. 黑猩猩坐相；F. 大猩猩坐相；G. 四盘磨石雕相；H. 瓜九突族太阳神相；I. 马来人蹲踞相

资料来源：王仁湘. 中国考古人类学百年文选 [C]. 北京：知识产权出版社，2009：29

图像占了大半[①]。大洋洲土著人的祖先雕像多采取蹲踞模式。台湾先住民头人家里表现祖先神像的房柱、石雕皆采用蹲踞式动作。对祖先的怀念，使得在世的人希望祖先灵魂不灭、永生。虽然祖先的躯体消失了，但他们的灵魂仍以某种方式活着，并与活人保持着某种神秘的联系。他们主宰着氏族、部落的命运，并成为族群的保护之神，由此，对祖先的崇拜，也可以带给人们生命的繁衍与永生。

（二）考古资料中"蹲踞式人形"的阐释

1. 通天通阳、生命不死

在我国有确切发现地点的考古资料中，一些带有蹲踞式人形的器物多出现在墓主身旁。例如，红山玉人 M4 出土时，位于墓主人的左侧盆骨外侧，面朝下，方向与人骨的方向基本一致。微曲的双腿、凸出的脐部意味着生命永生，额间的梭形洞孔则是通天通阳的标志。山西省曲沃县晋侯墓地 92 号墓出土的侧

---

① 王仁湘. 中国考古人类学百年文选 [C]. 北京：知识产权出版社，2009：3.

身蹲踞式玉人M92: 92-14[①]（图6-13）是佩玉的一部分。佩玉的串列方式是玉人、玉蚕垂在最下边，玉串置死者头部左侧[②]。玉蚕与表示蹲踞式人像都代表着再生，它们出现在墓主身旁，强烈表现了墓主对永生的渴望。另外，出现在象征权威的玉琮、钺、青铜鼎等礼器上的蹲踞式神人，也是为了保佑生命不止、社稷长存。

2. 阴阳化合、生生不息

当男性在生产中的作用不断加强，人们逐渐认识到了男性在生育中的作用，蹲踞姿势与男女交媾的动作常常产生联系。先民认识到男女结合、阴阳相交是生命之源泉。这时，蹲踞式人像突显了其阴阳交合、生生不息的功能。

河南临汝洪山庙大型合葬墓（编号M1）出土了用男性生殖器装饰的女性瓮棺三个，特别是W9瓮棺外壁上有雕绘结合的蹲踞式的人的形象，头部上肢已经残缺，下肢粗大，在两腿之间用泥条塑出了男性的生殖器[③]。另外青海柳湾阴阳人陶罐、商周殷墟妇好墓出土的"双性同体"玉人都与它一样都有生命永生、生殖繁衍的寓意。叶舒宪先生还从另一角度对青海柳湾"阴阳人"进行了解读，认为这个陶壶是一个象征母神的、完整的立体蛙人，其整体外形突出的是母体上能够"吐生"的壶口部，而在正面塑造的人体形象，则突出的是上方之口与下方之口（性器）的对应关系，再用两侧象征孕育生命之子宫的网纹圆圈，强化表现母神作为生命本源与再生力量之源的作用。用作陪葬品，则凸显了生命永生的寓意[④]。其实，马家窑文化中被称为蛙纹的蹲踞式人形大量出现在彩陶罐上，而陶罐本身就象征着生死门户（纽曼认为"女性＝躯体＝容器"，这是人类认识史上最早的、最基本的原型语汇。女性/容器的元象征在农业社会毫无例外地同大地相联系，地母被设想为孕育和生出宇宙万物的巨大容器，它不仅是生之门户，也是死之门户，隐喻着阴间地域——死者的归宿)，那么墓葬中陶罐上的蛙纹自然具有生命永生之意。

阴阳合体是中国阴阳哲学的体现。以蹲踞之态出现的"太一""盘古"拥抱

---

① 北京大学考古学系，山西省考古研究所.天马——曲村遗址北赵晋侯墓地第五次发掘[J].文物，1995, (7): 4-39.
② 周原扶风文管所.陕西扶风强家一号西周墓[J].文博，1987, (4): 5-20.
③ 河南省文物考古研究所.汝州洪山庙[M].郑州：中州古籍出版社，1995: 79.
④ 叶舒宪.蛙人：再生母神的象征——青海柳湾"阴阳人"彩陶壶解读[J].民族艺术，2008, (2): 82-89.

着蛇躯结合的伏羲、女娲，充分反映了先民思想意识中"阴阳化合，化生万物，生生不息"的宇宙起源观。

（三）民间艺术中"抓髻娃娃"的解读

"抓髻娃娃"几千年来在中华大地代代相传，延续发展，成为流行在中国广大农村的、基础深厚的艺术形象。如图6-35、图6-36所示，抓髻娃娃的造型与蹲踞式人形有着惊人的相似。靳之林先生通过现存的大量民间艺术、民间风俗以及传统文化，对其做了精辟的分析。

靳之林先生认为抓髻娃娃是中华民族的保护神和繁衍之神。作为保护神，它的职能是招魂、辟邪、送病、攘灾、驱鬼、止雨、祈雨抗旱等，总之是为了生命生存延续，总之是一种无时不与人同在的威力无边的保护神。这种保护神，各个民族都有自己的叫法，但是其职能与抓髻娃娃相同；作为繁衍之神的抓髻娃娃的职能是生育繁衍[①]。抓髻娃娃可以看作古史传说中的伏羲、女娲两性合体神和天（阳）、地（阴）合体神盘古的原型。

如图6-37所示，在霍皮和祖尼的传统中，女孩子成为"女人"的标志是梳一种叫"蝴蝶状"的发型，这是一种代表成人的仪式。如图6-38所示，梳这种

图 6-35　招魂娃娃（甘肃庆阳）　　　　图 6-36　被称作喜娃娃的生育女神

资料来源：靳之林.中华民族的保护神与繁衍之神——　　资料来源：靳之林.抓髻娃娃与人类群体的原始观念
　　　　抓髻娃娃［M］.北京：中国社会科学出版社，1989：25　　　　［M］.桂林：广西师范大学出版社，2001：46

---

① 靳之林.中华民族的保护神与繁衍之神——抓髻娃娃［M］.北京：中国社会科学出版社，1989：1.

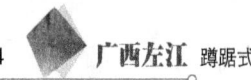

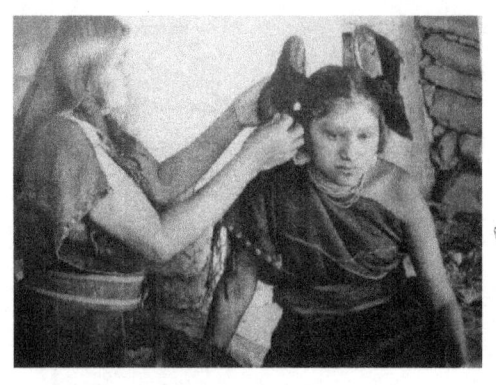

图 6-37　霍皮部落的妇女正在给未婚的少女梳"蝴蝶头"　　图 6-38　画在陶器上梳"蝴蝶头"的少女图　公元 1350—1400 年美国亚利桑那州博物馆

资料来源：Hays-GilpinK A. Ambiguous Images: Gender and Rock Art [M]. New York: Altamira Press, 2004: 128-130

发型的蹲踞式人像造型经常出现考古遗迹中，代表着再生与生殖[①]，与我国的抓髻娃娃非常相似。德国学者帕萨杰对土著部落举行成丁礼之前的孩子做过形象的总结："如同死人一样，没有达到青春期的孩子只可比作还没有播下的种子，未及成年的孩子所处的状态就与这粒种子所处的状态一样，这是一种无活动的、死的状态。但这是包含着潜在之生的死。"[②]因此，这种在原始部落举行的成丁礼仪式被认为是生命真正的开始。

（四）中国"寿"字与"蹲踞式人形"的关系

图 6-39 所示的中国"寿"字纹，其基本结构与蹲踞式人形的造型非常近似。图 6-40、图 6-41 所示的民间剪纸中的"抓髻娃娃"，很多也是"寿"字纹的变体。它们都表达了人们追求幸福、平安、长寿的美好愿望。图 6-42 是美国水流地区岩画中的交媾图，它与变体寿字有着惊人的相似，应该也蕴含了生殖、繁衍之意。

最初的"寿"字是以象形的字态出现的，源自于对实物的写意，因为"寿"字没有具体形态，所以很难造出象形字来。据说，"寿"字的象形是从远古的传说中演变而来的。如图 6-43、图 6-44 所示，尧帝时期创制的龟书，以及高阳氏

[①] Hays-Gilpin K A. Ambiguous Images: Gender and Rock Art [M]. New York: Altamira Press, 2004:128-130.

[②] [法] 列维－布留尔 L. 原始思维 [M]. 丁由译. 北京：商务印书馆，1981: 341.

第六章 "蹲踞式人形"的语义解读　175

图 6-39　长"寿"字纹　　图 6-40　抓髻娃娃　　图 6-41　抓髻娃娃

图 6-42　美国水流地区岩画中的交媾图

资料来源：Bahn P G. No sex, please, we're aurignacians. Rock Art Research, 1986, 3(2): 99-126

时期创制的蝌蚪文都是取之于实物形态，用于表达"寿"字的含义，龟和蝌蚪与永生、生殖有关。这时的"寿"字是作为吉祥的图案出现的，还没有六书造字的规范特点，只是"寿"的雏形。

商周前，在出土的古陶器上就发现了"寿"字，如图 6-43C 所示，这被专家称作"古陶文"。古陶文"寿"字早于甲骨文"寿"字。寿字的应用是从商代开始的，人们从甲骨文中借来一个"㚔"字作为"寿"字。"㚔"是田垄的意思。弯弯曲曲很长，又有长久长生之意[1]。"㚔"字与金文中申字"㚔"非常近似。《六书正伪》云："申，像七月阴气自屈而伸"。把阴气的屈伸看作生命孕育的周期性年度变化，由此种无休止的循环变化引申出"神"即生命永恒的观念。西方考古学家在西亚发现的，500 年前的原始生命符号是两个恰恰相反的足迹。如图 6-44 所示，它象征着宇宙运动的循环节奏：昼夜交替，寒来暑往，而贯穿于循环运动之中的蛇则以其蜕皮更新的功能成为生命不死的象征[2]。对照之下，"寿"字原始表象的

---

[1]　王云庄. 寿字的应用与流变 [J]. 寻根，2001, (6): 61-65.
[2]　叶舒宪. 高唐女神与维纳斯 [M]. 西安：陕西人民出版社，2005: 81.

| A 龟书 | B 蝌蚪文 | C 古陶文 | 图 6-44 五千年前的原始护符：太阳足迹与蛇 |

图 6-43 作为吉祥图案出现的文字

资料来源：王云庄. 寿字的应用与流变 [J]. 寻根, 2001, (6): 61-65

资料来源：叶舒宪. 高唐女神与维纳斯 [M]. 西安：陕西人民出版社, 2005: 81

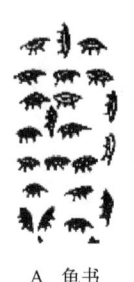

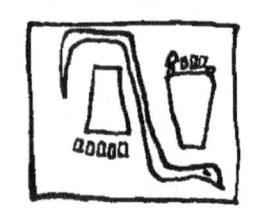

真实含义表达的是一种生命崇拜的循环模式，代表的一种生生不息的生命符号。

出现在不同时空中的蹲踞式人形符号，虽然在表现形式上有所不同，但是其所象征的"生生不息"的喻义却是跨越时空的。它是人们在面对艰难的生活环境以及不可抗拒的自然规律时，所有拥有的一个对抗的工具，是人们对美好未来的一种期盼。到此，我们似乎已经能够明白，为什么人们如此钟情于蹲踞式人形这一具有众多吉祥寓意的符号。蹲踞式人形符号是一个多语义的复合体，它具有"代表性"和"解释性"两大特性。作为能指，它和所指之间的修辞形式既有指示、借喻，也有隐喻、抽象。但其基本语义"生生不息"始终不变，只是其意义后来更多地融入了当地文化，甚至被后来所衍生的文化内涵所替代。

第三节 "蹲踞式人形"地方性语义的形成

左江岩画中"蹲踞式人形"的深层内涵象征着"生生不息"，同时，由于受到当地环境的影响，其又被创作者赋予并加强了地方性语义的表述。

一、左江流域自然空间的影响

左江流域独特的自然空间特征，强调了蹲踞式人形岩画"生生不息"语义表达。在壮族神话及其传说中，世界是被分为天、地、人三部分的。为了能够很好地生存，先民想尽各种办法想与神灵建立某种密切联系，并由此讨好神灵获得庇佑。左江流域的自然空间显然非常符合他们的选择。左江两岸的山体成为先民心中连接三界的通道。山体常被认为是尘世与天国的连接体，它是三种不同的宇宙层次——尘世、天国和地下连接的地方，是三界交会之处，被视为死者、生者及诸神世界联系的地方，在这里作画是最容易与神灵沟通的。

　　左江的特殊地貌和传统居住习俗，使得生活在这里的先民很早就有了"生从岩洞来，死回岩洞去"的观念。壮族先民放弃光滑的岩石平面，而选择在多有岩洞或是大的裂缝的岩石表面作画，正是与他们的这种灵魂观念分不开的。对祖先的崇拜，使得先民有了为祖先魂灵寻找理想安歇圣地的愿望。左江岩画的创作者之所以选择那些特殊崖壁作画，是把要这些地方作为祖先灵魂回归的"灵屋"。在我国南方的很多少数民族中，都有给祖先的灵魂回家安排"灵屋"的习俗。左江流域特殊的自然环境，使得左江岩画两岸的山峰，成为壮族先民宇宙观中世界的中心，崖壁上岩画周围充满岩洞缝隙的空间，便是骆越先民灵魂歇息的最佳去处。

　　从左江岩画风格变化以及年代发展变化上看，这种"圣地""灵屋"的观念并不是某一个时期独特的思维，而延续了相当长一段时间。通过对左江岩画分布各个点的考察分析，我们认为左江岩画是骆越先民在不同年代和不同时期所绘制的，早期岩画应该是在左江的下游，骆越先民及其后人沿着左江逆流而上，左江岩画随着的族群迁徙被绘制在了两岸的山体，在到达龙州的棉江花山时，岩画创作进入繁荣期，而最有名的花山岩画则是其在艺术成熟期时的作品。那么，沿着左江两岸形成的岩画群无疑成了骆越族群的一个旁大的"社群"，显然，左江岩画中的"蹲踞式人形"，代表的就是先民崇拜的天神、地祇、人鬼。

　　此外，南方独特的地理环境，造成了骆越先民用红色涂绘蹲踞式人形岩画的习俗。史前时期红色的使用往往与丧葬礼仪有关，这种习俗可以追溯到山顶洞人时代。在北京周口店的山顶洞发现一批人体骨骼，在尸体周围撒有赤铁矿石粉末。后来在仰韶文化的华县元君庙29号庙，发现有人骨架的头部涂有红色铁矿石粉末，齐家文化的甘肃永靖大河庄遗址有三座墓葬，其中人骨架的头部和两股骨都撒有赭石粉。这些都可以看作是为了祈求灵魂不死而举行的丧葬礼俗。以红色粉末随葬死者，学术界认为它证明了先民灵魂不灭观念的存在。赤铁矿红色粉末是血液和火焰的象征，用其随葬是为了使其灵魂寄驻、祈望死者再生或希望死者灵魂到另外的世界永生，这种习俗在世界各地均有发现。人们相信，虽然人死后血液停止流动并枯竭，但可以用铁矿粉末代表血液，这样灵魂就可以得到永生。世界各地各民族观念不同，但是作为物质的人，血管里的流动的血液是一样的，所以人们可以选择相同的红色物质作为永生、再生的象征物。

二、左江流域稻作文化的影响

左江蹲踞式人形岩画是壮族先民对蛙图腾崇拜的一种表现，它源于先民对蛙类动物的逐渐认知。蛙神崇拜约产生于原始社会末期，因其具有超强的生育能力，因此曾是初民羡慕和崇拜的神物。世界上很多民族都曾把蛙当作生育女神的象征。蛙和蟾蜍有着规则的变形周期，在每年的春天定期出现，因而，蛙还是与创造和再生相关的一种物种。它的栖息地类似于子宫羊膜液体，这是使得再生得以发生的含水环境；同时，蛙类外形还与人类胎儿极度相似，这进一步强化了它们与再生的联系。

对蛙的崇拜曾在我国南方民族普遍流行。因为人们相信蛙具有某种神秘属性，可以主宰雨水，影响农作物的收成。壮族、佤族、黎族都有将蛙视为人祖的传说。类似蛙的造型是南方铜鼓上的重要装饰，尤其在骆越人独创的北流型、灵山型、冷水冲型的铜鼓纹饰中，青蛙立雕最突出。据说铜鼓上铸蛙是为了纪念祖先，同时也期盼风调雨顺[①]。具有相同喻义的还有壮族人至今依然举行的"青蛙节"。因此左江蹲踞式人形岩画受稻作文化的影响非常大，其中对蛙的崇拜，成为影响骆越先民创作左江蹲踞式人形岩画造像思维的最主要因素。

三、左江流域战争的影响

左江流域所在的岭南地区，曾经有段纷争云起的古国争霸时期，西瓯与骆越就是在这种争霸战争中逐渐强大的。战争不仅给个人和家庭带来了痛苦，更是给西瓯与骆越整个族群都带来了灭顶之灾。常年的征战必然会使岩画的创作者对"蹲踞式人形"产生一种强烈的期望，那就是希望它有着战神的能量，并且可以驱邪制胜。"蹲踞式人形"及其变体符号常出现在武器上，便是这种喻义的体现。

出现在南太平洋群岛土著艺术中的"对双卷涡纹"，被安卓思博士称为"蹲踞式人形"。如图6-45～图6-47所示，它大量出现在当地土著的盾牌上，被称为"保护神"[②]。相似的纹样，如图6-48、图6-49所示，还出现在越南越溪出土的细钮钟上，以及古代铜质甲片上，被认为代表着保护和安全[③]。另外，如

---

① 罗之基.佤族社会历史与文化[M].北京：中央民族大学出版社，1995：410.

② Lommel A .An indonesian mtif, the squatting figure ,the hocker and its influence on Australian aboriginal art [J]. Migration & Diffusion , 2001, (6): 38

③ ［越］黎文兰，范文耿，阮灵.越南青铜时代的第一批遗迹[M].梁志明译.河内：河内科学出版社，1982：118.

第六章 "蹲踞式人形"的语义解读　179

图 6-50 所示，在我国的沧源岩画第一地点 2 区的左端也发现了相似的纹样。如图 6-51 所示的四川金沙遗址出土的金箔蛙，其外形也与安卓思博士所说的 "蹲踞式人形" 非常近似。在这些地区出现相同喻义的纹饰符号并不奇怪，它从另一种文化角度证明了凌纯声先生关于我国华南与东南亚以及太平洋岛屿的文化具有同源性的论断[1]。

图 6-45　巴布亚新几内亚木板彩画

资料来源：张荣生. 大洋洲艺术 [M].
石家庄：河北教育出版社，2003：119

图 6-46　澳大利亚盾牌 　　图 6-47　新几内亚盾牌

资料来源：Lommel A. An indonesian mtif, the squatting figure ,the hocker and its influence on Australian aboriginal art [J]. Migration & Diffusion, 2001, (6): 38

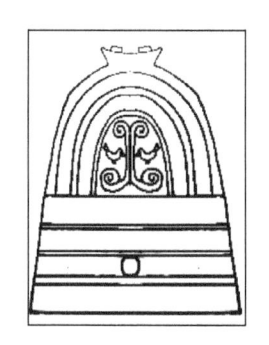

图 6-48　越南越溪出土的细钮钟

资料来源：覃圣敏，覃彩銮，卢敏飞，等. 广西左江流域崖壁画考察与研究 [M] 南宁：广西民族出版社，1987：129

图 6-49　越南出土古代护胸甲 　　图 6-50　沧源岩画第一地点 2 区

资料来源：范琛. 作为区域文化资源的沧源岩画研究 [M] 北京：世界图书出版社，2009：146

图 6-51　金箔蛙（藏于金沙遗址博物馆）

---

[1] 凌纯生. 中国边疆民族与环太平洋文化 [M]. 台北：联经出版事业股份有限公司，1979：389-408.

此外，祁庆富先生称此类纹样为"涡妥纹"，它们在苗、彝、白、景颇、傈僳、哈尼、布依等族的妇女服饰中十分常见[①]，这种纹样也是我国古代图案中常用的"寿"字纹。如图6-52所示，圆寿字的"寿"字纹显然与长"寿"字纹以及蹲踞式人形意义相近或相同。另外，与左江岩画中的蹲踞式人形相似的变异纹样还有很多，它们多出现在骆越先民的后裔黎族的民间艺术、黎族织锦，以及铜锣纹饰上，被认为与祖先崇拜有关，穿织着祖先纹样的服饰可以得到祖先的保护，如图6-53所示，在环太平洋沿岸的一些土著艺术中，也经常见到各种变异的蹲踞式人形，如图6-54、图6-55所示，马克萨斯群岛的"蒂基"纹样是各种变化

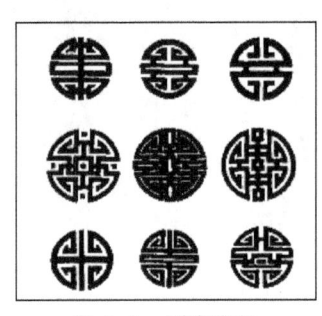

图6-52　圆寿字纹

资料来源：常颖.中国传统吉祥图形与视觉设计[D].汕头大学硕士学位论文，2007：19

图6-53　黎族织锦

资料来源：鞠斐，陈阳.中国黎族传统织绣图案艺术[M].南京：东南大学出版社，2014：132

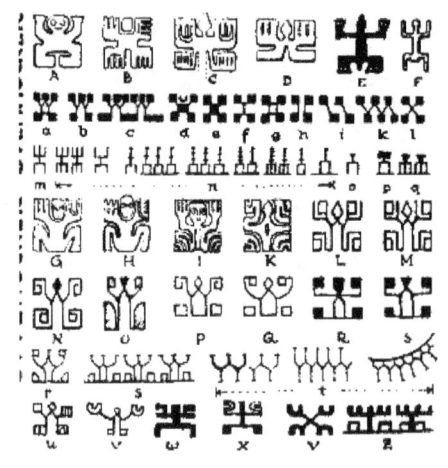

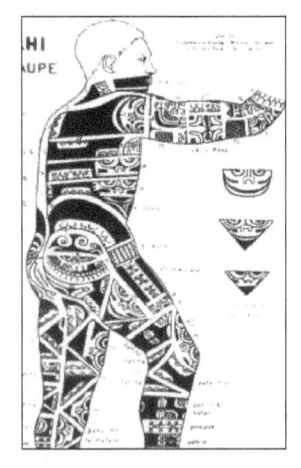

图6-54　马克萨斯群岛的"蒂基"纹样变化形式

资料来源：贡布里希E H.秩序感[M].杨思梁，徐一维译.杭州：浙江摄影出版社，1987：322-323

图6-55　马克萨斯群岛有"蒂基"图案的文身

资料来源：贡布里希E H.秩序感[M].杨思梁，徐一维译.杭州：浙江摄影出版社，1987：322-323

---

① 祁庆富.中国少数民族吉祥物[M].成都：四川民族出版社，1999：115.

形式的蹲踞式人形。蒂基被当成始祖神来崇拜，掌管着人的生死。当地人常用这种纹饰做文身，认为可以使人体充满"蒂基"神的力量[①]。

综上所述，蹲踞式人形符号自古就有着神圣的身份，它代表着祖先神、生育神、神人等，并且拥有使万物"生生不息"的能力。根据不同的语境，各个民族对其称呼不同，其身份以及神力会有所不同。左江岩画中的蹲踞式人形符号是独特环境下的稻作文化的产物。常年的战争，使得骆越先民充满了对生命繁衍、生命永生的渴望。这里的蹲踞式人形符号不仅仅是对祖先、生殖、生命的崇拜，更是先民祈望在"抽象"的梦幻世界找到躲避，以逃离那充满敌意的自然环境的手段。这种手段就是"保护性生命化"[②]，它是可以赋予蹲踞式人形姿势以辟邪的潜力。

总之，艺术品中的"蹲踞人形"在发展的过程中出现了很多变体，但其始终是作为一个吉祥符号被广泛应用。当人们高兴、欢呼时往往会高举双手，欢呼跳跃，无论是庆祝生命的永生或是战争的胜利，它都是先民欢愉情绪的表述。左江流域的蹲踞式人形岩画是骆越民族的保护神、繁衍之神，它具有蛙一样的神力，它的原始文化内涵是对生命永生、生殖繁衍的崇拜。骆越先民把蹲踞式人形岩画在左江流域，是希望这个圣地充满"保护""繁衍"的神力。

[①] ［英］贡布里布 E.H. 秩序感［M］.杨思梁，徐一维译.杭州：浙江摄影出版社，1987: 456.
[②] ［英］贡布里希 E.H. 秩序感［M］.杨思梁，徐一维译.杭州：浙江摄影出版社，1987: 451.

第七章

"蹲踞式人形"组合符号的文化内涵研究——兼论蹲踞式人形岩画的创作思维模式

第七章 "蹲踞式人形"组合符号的文化内涵研究——兼论蹲踞式人形岩画的创作思维模式

　　破译左江蹲踞式人形岩画语义的关键，是我们还必须要获得一些关于左江蹲踞式人形符号恒定组合的普遍意义和基本认知系统的知识。如果我们只是一味分析孤立的蹲踞式人形符号，而不顾其符号组合，那么图像之间就会分离。就像我们在欣赏一个句子，如果只是注意每个单词，却忽略词的组成，就很难理解句子的意思。因此，要解读左江蹲踞式人形岩画的语义，只是识别蹲踞式人形符号的意义是不够的，还必须考虑到蹲踞式人形与其他符号间的组合以及认知积累。

第一节　"蹲踞式人形"的重复排列组合

　　在左江蹲踞式人形岩画中，出现了很多由蹲踞式人形符号纵向和横向排列的组合。它们是岩画创作者使用借喻或是暗喻的象征手法，展示思维结构的方式。我们应该认识到艺术品是对一种文化的有形表现，岩画符号的形式与象征意义之间是一个不可分割的整体。

一、祖灵与祖灵柱

　　早期左江岩画的蹲踞式人形僵硬、图案化，突出了蹲踞式姿态，个体之间没有太大差别。如图 7-1、图 7-2 所示，其组合形式一种是简单无序的重复排列，

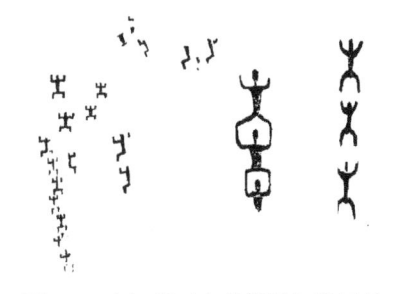

图 7-1　左江岩画中的祖灵与祖灵柱　　　　　图 7-2　夏威夷岩画

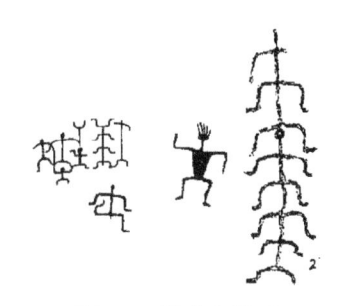

从左向右岩画点依次为崇左蜡烛山、宁明龙峡山、驮　　资料来源：盖山林.世界岩画的文化阐释[M].北京：
拉山　　　　　　　　　　　　　　　　　　　　　　北京图书馆出版社，2001：167

另外一种是柱状排列，这些组合在夏威夷岩画中也有发现。简单无序及柱状符号组合源于早期先民对土地的信仰和灵魂不灭观念。这一时期，土地和先民之间彼此都有归属感，一个地方族群成员之间的凝聚力本质上源于共同的地域，这种凝聚力是建立在每个人与土地之间的纽带关系上的。灵魂不灭观念的产生与人们对死亡的认识有关。海德格尔在《诗·语言·思》一书中曾把世界图像简化成天空、大地、神圣者和短暂者四元统一。"短暂者乃是人之存在。他们称为短暂者是因为他们会死。"天地永恒，神灵永生，四元中，唯有人会死[①]。永生的希望是在死亡中破灭的，死亡是人最大的败笔。人只有一种方法才能反对死亡，那就是不相信死亡是人生真正的终点，有许多方法可以使人走向重生，而相信灵魂不死则是最普遍的方法。先民对大地母亲和灵魂不灭的信仰，使得他们认为家族的血脉也像土地一样永恒而不断演化。家族的血脉不因个体生命的消亡和诞生而受影响，生和死只是不同的存在而已。

通常情况下，家族体系由两部分组成，一为生者，一为逝者。当生者和逝者之间另一种形式的亲属关系形成时，有着个人权威的祖先们就融入生者的群体之中，使得逝者群体也像是由一个个独立的灵魂组成的，而这个群体就是祭拜的对象，这就是祖先崇拜[②]。人和死去的祖先之间没有不可逾越的鸿沟，死去的人与原来活着的人是同一个灵魂的连续化身，一个日薄西山，而另一个可以再生。把祖先的灵魂储存在象征生命之神的形体中，然后有朝一日再进行投胎再生，或是获得复活永生。尸体虽然被分解了，而灵魂却得到了拯救，这样，生死之间的轮回又重新开始。

中国南方的一些民族有在"灵屋"绘画雕刻人像并将其作为死者灵魂归依的标识的习俗。如图 7-3 所示，西盟佤族大马散寨氏族大房子里的壁画，大房子木门上雕刻的男女人像，以及沧源佤族的祭祀木人桩，都是腿部微曲的蹲踞式造型。它们被认为是民族的祖神或是保护神。沧源岩画中的人像，以及麻栗坡大王岩岩画中两个接近蛙形的裸立人像，无论造型还是意义都被认为与其相近。另外台湾 Toradja 人把盛服的木偶作为木主；婆罗洲 Peng 人在棺木后竖一木板，上有浮雕人像作为木主[③]；图 7-4 所示的台湾鲁凯人"灵屋"雕柱上，也往往有象征着祖先的雕饰。

---

① [德] 海德格尔 M. 诗·语言·思 [M]. 彭富春译. 北京：北京文化艺术出版社，1991: 157.
② [法] 葛兰言. 中国人的宗教信仰 [M]. 程门译. 贵阳：贵州人民出版社，2010: 22.
③ 凌纯声. 中国边疆民族与环太平洋文化 [M]. 台湾：联经出版事业股份有限公司，1979: 735.

第七章 "蹲踞式人形"组合符号的文化内涵研究——兼论蹲踞式人形岩画的创作思维模式　　185

图 7-3　西盟佤族大房子中的壁画　　　图 7-4　鲁凯人（大南村）立柱雕刻

资料来源：刘其伟.台湾原住民文化艺术[M].台北：雄狮图书股份有限公司，2001: 165

　　除此之外，这些民族的先民还认为，有的祖先的灵魂还要复归于图腾或祖先的序列，所以灵屋（或是祖堂）上要竖着图腾柱[1]。图腾柱是象征出身集团、家族系统和家庭系统的起源与命运的徽标形态之一。美洲西北印第安人的图腾柱是家族或氏族的徽标，是认同和凝聚家庭成员的象征，也是家庭成员或氏族史的记录。那些雕刻在一根根红雪松柱子上的各种形象，一般代表各个家族的祖先以及祖先曾经有过某种联系的一些超自然物。它们由此而获得代表该家族的特权。有些社会地位较高的人去世后，家人会竖起雕刻各种徽标墓柱，内容主要是反映死者血统、地位、权力和荣誉，颂扬死者的丰功伟绩[2]。美国印第安人有一种非常著名的被称为"天上的洞"的图腾柱，如图 7-5 所示，它代表的是世界柱。从"天上的洞"出入，象征着神圣与世俗的交替。也有学者认为"墓前图腾柱的根部凿有圆形开口，是亡灵的出入口[3]。另外，有些图腾柱被看成世界树，生长于天上世界的生命树上栖息着鸟类。鸟是死人的灵魂所变，这些树枝可以上达天堂，代表凡人与天上地下鬼神的交流[4]。这些图腾柱是萨满在宗教活动中，借助上天入地，实现人神沟通的工具。

　　在南太平洋岛屿中的波利尼西亚，一种与蹲踞式岩画非常相似的图像叫作

---

[1]　萧兵.楚辞的文化破译[M].武汉：湖北人民出版社，1991: 1039.
[2]　马晓京.图腾柱文化象征论[M].北京：民族出版社，2007: 94.
[3]　王大有，朱宝忠.图说美洲图腾[M].北京：人民美术出版社，1998: 317.
[4]　[德]比德曼 H.世界文化象征辞典[M].刘玉红译.桂林：漓江出版社，1999: 298.

tiki-tiki，如图 7-6、图 7-7 所示，它常以雕刻的形式出现在芒艾亚扁斧上，有时中断，但通常是连续的。这种图案大多被看成人类或是神的衍变体，它实际上是一排人的形象。水平方向上的 Z 形线条代表的是四肢，将它们连接起来的竖边是无头的身体。芒艾亚的船桨和扁斧的手柄几乎都是这种图案，马奇认为[①]，这些神圣划桨和扁斧手柄上的雕刻图案是世系的存储棒。波利尼西亚人以男方追溯世系，当然也有部落从女方追溯世系。这些手柄上的图案叫"tiki-tiki-tangata"；tangata 是人的意思，tiki 是始祖，他死后掌管了阴间的入口。他的姓名指的是"取来的"灵魂；重复或复数形式的 tiki-tiki 指的是接连死去的人的灵魂，或者说是"先祖"。目前得出的结论是 tiki-tiki-tangata 是神化的祖先与活着的部落首领之间多种多样的联系。芒艾亚献祭斧柄上的 K 图案表现的是 Tane 世系氏族的始祖，祈祷词是："苏醒吧！Tane！苏醒吧！Tane 无以计数的后代子孙。"

左江的简单重复以及柱状排列的蹲踞式人形岩画，代表的是会集在山体中的骆越先民的祖先神以及祖灵柱。由于左江流域的骆越民族很早就有了农业生产，在独特的地理环境下，青蛙或蟾蜍本身的生理特性及对农业生产的重要性，势必会影响骆越先民对祖先来源的思想建构。他们深信蛙类具有强大的神力，储存在像蛙一样的生命之神中的祖先的灵魂也深藏着蛙类一样的力量，它具有

图 7-5 "天上的洞"图腾柱　　图 7-6 芒艾亚的 tiki 图案　　图 7-7 芒艾亚船桨与扁斧手柄上的图案

资料来源：马晓京.图腾柱文化象征论[M].北京：民族出版社，2007：94

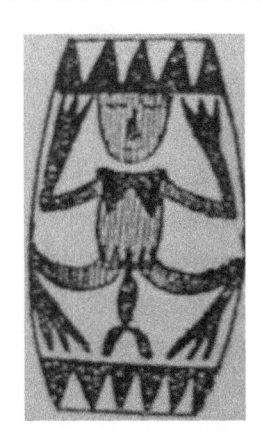

资料来源：[英]阿尔弗雷德 C.H.艺术的进化[M].阿嘎左诗译.桂林：广西师范大学出版社，2010：228，231

资料来源：[英]阿尔弗雷德 C.H.艺术的进化[M].阿嘎左诗译.桂林：广西师范大学出版社，2010：228，231

---

① [英]阿尔弗雷德 C.H.艺术的进化[M].阿嘎左诗译.南宁：广西师范大学出版社，2010：230-232.

永生、再生的能力；同时，柱状排列的蹲踞式人形姿态很像胯下生人，因此还有着生殖繁衍之意，象征着子子孙孙绵延不断。这种图案经常出现在我国民间艺术以及黎族的织锦等中，如图 7-8 所示，它们都有生殖崇拜的含义。

图 7-8　剪纸喜娃娃、黎族织锦"祭祖图"、泥泥狗

二、连臂舞与社祭

如图 7-9 所示，青海马家窑文化墓葬中出土的彩陶盆中，一种手拉手的人群形象被多数学者解释为"舞蹈"，故定名为"舞蹈盆"。如图 7-10 所示，广西岩画中发现了同样造型的"舞蹈"图案。就世界范围而言，手拉手人群现象乃是新石器时代彩陶和岩画（包括青铜时代）艺术中的一个常见主题。手拉手舞蹈，又可叫队列舞、环形舞或是圆圈舞，为了统一，我们称之为"连臂舞"[1]。英国考古学家威勒认为这是农业文化特有的现象[2]。这种艺术主题在我国岩画中也非常普遍。如图 7-11 所示，被认为与生殖崇拜有关的新疆呼图壁康家石门子的连臂舞岩画最为有名。

汤惠生先生在《青海岩画》中，对连臂舞的起源及其意义做了详细的解释，他认为：环形舞或是连臂舞是"公共"概念有形的或是仪式性的表现。"公共"概念是人类所特有的，体现为合作与分享行为。新石器时代农耕文化中的环形舞发展最为突出的特征，就是其"公共"的概念与"生命""生殖"联系起来。叶舒宪先生认为"公"为男性阳物，而"公"为古代一种祭礼，即平分阳

---

[1]　汤惠生，张文华.青海岩画 [M].北京：科学出版社，2001：128-129.
[2]　汤惠生，张文华.青海岩画 [M].北京：科学出版社，2001：129.

图 7-9　马家窑舞蹈盆（国家博物馆藏）

图 7-10　崇左市灯笼山第二组

图 7-11　康家石门子岩画

物。简单地说，"公"的概念源于与有关神圣阳物的国家祭奠，该祭奠的作用在于将神圣阳物所代表的繁殖生育力传播到所有国土之中，让全体民众分而享之。叶先生为了证明这一论点，还引证了《好小子罗宾》一书中有关"公"礼阳物崇拜舞蹈图（图7-12）[①]。津巴布韦的列队舞也是明确表现出了与生殖相关的环形舞（图7-13）：人们手持弓箭，几乎每个人的阳具都被加以表现，呈勃起状。左江岩画中这样的岩画也不少见（图7-14）。它们都属于统一文化内涵，均可解释为与生殖相关的环形舞或"公"礼。环形舞在生命和生殖祭奠中都是必不可少的内容，反之亦然，有关生命和生殖的崇拜观念也比较集中地体现在环形舞上。林蔡曾指出，环形运动的本身便是一种生命的形式。对于人类来说，环形运动的早期与生育和再生观念相联系，当意识舞蹈中的转圈到达迷狂高潮时，其本

---

① 叶舒宪.诗经的文化阐释[M].西安：陕西人民出版社，2005：453.

第七章 "蹲踞式人形"组合符号的文化内涵研究——兼论蹲踞式人形岩画的创作思维模式　　189

图 7-12　阳物崇拜舞蹈图（瑞典民歌《好小子罗宾》艺术插图，17 世纪）

资料来源：汤惠生，张文华.青海岩画[M].北京：科学出版社，2001：154

图 7-13　队列舞（津巴布韦萨萨地区岩画，新石器时代）　　图 7-14　宁明高山岩画总第 95 组

资料来源：汤惠生，张文华.青海岩画[M].北京：科学出版社，2001：154

身便成了一种新生运动，成了一种再生和变化的回旋[①]。

　　左江蹲踞式人形岩画中最有名、最吸引人的是多种符号组合形成的场景。图中既有人与圆形的符号组合也有猎首符号组合，更是展现了一个大型的连臂舞或者说是环形舞的场面。这种句法的语义是比较复杂的，但在骆越先民的圣地——"社群"举行的祭祀活动当然是社祭了。

　　《礼记·郊特牲》云："社，所以神地之道也。地载万物，天垂象，取财于地，取法于天，是以尊天而亲地……"郑玄注："社，后土也，使民祀焉，神其农业也。"社祭的主要内容之一就是"籍田"。《吕氏春秋·孟春纪》载："是月也，天子乃以元日祈谷于上帝。乃择元辰，天子亲载耒耜……率三公九卿诸大夫躬耕帝籍田。"可以理解为人类对自然界动植物的生命繁殖所做的努力。

　　当然，左江流域的蹲踞式人形岩画并不仅仅是对土地神的祭祀，在这个神圣的"社群"中，骆越先民祭祀的对象，还包括天神中的日神，地祇中的水神、山神以及人鬼。在这里举行的盛大"社祭"是人们对赖以生存的自然界和人类社会繁衍，所进行的春祭和祖祭。春祭的形式有很多种，但均与生殖、生命观

---

① 汤惠生，张文华.青海岩画[M].北京：科学出版社，2001：135.

念有关，因为春天是万物繁殖的季节。壮族的"青蛙节"就是在每年的春天开始之初举行。在欧洲，最著名的是春祭仪式"五朔节"在五月初举行，其含义为：祈求保佑妇女多子，牲畜兴旺，五谷丰登[①]。五朔节是对生命树的一种崇拜。巴西普威地区的岩画中有明显围绕树跳舞的形象（图7-15）。"生命树"的主要文化意象是"生殖"和"生命"。蹲踞式人形也被认为是"生命树"的一种表现形式。那围绕"生命树"进行的祭祀和舞蹈，当然也是以"生命"和"生殖"的文化内涵为主。所谓祭祖，是针对整个氏族部落生命的繁殖和延续而进行的。它不但包括对虚幻的始祖神的信仰，也包括对族群中英雄祖先的怀念与追忆。

图7-15 树崇拜集体舞（巴西普威地区岩画新石器时代）

资料来源：汤惠生，张文华.青海岩画[M].北京：科学出版社，2001:156

第二节 "蹲踞式人形"与抽象符号的组合

左江岩画中的"蹲踞式人形"常与其他抽象符号搭配，形成一些固定的符号组合。这些符号组合经常出现在左江流域的各个岩画点，它们是骆越先民从众多主题及构图范围中确定的组合，是先民独特的语义表达，具有某种象征意义；同时，它们也是先民用以交流的一种语言，是一种密码。先民通过这些不断重复的密码表达着他们的情感及对世界的理解。

---

① [英]弗雷泽 J J.金枝（上）[M].徐育新译.北京：中国民间文学出版社，1996:189.

第七章 "蹲踞式人形"组合符号的文化内涵研究——兼论蹲踞式人形岩画的创作思维模式　191

一、人舟符号组合

如图7-16所示，人与舟的符号是左江岩画中常见的组合。有的学者认为人舟组合是骆越先民自娱或是娱神场面的记录，有的学者认为它是骆越先民运载灵魂的"灵魂之舟"，而笔者认为最初的人舟组合表示的是"灵魂的运载"，只是发展到后来成了娱神或是祭神的一种形式。

图 7-16　左江的人舟符号组合岩画

宁明花山第106组；下龙州渡船山第4组；右宁明高山总第5组

（一）"引魂"

受灵魂不灭观念影响，先民认为死者的灵魂有"恶魂"与"善魂"。人们须按其生前的生活方式，将死者的亡灵送到阴间，并为之置办生活用品，举行送魂仪式；或是通过招魂、祭典、安抚，使他不再迷路而成为"游魂"，也不会变成危害人的恶鬼，而是变成一种驯服、听话"趋善"的"灵魂"；或是引导他向成仙、成神的天路飞升[①]。我国南方文化系统普遍流传招魂的风习，有大量的叫魂词，以及指引亡魂升天避害或归籍返家之类的巫术经典。把逝去者的灵魂招回旧屋或是灵堂，以便祭祀、安抚或是荐引。招魂的目的：一是期望逝者复活；二是灵魂返归故乡和旧居；三是尽力引导它飞向天堂、祖居或是某种"乐园"，有时也可能是希望"灵肉聚合"。壮族人为了指点逝者到达祖灵之地，不惜任何代价为逝者举行各种祭祀与招魂仪式。壮族铜鼓的功能之一便是用于葬礼。铜鼓上所刻之鸟被认为是"魂鸟"，"招魂"是它的一项职能[②]。铜鼓上船纹的船首、船尾往

---

① 萧兵.楚辞文化[M].北京：中国社会科学出版社，1990：1059.
② 萧兵.楚辞文化[M].北京：中国社会科学出版社，1990：1047.

往装饰成鸟头、鸟尾状，船上则布满了化妆的羽人。这些羽人被认为是翔鹭的化身①。它从另一个角度，证明了"魂鸟"的存在，以及鸟的导魂引柩的功能。

缅甸的卡伦人在葬礼中，把祭品置于鼓面，使铜鼓成为祭坛，或击鼓向据信会变成鸟的死者招魂②。广西左江扶绥县岜赖山的崖壁画中，也有这种叫翔鹭的引魂鸟。直到很晚的时代，左江流域的崖洞葬中使用的木棺仍做成鸟形，前端刻出鸟头，后端刻出鸟尾，传说它们是从天外飞来③。婆罗洲达雅克人"引魂"的"黄金船"，船头、船尾要用"伟大的犀鸟"的头和尾作为装饰，以便将亡魂送达云海之中的"天国"④。

（二）"招魂"

船是骆越先民招魂的一种工具。自古，壮族先民依山傍水建造住房，"陆事寡而水事众"，他们与江河湖海有着密切关系，善使舟楫，练就了娴熟的驾舟技巧，船是生产和生活中不能缺少的用具。至今，左江流域各县于端午节多举行龙舟竞赛，它已经融入了中原文化因素并附会了屈原投江的传说。其实最初的龙舟竞渡活动，是骆越先民水上捕捞生活的演练活动，当人们有了灵魂观后，它就具有了招魂的功能，并被逐渐蒙上了宗教色彩，之后则成为娱神避邪、求取功利的祈祝性活动。船最初的宗教作用可能是用来招魂的。即使在屈原故里湖北秭归每年的端午举行龙舟竞渡上，划手们还要慷慨而悲怆地唱着《叫魂词》，这是在招屈原的魂，显然"龙舟竞渡"也有招魂的功能，这种历数千年而不变的龙舟招魂"仪式手续"被认为是楚地民族文化积淀的结果⑤。那么，对于骆越民族也不例外。海南岛黎族自古就有使用独木船棺和半独木船棺的习俗，这说明船是骆越先民祖先到达彼世和在彼世使用的一种工具。死后以船为棺，最集中体现了行船棺葬的民族所具有的共同的心理素质。1976年在广西贵县罗泊湾发掘和清理墓葬时，发现了四具独木舟式的船棺。2006年6月百色市文物管理人员在对该市

---

① 蒋廷瑜.铜鼓艺术研究［M］.南宁：广西人民出版社，1988：123.
② ［法］赛斯蒂文MP.石寨山铜鼓在社会生活和宗教礼仪中的意义［J］.蔡葵译.云南文物，1982,(11): 88.
③ 蒋廷瑜.铜鼓艺术研究［M］.南宁：广西人民出版社，1988：123.
④ ［法］鲍克兰.读《东南亚铜鼓考》引见黑格尔《东南亚古代金属鼓》的解说［A］.汪宁生.民族考古译丛第一辑［C］,1979.58.
⑤ 萧兵.楚辞文化［M］.北京：中国社会科学出版社，1990：1049.

第七章 "蹲踞式人形"组合符号的文化内涵研究——兼论蹲踞式人形岩画的创作思维模式　193

右江区华村的崖洞葬进行抢救性发掘时，发现了3具船形古棺[①]。

（三）"灵魂之舟"

在考古学上，以船为棺的习俗见于我国福建、广西、广东和四川等地。船棺葬在东南亚地区更为普遍，主要分布于马来半岛、加里曼丹岛和菲律宾群岛，太平洋群岛也有发现。

在菲律宾西部靠近加里曼丹岛的巴拉望岛，距海大约120米的陡峭崖壁上，新石器时代晚期至金属时代遗址的曼侬古尔洞穴中，发现的瓮棺葬中就有船形棺。如图7-17所示，它是一个深腹罐，上有圆形顶盖，挂红泥陶衣，并绘有红色双勾纹，盖上有一叶小舟，舟中乘有两人[②]。

在加里曼丹尼亚河畔洞穴遗址内和它周围地区得到的一整套考古资料中，发现尼亚河晚期的新石器时代可能就已经有了独木船棺葬。在非常险峻的悬崖上，一个高达300米的铜器时代的"大洞穴"中发现了船棺

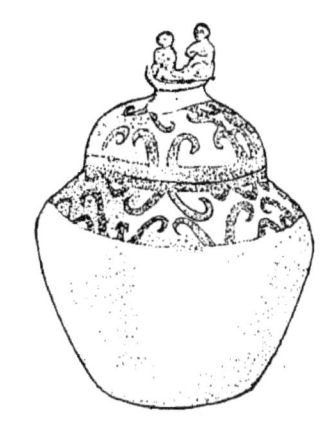

图7-17 深腹罐的船形棺

资料来源：陈明芳. 论船棺葬［J］. 东南文化，1991,(1): 27

葬。船棺周围放着中国早期的陶器以及大量当地的软陶器，洞穴的右壁上，有用鲜红的铁矿画出的图案。内容为一批船和伸开手脚作舞蹈状的人物图像，这被认为是一种"死者之舟"场面的宗教仪式，至今，岛上东南第七卡柱还流行着相似的丧葬风俗。此种常见风俗还在沙巴洲沿海的某些都顺人中流行，这些居民被认为是中国西南少数民族的移民[③]。

1958年，考古学家在马来西亚东部的沙拉瓦克发现了用红色颜料涂绘的有船队的岩画，同时，在洞窟中还发现了史前的船只，年代被确认为是新石器时代。在马来西亚其他的洞窟中也发现了同样风格的崖画，如图7-18所示，这些被称为

---

① 岑平和. 广西首次发现船型古棺. 发掘队陡峭岩壁勇取壁上棺［OL］. http://news.gxnews.com.cn/staticpages/20060622/newgx4499d08b-634081.shtml, 2006-06-22.
② 陈明芳. 论船棺葬［J］. 东南文化，1991, (1): 23-31.
③ 郑德坤. 从沙捞越考古发现谈中国与东南亚地区古代文化交流［J］. 东南文化，1987, (2): 149-160.

图 7-18　马来西亚岩画"灵魂之舟"

资料来源：陈兆复.外国岩画发现史［M］.上海：上海人民出版社，1993:106

"死亡之舟"或"灵魂之舟"的岩画，被认为与该洞窟中出土的古代葬礼船只有关。它与当地现代少数民族风俗有关，当地人相信，通过这种葬礼船和岩画"灵魂之舟"，可以把死者的亡灵送到彼世[①]。

在埃及最早的殡葬仪式中，白色的船也是运载灵魂的。祭司用船把人的尸体运往圣湖的西侧——冥界。船在斯堪的纳维亚北部的物质文化中占有重要地位，在青铜时期，它与地下或死亡之国、死亡之旅有关，因为船可以超越不同空间的界限，它常象征着死亡和再生。斯堪的纳维亚的一首关于死亡之舟的诗说："我穿越了神圣的海和深深的山谷，我听到水声，看到神秘物，它们从地下流过，我在天空飞驰，我看到了神圣的天国。"这说明船不仅仅是身体死亡的提醒物，也是灵魂之旅通向再生的工具。

以船引魂、船棺葬都是人类在有了"灵魂不灭"的观念之后产生的。原始人认为，死者的灵魂同活人一样生存，并与从前所在的群体维持着一定联系。它们具有保佑活人的神秘力量。在家庭和财产所有制产生后，具有血缘关系的祖先灵魂更是人们崇拜的对象。死去的祖先在生前与亲人同甘共苦，造福子孙，死后的亡魂同样能赐福和佑护自己的子孙后代。我国和东南亚的船棺葬反映的宗教观念是原始宗教中的祖先崇拜。这种丧葬习俗具有"事死如事生"的特点，人虽死了，但是灵魂却在另一个世界开始了新的生活旅程。

二、人与圆形符号组合

左江岩画中圆形图像数量较多，目前尚能辨认的有 376 个，仅次于人物图像，而且形式多样[②]。如图 7-19 所示，它们常常出现在蹲踞式人形左右。早期符号的组合为单个人物和一个圆形的组合，到了晚期，画面上圆形和人物都多起来，出现了膜拜的场面。有些专家认为圆形是铜鼓图像，有的认为是星辰

---

① 盖山林.世界岩画的文化阐释［M］.北京：北京图书馆出版社，2001:155.
② 覃圣敏，覃彩銮，卢敏飞，等.广西左江流域崖壁画考察与研究［M］.南宁：广西民族出版社，1987:164.

第七章 "蹲踞式人形"组合符号的文化内涵研究——兼论蹲踞式人形岩画的创作思维模式　　195

图像,还有的认为是盾牌、铜锣等①。这些解释虽然都有道理,但是,铜鼓还未产生之前就已经出现的圆形,显然不可能是对铜鼓的描绘,因此,左江圆形图案除了表示铜鼓外,更可能代表的是太阳纹。

图 7-19　左江人与圆形符号组合岩画

从左向右依次为:扶绥长滩山第3组;扶绥吞平山第1组;扶绥灵芝山第1组;扶绥巴莱山第3组

岩画中表示太阳的圆形图案,不仅出现在我国南方的广西左右江流域、四川珙县、云南沧源、西藏、青海;还出现在北方的内蒙古、宁夏以及东南沿海的连云港等地区。另外,在亚洲的其他地区,以及欧洲、美洲、大洋洲等区域都有大量圆形岩画出现,这与人类早期的太阳崇拜有关。

(一)日神信仰的普遍存在

新石器时代考古资料显示圆形图案已经出现在我国。何新先生通过对大量圆形图案进行比较后说:"中国新石器时期的陶器和其他器物中,以及商、周、秦、汉的青铜器和其他器物中,如图7-20所示,那种经常、大量地被表现的十字、亚字以及类十字(戈麦丁②)图案,如果不能说全部都是的话,那么肯定有相当大的一部分,是以描写太阳神的图形作为其母题的。"③如图7-21所示,何先生还总结和模拟出中国上古和古代太阳的图案在逻辑上可能经过的大致演变序列。在远古时期,我国许多地区都有关于太阳神的印记或遗迹,不少部落盛行对日神的信仰,如炎黄、东夷等。中国岩画中就有很多表现太阳崇拜的场面,如图7-22所示。到了夏、商时期,太阳崇拜已有了明确的文字记载。除了中国,这种圆形在世界其他地方也很常见,比较突出的有近代的德国、瑞典。北美洲的印第安人也经常创作类似的太阳纹的作品。至今,亚洲、大洋洲的土著中还广泛存在着太阳崇拜,这些都说明对太阳的认识是源远流长的事。

---

① 覃圣敏,覃彩銮,卢敏飞,等.广西左江流域崖壁画考察与研究[M].南宁:广西民族出版社,1987:167.
② "卍"字形,在西方百科全书中常被称作"戈麦丁"(Gammadion)。
③ 何新.诸神的起源——中国远古太阳神崇拜[M].北京:光明日报出版社,1996:23.

图 7-20　圆形图案

注：A、C 多见于甘肃、青海马厂陶器装饰图案；B、D 多见于仰韶型；E 半山型

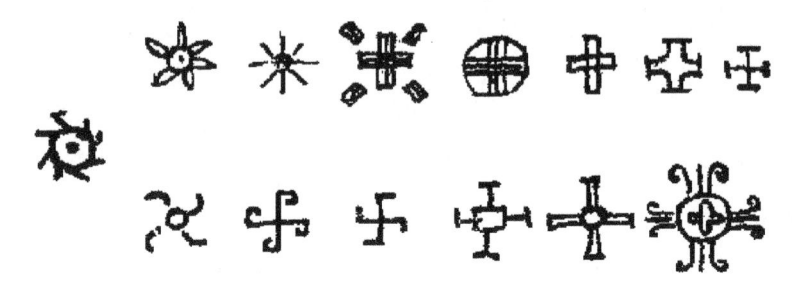

图 7-21　太阳符号的演变

资料来源：何新. 诸神的起源 [M]. 北京：光明出版社，1996：18

图 7-22　岩画中的太阳崇拜图

注：左为阴山岩画，右为四川珙县岩画

（二）日神信仰的意义

首先，作为太阳符号的纹饰，尤其是"十字形"纹饰，被认为是"生命"的象征，这似乎已为学术界所普遍认可[①]。在一些石刻中，安可架似乎常被诸神当作用来赋予死者以新生命的法器，它可以将新的生命注入死者的躯体，据说这样就可以使死者复活。人们相信崇拜太阳可以得到永生。远古时代，日升日落意味着神灵的出没，太阳落山象征人们睡眠或是死亡，相反，太阳升起则是光明的到来及生命诞生的象征。哥伦比亚的印第安部落的德桑纳人认为，太阳

---

① 芮传明，余太山. 中西文饰比较 [M]. 上海：上海古籍出版社，1995：114.

第七章 "蹲踞式人形"组合符号的文化内涵研究——兼论蹲踞式人形岩画的创作思维模式

自东方升起,持续不断创造大地上的一切生物,当一个阶段的活动结束之后,它便进入地下的乐园,这个过程象征夜晚的来临。人们崇拜太阳,想象人的灵魂是永生的,人的生死就像日神遨游一天的过程。澳大利亚土著认为,死者的灵魂会从地上回归到它的目的地——太阳落下的西方,然后再经过大海到达灵魂之岛,那里是他们祖先的住所。埃及人对死者的认识是:死者通过落日的隘口,横穿黑暗之路,到冥界拜望其先父奥利西斯。古埃及人的这一认识同太阳本身规律性的运行吻合,于是便有了"落日→冥界→祖先"的程式,这一程式又可扩展为"日神→东方→日升之隘→光明之路→冥界→黑暗之国→日落之门→西方→祖先"这一灵魂归宿的走向和轨迹,其所反映的当时人的这种意识不同程度地同样存在于早期许多民族部落里,有的只是表现形式不同而已[①]。它不但表示了对永生的渴望,也表现了对祖先的崇拜。

其次,太阳还被看成是"生殖者"。它的光线被认为是阳精,这里的"太阳→阳光→光线→灵化"的演化格式是后世人想象与推测的公式。太阳被看成是具有阳刚之性的太阳父亲,它的作用是播下孕育人类万物的种子。傅道彬先生在《中国生殖崇拜文化论》中对周易八卦研究,总结出"乾+坤→气(精)→万物化生"的公式[②]。高福进先生进而总结出"太阳父亲+大地母亲→阳光(精)→万物化生"[③],这里强调的是太阳的生殖、丰产功能。几乎在整个南太平洋地区,一些信奉太阳神的民族如新几内亚西部与澳大利亚之间的地带、萨摩亚人聚居区以及其他群岛,那里的土著人把太阳看作男性之本体,视地球为女性之本体,太阳父亲洒下一片金雨(阳光),大地母亲便生育繁殖了人类万物。作为阳性神的太阳神与其他阴性神的结合,体现出了巨大的创造力量。先民拜日是为了土地的丰饶与人口的繁衍。阿尔蒂米斯是古希腊最重要的神祇之一,是大神宙斯的女儿,它是植物女神、丰育女神。阿尔蒂米斯常与"生命""活力""繁殖"等紧密联系,而这位与"生命"密切相关的女神,其形象往往为代表太阳的"十"形[④]。因此,太阳常被认为具有"生命永生"和"生殖繁衍"的作用。

---

① 高福进. 太阳崇拜与太阳神话———种原始文化的世界性透视[M]. 上海:上海人民出版社,2002:140.
② 傅道彬. 中国生殖崇拜文化论[M]. 武汉:湖北人民出版社,1990:109.
③ 高福进. 太阳崇拜与太阳神话———种原始文化的世界性透视[M]. 上海:上海人民出版社,2002:148.
④ 芮传明,余太山. 中西文饰比较[M]. 上海:上海古籍出版社,1995:110.

(三)"蹲踞式人形"与太阳纹符号组合的语义

"蹲踞式人形"与太阳纹的符号组合大量出现在广西左江岩画中,同时,它也是我国考古资料和民间艺术的图案中常见的艺术题材。

如图7-23所示,马家窑彩陶上的蹲踞式神人发展到马厂、半山晚期时,在其上方和身旁,滋生出了葳蕤繁茂的草木,并以圆形壶口象征头部。这是以"蹲踞式人形"代表阴性的草木滋生的大地母亲神,它的头部代表阳性的太阳神。图形再发展到辛店文化时,这种组合意义更为明显,"蹲踞式人形"变成生命树的形式,它与象征太阳的羊角花一起成为象征生命永生、生命繁殖的符号。

蹲踞式玉人的身上也多见太阳符号。潘守永先生在《古代玉器上所见"⊕"字纹的含义》一文,列举了十三例均带有"⊕"纹的蹲踞式玉人像。如图7-24所示,他们侧身,双手抱于胸前。潘先生认为"⊕"纹"位于人形的臀部",是性别的标志,具体而言,是'阳性'的标志[①]。但是在陕西淳化县出土的西周铜戈上[②],亦刻此符号,所以这个符号不是性别区分的标志,而代表的是衍生万物的阴阳二分中的"阳性"。它与代表"阴性"的"蹲踞式人形"组合在一起的喻义是先民对生存、繁衍生生不息的祈求和祷告。殷墟妇好墓出土标本,一面为男性,另一面为女性的"双性共体"玉人以及马家窑柳湾的阴阳人陶罐表现的都是这种含义。

在我国民间艺术中,蹲踞式人形与中国民间流行的"寿"字符号,无

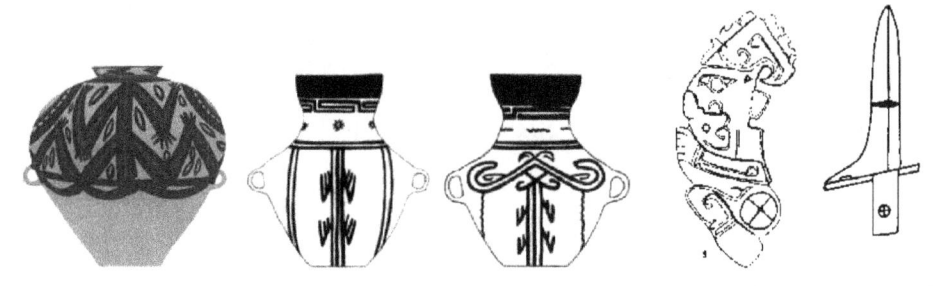

图7-23 马家窑彩陶

图7-24 带"⊕"符号的蹲踞式玉人与戈

左为蹲踞式玉人,右为陕西淳化县出土的铜戈

---

① 潘守永.古代玉器上所见"⊕"字纹的含义[J].民族艺术,2000,(4):13-148.
② 姚生民.陕西淳化县出土的商周青铜器[J].考古与文物,1986:16.

第七章 "蹲踞式人形"组合符号的文化内涵研究——兼论蹲踞式人形岩画的创作思维模式　199

论在外形还是意义上都被认为非常相似,它们都是"上通天,下通地"的长寿符号,代表着生命永生的寓意。如图 7-25～图 7-28 所示,"寿"字符号与太阳符号的组合也被认为具有生命永生、生命繁殖的喻义。壮族铜鼓上出现的太阳纹饰、青蛙雕塑以及⊕钱纹同样表达的是生命永生与生命的繁殖的含义。⊕钱纹又称作阴阳太阳符号,其中心的◇菱形图饰是象征着地、水、女阴的阴性符号,而外环的圆形则是象征着天、太阳的阳性符号。

"最初的宗教表现是反映自然过程、季节更替等的庆祝活动。一个部落或是民族生活与其中的特定自然条件和自然产物,都会转变为它的宗教"[①]。太阳对人类生活影响巨大,很多部族往往把在本部最受尊敬的神灵如炎帝、祝融、羲和、云南白族的本主(祖先神)等推崇为太阳神。壮族的古老宗教仪式中,还流传着祭日活动。每年农历二月,在村边看日出或日落的山上,由族长主持祭日活动。很多关于太阳的神话传说流传于壮族,表达了骆越先民对太阳的崇敬之情。代表"阳性"的太阳应是左江岩画中圆形的重要寓意之一。

有着相同意义的"⊕"符号,至今还出现在中国海南岛南登白沙峒黎族妇女的文身上。美洲印第安人古陶人像的身上也有这个图案[②]。"⊕"符号应该是东夷文化传统的产物。海南黎族乃中国上古中原九黎君长蚩尤苗裔。蚩尤又为东夷集团成员之一。同一种文身标志乃因共祖所致。大量出现的圆形与蹲踞式人形的组合代表生命永生、繁殖。

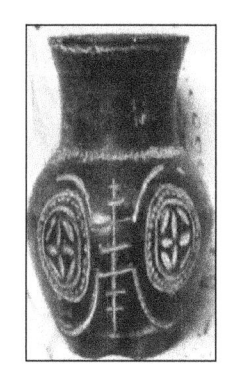

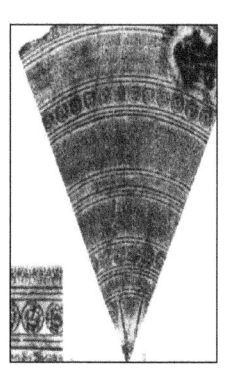

图 7-25　陶罐上的蹲踞式人形与圆形符号　　图 7-26　壮族铜鼓上的蛙与圆形钱纹　　图 7-27　陕西千阳刺绣蟾蜍与太阳　　图 7-28　花馍蛤蟆衔着生生不息的生命符号

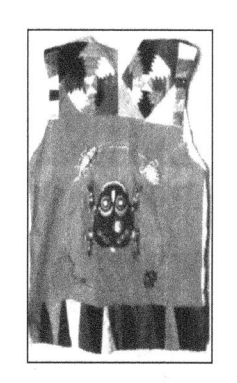

---

① 恩格斯 F. 致马克思 [A]// 中共中央马克思恩格斯列宁斯大林著作编译局. 马克思恩格斯全集(第 47 卷)[C]. 北京:人民出版社,2004:416.
② 韶华,宝忠双. 中华祖先拓荒美洲 [M]. 哈尔滨:黑龙江人民出版社,1992:234.

三、人兽符号组合

左江岩画中蹲踞式人形与动物的符号组合尤其引人注目。如图 7-29～图 7-31 所示，类似题材的岩画在云南沧源岩画中也有发现。在麻栗坡大王崖岩画中，两个"蹲踞式人形"头部有一条波纹带，似乎象征着蛇。有的学者认为，这是一幅古代壮族先民在原始宗教活动中顶礼膜拜的"保护神像"[①]。

我国考古资料中人与动物的组合并不乏见。蹲踞式人形与动物的组合一直是学者们关注的焦点，尤其是商周青铜器上的虎食人母题纹饰吸引了很多学者的注意。虎食人母题纹饰通常表现的是在虎口下有一个作蹲踞式姿态的人体。如图 7-32 所示，在安徽阜南朱碧润河出土的龙虎尊上的虎食人纹饰，是比较典型的[②]；另外一件为日本东京泉屋博古馆收藏的虎食人卣（图 7-33），据传出自湖南宁乡县与安化县接壤处[③]；此外，法国巴黎努斯基博物馆也藏有一件同类器[④]。这种人兽组合还常出现在西周的玉器中，与蹲踞式人形一起的动物则换成了龙，如山西省曲沃县晋侯墓地 63 号墓出土 5 件人龙合雕玉人[⑤]，造型均大致相同，图 M63:187（图 7-34），片状透雕，整体为人、龙合体造型。胸部为一盘曲的团龙，后腰附着一龙首，比较简略，头朝上，角下有穿孔，腿作蹲踞状。河南省三门峡市虢国墓地 2001 号墓地出土的人龙合雕形佩 M2001:591[⑥]（图 7-35），为蹲坐状且有长尾的侧视人形，头部与臀部以下各饰一俯视龙首。在人身中龙首的鼻端有一小孔，可

图 7-29　崇左驮柏山第三组　　图 7-30　扶绥县岜赖山　　图 7-31　沧源岩画第 6 地点 6 区

---

① 杨天佑. 麻栗坡大王岩崖画 [A]// 云南省文物考古研究所. 云南考古文集 [C]. 昆明：云南民族出版社，1998: 80-83.
② 葛介屏. 安徽阜南发现殷商时代的青铜器 [J]. 文物，1959, (1): 2.
③ 李学勤. 中国美术全集·青铜器（上）[C]. 北京：文物出版社，1985: 图版 109.
④ 李学勤，[美] 艾兰 S. 欧洲所藏中国青铜器遗珠 [M]. 北京：文物出版社，1995: 单色图版 40.
⑤ 张崇宁，孙庆伟，张奎. 天马——曲村遗址北赵晋侯墓地第三次发掘 [J]. 文物，1994, (8): 22-33.
⑥ 河南省文物考古研究所，三门峡市文物工作队. 三门峡虢国墓地（第一卷）[R]. 北京：文物出版社，1999: 158.

第七章 "蹲踞式人形"组合符号的文化内涵研究——兼论蹲踞式人形岩画的创作思维模式 201

以系绳佩戴。另一件此式玉人M2011:452① (图7-36),整体为一蹲踞的人形,人首似猴形,头部盘有一龙,龙尾屈于人头之上。颈下亦雕有龙,臀部饰一龙首,有一圆孔。河南平顶山北滍村两周墓地一号墓出土的件玉人M1:110②(图7-37),蹲踞式,顶端有一穿孔。根据已知的考古资料,张光直先生提出,这种表示两者的密切和相互依赖关系的人兽母题,从新石器时代到良渚文化时代,一直到青铜时代,都是中国古代艺术里的一个连续出现的母题③。

研究人兽组合纹饰的学者颇多。李学勤、张光直先生都注意到人所采取的屈曲姿势,李学勤先生说:"人的两臂总是略屈而分举,手向上扬,双腿则分开折曲。"④ 这种特定的姿势,李先生以为是"蹲踞"。张光直先生认为,蹲踞式的

图 7-32　安徽阜南出土的龙虎尊上纹样　　　图 7-33　虎食人卣

资料来源:张光直.青铜时代[M].北京:生活·读 　资料来源:杨晓能.另一种古史[M].北京:生活·读
书·新知三联书店,1983: 320　　　　　　　　书·新知三联书店,2008: 214

图 7-34　M63:187　　图 7-35　M2001:591　　图 7-36　M2011:452　　图 7-37　M1:110

① 河南省文物考古研究所,三门峡市文物工作队.三门峡虢国墓地(第一卷)[R].北京:文物出版社,1999: 362.
② 王龙正,孙新民,王胜利.平顶山北滍村两周墓地一号墓发掘简报[J].华夏考古,1988, (1): 30-44.
③ 张光直.濮阳三蹻与中国古代美术史上的人兽母题[A]//张光直.中国青铜时代[C].北京:生活·读书·新知三联书店,1990: 95-101.
④ 李学勤.四海寻珍[M].北京:清华大学出版社,1997: 209.

人很可能便是作法通天中的巫师，他与他所熟用的动物在一起，动物张开大口，嘘气成风，帮助巫师上达于天，以沟通人与祖先及神的世界①。李学勤先生还引证了弗莱瑟（Douglas Fraser）关于环太平洋地区的雕刻中"他—我"转换的实例②，认为人与兽母题属于"他我"类型，即设想他物转变为另一个自我，常见于商周人与龙虎组合纹饰中，龙本身就是神话动物，历来代表一种权威或势力。纹饰中的虎也应该是被神话了，已经不是寻常的大虫。虎食人或龙食人意味着人与神性的龙虎的合一，这里的人应该是巫师，虎食人或是龙食人意味着人与神性的龙虎的合一，是自我与具有神性动物的结合③。这是一种度过生—死继替，从而达到身份演变的"文化设定"。总之，两位先生都认为，在人兽母体纹饰中，动物主要是对人起一种保护作用的。

艾兰先生发现，虎食人卣纹饰不但出现在礼器上，还出现在战盔和钺上，因此它一方面象征威力，表明战士超自然的神力，另一方面是武士具有死亡的暗示，意味着死亡之途，即从人间到神灵世界的过渡④。虎口中的人更像是表示死人，甲骨文中"尸"写作𠃌，与青铜卣和尊纹饰上人的姿势很相似⑤。

朱狄先生和潘守永先生都认为，人兽组合体现的是古人的生殖崇拜和生育信仰。在人兽组合纹饰中，人对于兽是一种"迎"和"祭"的关系，代表的是图腾保护神与女娲繁衍之神的合一，是图腾保护神与繁衍之神的合体形象符号⑥。虎食人卣纹饰中，人的动作"蹲踞"其实是"九屈"之态。而"九屈"的姿态所隐含的则是"交合"的情形，是生殖崇拜的象征。裸体的神人与虎相依偎代表人与虎的交合，其中的人应是神人。人与虎交合，只能理解为对力量和生命的赞美。远古时期，人们对生育的认识是相当有限的，而人的生命力对于大自然来说则又是相当脆弱的。幻想拥有虎的威力，可以有很多办法，但与虎的交合无疑是最易于想到的⑦。因此，潘守永先生判定"蹲踞式人像"为生育神，人兽组合表现的是"神人"与"兽"相交合的状态。而金文中所见到的"图像

---

① 张光直. 中国青铜时代［M］. 北京：生活·读书·新知三联书店，1990：183，333.
② 李学勤. 四海寻珍［M］. 北京：清华大学出版社，1997：209-210.
③ 李学勤. 四海寻珍［M］. 北京：清华大学出版社，1997：209.
④ ［美］艾兰 S. 龟之谜［M］. 成都：四川人民出版社，1992：158.
⑤ ［美］艾兰 S. 龟之谜［M］. 成都：四川人民出版社，1992：164.
⑥ 朱狄. 信仰时代的文明［M］. 武汉：武汉大学出版社，2008：177.
⑦ 潘守永. 虎食人卣的文化阐释——续论"九曲神人"的文化义涵［J］. 民族艺术，2000，(2)：125-133.

第七章 "蹲踞式人形"组合符号的文化内涵研究——兼论蹲踞式人形岩画的创作思维模式　203

记号"(图6-18),表现得也正是"人与兽交接"的情景。其中,以龟为多,间有青蛙和野猪。以往将其理解为"族徽",那么人像就应该是祖神。

　　台湾古代民族与骆越民族有着千丝万缕的联系。发现于台湾的人兽组合玉器是雕出轮廓的正面透雕,两人头顶之上侧卧一只动物,脚下用一"横棒"代表地面,表示人站立在地面上。艺术手法与左江岩画惊人形似。图7-38、图7-39所示玉器发现于台湾的卑南文化遗存和芝山岩遗址。人兽形玉器在所发掘的遗物中属于珍贵物品,是原始部落中地位较高的人才能拥有的神物。后来,在卑南遗址石棺内与石棺外又发现了两个相似的玉人,有些学者认为其是被崇拜的图腾标志[①],也有人认为其是灵魂信仰的精神象征,是人与神灵之间沟通的媒介[②]。此外,在台湾阿美人中,屋内绘有的祖先肖像;在排湾人和鲁凯人中,制作象征祖先的人形木像、石碑,以及他们服饰上的祖先像,均有相似的人兽型组合。如图7-40、图7-41所示,这种图像通常被认为是部落群体权威的标志,是部落的保护神。

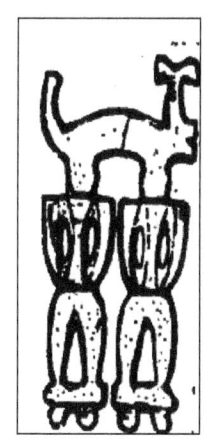

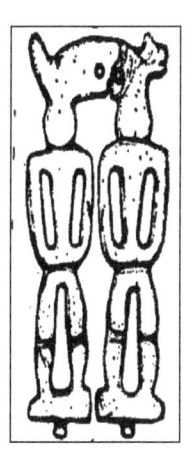

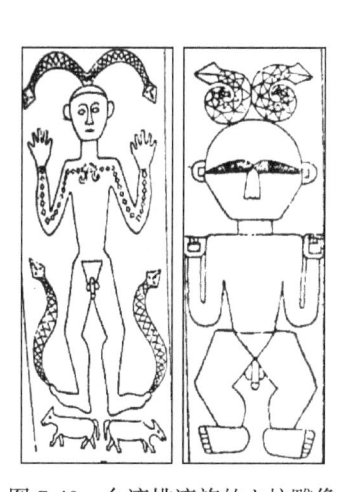

图7-38　台湾芝山岩标本
资料来源:古方.台湾史前时代人兽形玉器的用途和宗教意义[J].考古,1996,(4):77-81

图7-39　台湾卑南标本
资料来源:古方.台湾史前时代人兽形玉器的用途和宗教意义[J].考古,1996,(4):77-81

图7-40　台湾排湾族的立柱雕像

图7-41　台湾先住民服饰图案

---

① 古方.台湾史前时代人兽形玉器的用途和宗教意义[J].考古,1996,(4):77-81.
② 孙维昌,黄海.卑南文化遗址[N].人民日报,2003-08-28.

人兽组合艺术风格，可追溯到良渚玉琮王身上的"神徽"（也叫"神面兽"）。对神徽图像意义及功能的讨论，主要有四种意见[①]：图腾、始祖像、巫觋进行仪式或做法的景象、生殖崇拜的图像。人兽组合其实是人兽复合形象的发展，其图像的意义与功能也是人兽复合形象的延续。

具体到左江流域的人兽组合的意义，我们认为，蹲踞式人形代表的是可沟通神灵的巫觋、始祖像，组合中的动物应为犬图腾。凌纯声先生在《中国边疆民族与环太平洋文化》一书中讲道：犬祭是中国古代海洋文化特质之一，古代中国海洋文化区域为犬祭的典型地区。其所举的15个犬图腾崇拜族群大部分都在西南太平洋。澳大利亚五个主要地区的图腾物种就有狼犬。法国著名人类学家列维-斯特劳斯在其著作《野性的思维》中也有相关记载，在约克角半岛的澳大利亚部落中有狗族；达雅克人为人命名时要说某条狗的父亲（或母亲）[②]。

古代广西有些部落应该属于犬图腾文化或是犬祭文化。景泰《云南图经志》卷三记广西府之俗曰："州之遗民曰土僚者，以犬为珍味，不得犬，不敢以祭。"康熙《广西府志·诸彝考》说："土僚得犬方祭。"[③] 图腾一般禁止食用，但在特定时空里，必须大吃图腾以使它和它的族众得到繁殖[④]。壮族民间流传着其祖母为高贵的公主，祖父是英勇的狗的说法。与壮人同源的傣族亦有妇女与狗结婚所生子女长大后以弩射狗，母悲痛欲绝，乃在头上梳一狗髻，染红筒裙，以示对狗怀念的说法[⑤]。壮族还有狗带来谷种的传说以及用狗求雨的习俗。如图7-42所示，现在很多壮族村寨中、新建的房子两侧还要树立石狗的雕像。在人们的观念中，石狗能起保护、避邪的作用，是镇村、护村之宝和祖宗遗留之物。狗不仅能看家护村，而且还能保护阴宅，护卫死者的灵魂[⑥]。萧兵先生称左江岩画中的动物为"獒"，它是一种体型巨大，短吻，巨口，利牙，双耳微垂，可以食人的猛犬。万斗云也认为它是灵獒，并与龙犬槃瓠联系起来，并说："在我国以

---

① 朱怡芳. 中国玉石文化传统研究 [D]. 清华大学博士学位论文. 2008.
② [法] 列维-斯特劳斯 J. 野性的思维 [M]. 李幼蒸译. 北京：商务印书馆，1987: 189, 234.
③ 萧兵. 楚辞文化 [M]. 北京：中国社会科学出版社，1990: 322.
④ 斯宾塞和吉伦所报道的澳大利亚中部所谓的Intechuma繁殖体就是典型。有时由酋长代表族众食用图腾，如《山海经》等书记载，以鸟为图腾的夷殷王亥便两手捧鸟，方食其头。参见萧兵. 藏犬传奇 [J]. 中国文化，2001, (Z1): 236-248.
⑤ 宋兆麟. 巫与巫术 [M]. 成都：四川民族出版社，1989: 89.
⑥ 陈文领博. 壮族石狗考略——兼谈壮族先民的图腾及其演变 [J]. 广西民族研究，1992, (2): 70-76.

第七章 "蹲踞式人形"组合符号的文化内涵研究——兼论蹲踞式人形岩画的创作思维模式

伏羲氏、炎帝神农最善于养这种猛犬。"① 这种说法笔者较赞成。

综论之，代表始祖的蹲踞式人形与图腾神犬的符号组合，一是表示对图腾的崇拜，求得对氏族部落的庇佑；二是具有生殖崇拜的文化意蕴。靳之林先生对民间普遍流行的"抓髻娃娃——喜娃娃"的解读，也可以证实这个观点。如图7-43所示，靳先生说："与虎、狗组合在一起的'喜娃娃'是原始社会虎图腾、狗图腾崇拜的地域性剪纸。通常身躯近蛙形的'喜娃娃'是人之始祖神，它双腿曲折叉开，作典型蹲踞状。头戴小花冠，并装饰以对称的公鸡。胯下多是夸大的生殖符号，同时出现的有鱼、莲、虎、猴、狗等，具有子孙延续、多子多孙之寓意。"②

图7-42 壮族村寨中的石狗雕像　　图7-43 民间剪纸中的人兽组合

四、交媾、人祭与猎首

在龙州、宁明等地点的岩画中出现了一些交媾、人祭、猎首的人形符号组合。如图7-44～图7-46所示，它们是以农耕为主的骆越先民为了实现土地丰饶而实施的丰产巫术。

---

① 万斗云. 化佬族古代史简题 [J]. 贵州民族研究，1980, (2): 22-23.
② 靳之林. 中华民族的保护神与繁衍之神——抓髻娃娃 [M]. 北京：中国社会科学出版社，1989: 1-12.

图 7-44　交媾
龙州上白雪第 6 组

图 7-45　人祭
龙州县沉香角第 7 组

图 7-46　猎首
宁明花山第 21 组

（一）交媾

自旧石器时代以来，直到铁器时代，乃至今天，在整个世界范围内，有关生殖和交媾的图案一直都是经久不衰的艺术主题。它源于与人类自身以及世界万物的繁衍密切相关的生殖巫术。20 世纪初，西方人类学家弗雷泽、布日耶诸认为，在原始人的眼中，巫术仪式对于客观世界具有刺激和诱发作用，换言之，在田地里进行交配，将促使庄稼生长[①]。

先民常将自己的生殖观念强加于植物和其他事物，以为结合起神圣的男性力量和女性力量的仪式活动，对于土地及其住民的富饶和丰产是必不可少的。通常在该仪式上会有一对男女进行礼仪性的性交。实施仪式的责任一般只落在少数几个人的身上，女祭司和男祭司，或是女王和国王——他们代表国民来举行该项仪式[②]。国王是天神、太阳神在人间的代表，也是宇宙间阳性生命力、生殖力的人间代表，他同地母神的代表性结合以确保世界上的生命旺盛，包括农作物的丰产和动物与人类的繁殖。他们的结合是一种"圣婚"。柴尔德在《远古文化史》中论及东方古国的圣婚时，写道："在这种场合，'王'和'后'便代表了神。他们的结合，不仅象征了，而且也魔术地保证了土地的生产作用，使

---

① 汤惠生，张文华. 青海岩画 [M]. 北京：科学出版社，2001：108.
② [美] 金芭塔斯 M. 活着的女神 [M]. 叶舒宪译. 桂林：广西师范大学出版社，2008：19.

其到了适当的季节，就能把果实结出来。"①中国商代的高禖祭典就是"圣婚"后来的形式。

这种有意识地采用两性交媾的手段来确保大地丰产的仪式，至今在世界一些民族中仍然存在。美洲的印第安人混淆了人类与植物的繁衍生育过程，他们以为求助于前者，同时会促进后者。爪哇一些地方，在稻秧孕穗开花结实的季节，农民总要带着自己的妻子到田间去看望，并且就在地头进行性交。这样做的目的是促进作物成长。在新几内亚西段和澳大利亚北部之间的洛蒂、萨马它以及其他群岛，异教徒们把太阳看作男性的本源，把地球看作女性的本源，由于有了男性的太阳，所以女性的地球才能生育繁殖。雨季开始的时候，太阳便下来给大地授精，这时候，人们大量屠宰猪狗来祭典，男男女女都一起纵情狂欢，太阳和大地的神秘交合就这样公开地在歌舞声中、在男男女女于树下真正进行的性交活动中戏剧性地体现出来。听说这种节庆活动的目的是为了向太阳祖宗求得雨水，求得丰富的食品，以保子孙兴旺、牲育繁殖，多财多福②。

在我国岭南的黎族中，也可以看到类似祭田礼的活动。开始犁田时，"亩头"夫妻便到河里洗澡、换衣戴饰，然后回到家里静坐"起矛"。等到太阳西下（即阴阳相交的昏时），亩头方牵牛去"犁第一路田"。在途中他反复念所谓呼风唤雨的咒语："大雨降临如临盆，点点滴滴落田中……"，在播种那天，亩头独自先去秧地做一些象征性的播种动作③。

卡西勒曾经指出，正如众所周知的"田野婚床"的习俗那样，性行为的实践和表演被认为能直接导致土地受孕和丰产；反之，对土地受精的模仿表演能使灵魂死而复生。使土地丰产的雨水正好是巫术中男性成员的副本，而耕地则成了女性子宫的副本④。这显然是一种二元对立统一思想的表现。

（二）人祭与猎首

为了促进谷田增产，在原始人给神灵奉献祭品时，常有以人为祭的现象，在许多原始的或后进的农业民族之中，人们就相信只有用人血或人头祭奠土地，

---

① ［苏］柴尔德ＶＧ.远古文化史［M］.周进楷译.北京：中华书局，1958：94-95.
② ［英］弗雷泽ＪＪ.金枝（上）［M］.徐育新译.北京：中国民间文学出版社，1996：206-207.
③ 詹慈.黎族的原始宗教及其演变［A］// 宋恩常.中国少数民族宗教初编［C］.昆明：云南人民出版社，1985：63-64.
④ 朱狄.信仰时代的文明［M］.武汉：武汉大学出版社，2008：207.

才能恢复土地的活力，使农作物获得好收成。

民族学资料为我们提供了大量环太平洋沿岸有关人祭和猎头仪式促进丰产的证据。在厄瓜多尔的瓜亚基尔，这里的印第安人在播种时，常以人血、人心献祭。墨西哥在收获季节时，把当季的头批收获献给太阳。他们将一个活人放在两块大石头中间，把大石头上下对好，合上石头把活人压碎，埋葬了死者的残躯，接着就举行宴会并跳舞，这种祭仪称作"合石祭"。波尼印第安人每年春天下地播种时献祭一个活人，他们认为如果有一次不这样献祭，将会一无所获。菲律宾群岛的棉兰老岛，岛上的巴哥人在播种稻子前奉献活人为祭。吕宋岛内地帮都的土人都热衷于猎取人头。他们猎取人头的主要季节是栽种和收割米稻的时候。为了庄稼长得好，每块地在收割时猎取一个人头，播种时又猎取一个人头。

图 7-47 原住民大家屋上的装饰图案
中央民族大学博物馆藏

清代初期，我国台湾阿里山地区的一些先住居民盛行猎头习俗。他们把猎头称为"出草"，目的是为了"粟祭"。如图 7-47 所示，直到现在台湾先住居民的大家屋横梁及槛楣雕刻的主要母题还是人头纹，这是"猎首"祭人头习俗的遗留。1949 年以前云南佤族信奉万物有灵的原始宗教，猎头祭谷是其较大的宗教活动之一。他们认为，只有用人头祭谷，谷子才能长得好，村寨才安全。每年猎头祭谷的时间，一是在春播前后，一是在秋收之前。其他时间有机会也可以猎头。猎取人头之后，便开始举行隆重的宗教仪式，进行祭祀活动。每个村寨附近都有一个"鬼林"或称"神林"，是存放供过的人头骨的地方。直到 1949 年后，这一现象还有表现[①]。古文献中也有记载，我国古代的僚人、乌浒人等也常用猎获的人头来祭祀田神。

艾利亚德在其宗教史巨著《比较宗教学模式》中解释了"人祭"的来源。艾利亚德说："世界各地的所有农耕文化中都可看到的，围绕农作物的播种和收

---

① 徐华龙. 中国鬼文化 [M]. 上海：上海文艺出版社，1991: 208-209.

获而开展的全民性祭典活动，其实质都是相通的，或者说是相同的：象征性地重演创世神话。因为创造神当初以自身的仪式性肢解，赋予包括农作物在内的世界万物以生命，后代的仪式性献牲典礼也自然要模拟创世神的牺牲，被杀死并切割成碎片的人牲总是被认同为神话中的牺牲者。"[1] 由此看来，人祭活动中的人牲并不是作为礼物取悦神灵，而可能代表的是地母神或是将要被砍掉头颅的谷神，它拥有神圣的生命力，神与他的崇拜者们通过共同分享被献牺牲的血与肉而达成一个统一体。

弗雷泽在《金枝》中，提供了一个孟加拉孔德人最著名的、有固定法式的，以人为牺牲祭祀祈求确保丰收的例子，其可以说明这一点。孔德人的人牲是献给大地女神的，人们献祭是为了能确保好收成。在献祭前，人牲常常被好生养几年。人牲被看成是圣物，受到极端的爱护和崇敬；同时，人牲也被当作非凡的人，对其所表示的尊敬，简直像对神的膜拜一样。据说，人牲最初是被看作大地女神，活着的植物女神[2]。在这个例子中，孔德人很明显是将神的代表在祭祀中杀掉，以祈求丰产。

结合以上分析，我们根据艾利亚德的农业宗教原理，不但可以理解左江岩画中的人祭与猎首符号的语义，还可以从更深层次上解释壮族"青蛙节""师公舞"的内涵。

青蛙节是围绕着崇敬青蛙开展的一系列活动，在青蛙节上所跳"蛙舞"的姿态与左江岩画中"蹲踞式人形"非常相似。青蛙节在新春来临之际开始，过程为二天、五天、七天、九天、十五天、一个月不等，贯穿整个正月始末。其规模之盛大、时间之长久、形式之独特在中国少数民族节日活动中是很少见的。壮族各地青蛙节的内容仪式程序大致一样，分为：找青蛙、孝青蛙、葬青蛙。葬青蛙是活动的高潮阶段，葬蛙结束后，便是"葬餐"和对歌，歌舞非常隆重，往往通宵达旦。20世纪40年代末，在桂西的壮族聚居区青蛙节还是很流行的。由于葬蛙之夜"男女杂沓，若醉若狂，谑舞百出"，和"滥唱淫词"，男女对歌"分延于各家各野，"这在国民党统治时期被认为是伤风败俗的事情，被政府予以禁止[3]。

---

[1] [英]艾利亚德 M. 对比宗教学模式 [M]. 伦敦：希德与沃德出版公司，1985：345，346. 转引自叶舒宪. 诗经的文化阐释 [M]. 西安：陕西人民出版社，2005：463.
[2] [英]弗雷泽 J J. 金枝（上）[M]. 徐育新译. 北京：中国民间文学出版社，1996：628.
[3] 蒋廷瑜. 壮族铜鼓研究 [M]. 南宁：广西人民出版社，2005：268.

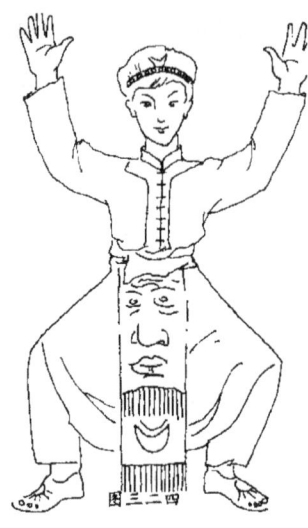

图 7-48　扶绥壮族民间流传的师公"行马舞"

资料来源：覃圣敏，覃彩銮，卢敏飞，等.广西左江流域崖壁画考察与研究[M].南宁：广西民族出版社，1987：三二四图

从整个青蛙节气氛的热烈程度，以及对青蛙的崇敬看，青蛙节与壮族农业生产、人口生产关系密切。青蛙在仪式上是作为神性身份的存在。为了达到一年四节风调雨顺、人寿年丰的目的，而把象征神的青蛙杀死，其实质与世界各地农耕文化中的"人祭""猎头"仪式是相通的。青蛙节上被认为的"伤风败俗"之举，也是远古先民丰产巫术的遗留。

壮族的师公戏直到现在都一直是深受农村群众欢迎的一种民间戏曲形式。图 7-48 所示的师公舞步，多为蹲踞式，且壮族师公歌舞有"峰鼓不响不开腔""无鼓不开坛"的规矩。有些学者认为师公舞与左江岩画的蹲踞式人形有一定的渊源。据民国初年编修的《邕宁县志》载："乡间则于元宵节前举行春傩，演尸公，其甚若狂"。因此广西的"师公"原先叫作"尸公"[①]。

叶舒宪先生论证了"公尸"源于人牺的祭俗[②]。中国上古文献中，已经看不到关于人祭、人牲方面的完整记载。《诗经》的《颂》直接来自公祭，后起的《雅》也多少保留了祭典的描述。商周时期，"立尸"现象曾广泛存在于各种祭祀礼仪之中。无论是祭祀天地、社稷，或是祭奠祖先亡灵，都要"立尸"。《礼记·郊特牲》云："尸，神像也"，这指的是由活人装扮而成的神的形象[③]。周天子所祭的公尸已经是高度文明化的产物了。用同姓或是异姓的卿大夫扮演神（祖）的化身，代表神意接受燕饮祭享并传达神意赐福保佑行祭者。从史前社会的"杀人不异犬与鸡"的杀人祭礼，到殷商时代演化为用人牺与物牲进行国家公祭，再发展到周代官方用物取代了人牺的公尸之祭，以活人为牺牲的情形终告结束，而以活人象征死而复生之谷神的祭典模式却因

[①] 向群，梁丽容.壮族师公戏渊源小考[A]//广西艺术研究所.广西傩艺术论文集[C].北京：文化艺术出版社，1990：73.
[②] 叶舒宪.诗经的文化阐释[M].西安：陕西人民出版社，2005：470-475.
[③] 潘健."尸"与戏剧的起源[A]//广西艺术研究所.广西傩艺术论文集[C].北京：文化艺术出版社，1990：24.

袭下来，作为人祭的较为文明化的替代形式——公尸之制由来已不言自明了[①]。从周初国家祭典上的"公尸"威仪，发展到春秋时代由"季女"充当的宗室之尸，尸离其原初所模仿的人牲越来越远，完全成了形式化的东西。只有在一些边远地区仍可看到这种继人牲制而兴的祭尸礼俗。

圣王、神尸、人牺三者为一体的祭祀信仰根源是：圣王作为植物神或是谷神的替身，象征性地演出农作物生命年周期的循环运动，借此确保和促进大自然生殖力的更新与旺盛，求得生产的丰收与社会的繁荣。弗雷泽等人类学家的研究表明，这种仪式性地杀死圣王的礼俗，在西亚地区后来逐渐形成农业宗教的基本节庆，并从中派生出作为基督教思想核心的"死而复活"主题；在中国则留下了以"死而复生"为中心的农神稷的神话及其相关祭典[②]。

左江蹲踞式人形岩画中无论是交媾、人祭还是猎首都是源于农业社会的一种祈求丰产的巫术活动。只是后来猎首成了一种形式化的仪式，已远离了本意。在东南亚以及南太平洋上的南方民族，有时部落之间为了争地、劫掠或是复仇而引起战争时也会猎首，然后携回部落举行盛大的祭典。

第三节 蹲踞式人形岩画的创作思维模式探讨

自从 19 世纪后期欧洲岩画被发现以来，人们对岩画的研究已经有 100 多年了。一直以来，对岩画的解释是岩画研究中的首要问题，关于古老的岩画创作动机，也产生了很多理论和假设。在研究左江蹲踞式人形岩画的创作思维模式前，我们首先对相关理论做以简介。

一、国际岩画研究的一些理论假设

我们知道所有对艺术品所做的历史研究都是阐释性的，每种识别、分类或分析都仅仅是一种阐释，而非唯一的阐释，其阐释都具有一定的理由和特殊观点[③]。

---

① 叶舒宪.诗经的文化阐释 [M].西安：陕西人民出版社，2005: 468.
② 叶舒宪.诗经的文化阐释 [M].西安：陕西人民出版社，2005: 463.
③ Kleinbauer W. Modern Perspectives in Art History [M] New York: Holt. Rinehart & Winston ,1971:77.

（一）为艺术而艺术

从 19 世纪后半期的考古发掘开始，爱德华·拉尔代受欧洲富裕的中产阶级生活方式的影响，认为旧石器时代先民生活无忧，因而沉浸在了创作的乐趣之中，这种"为艺术而艺术"的理论假设对后来的艺术研究者产生了深远的影响。同时认同这种理论的还有史前学者爱德华·皮埃特，他相信远古艺术的产生纯粹是美学的原因。

不久之后，学者们就认识到这种理论的狭隘性。所罗门·雷纳克最初也是受到"为艺术而艺术"的影响，但他又提出了新的理论，认为旧石器时代的艺术反映了与巫术的功效相关的信仰，这种理论主要有两方面：狩猎巫术和生育巫术，它为史前艺术研究开辟了新的视野。

（二）结构理论

20 世纪初学者开始更多关注岩画的承载体，路易·加比唐和让·布伊索尼提出了"洞穴教堂说"理论，岩画绘制的空间是为了突出仪式的肃穆氛围。有些学者也把岩画与儿童画进行比较，试图找出之间相通之处，以证实艺术创作的因素之一是从偶然到有意的过程。安奈特·拉明-安贝莱尔和安德烈·勒鲁瓦-古朗自 1904 年发展的"结构理论"，更加重视了先民选择岩画作画的特定部位，认为岩画的考察必须要考察岩洞本身，岩画是结构和自然形态的补充。这无疑是研究理论的一种进步。旧石器时代的人类并不是在哪都作画，他们是根据一再使用的标准认真地挑选要创作的艺术地点。1960 年安奈特·拉明-安贝莱尔进一步发展了神话理论，认为岩画是创作者对神话历史的再现。

（三）季节符号

20 世纪中叶，西欧垄断史前艺术意义的研究被打破。美国哈佛大学博物馆学者马沙克通过对欧洲旧石器时代艺术品中三类题材：抽象符号、动植物形象和经过多次加工过的动物的形象的重点分析，提出了季节符号论理论。马沙克将一切可能性和标志与特征，都与季节符号论联系起来[①]。他考察了在动物形和人形周围的一些符号，指出这些符号不是偶然画上的，而是刻意画上的，这些

---

① 汤惠生，张文华. 青海岩画 [M]. 北京：科学出版社，2001：207-208.

点和线表示的是日历，是用来度量时间的。

（四）萨满理论

1966年南非的刘易斯·威廉（J. David Lewis-Williams）在他的研究中提到了萨满教理论。他把艺术看作是对萨满巫师行巫活动的描述，强调了巫师行为是鬼魂附身的状态，画的很多内容是巫师在迷幻状态下出现的幻想。1967年，慕尼黑国家人种学博物馆的馆长安德里亚斯·隆美尔，在其所著《早期狩猎者的世界》中发表了一些关于艺术中萨满教的文章。他考察了一些地区史前部落艺术，在那里萨满巫师掌握着整个部落的命运，萨满巫师称自己能够沟通生界与死界的联系。西欧的洞穴岩画表现的不是动物而是精灵，岩石是灵魂的汇聚地，在这些岩洞中，巫师与他们祈求的精灵相遇[①]。

（五）符号理论

20世纪90年代，意大利学者阿纳迪先生提出了岩画的句法理论，把岩画作为一种原始语言和句子来看待，从而找出岩画所要表达的意思。他根据在全球范围内出现的大量岩画恒定的风格、主题、句法和内容，把它们划分为五种类别，分别是古代（或早期）狩猎者、食物采集者（或收集者）、进化的狩猎者、牧民和动物饲养者、包括农业的复合经济族群，每一种都反映了一种普遍的类型学特征。

随着科学的进步，对岩画的阐释分析也变得越来越复杂，当然每一种理论的提出都对增进岩画的了解是一个贡献，但是，在各种理论相互交锋时，它们也显示出了自己的优点或缺点。所有的理论都有正确的一面，但是如果过多关注一个方向，就会忽视对整体观念的把握。

二、我国关于岩画阐释方法的研究历程

相比欧洲的岩画研究，我国岩画研究起步较晚，尤其是在岩画阐释方面还没有形成自己的理论[②]。在我国，无论是持形式主义的研究者和考古学家，还是专攻图像志的研究者，或是持社会学观点学者，他们对岩画的阐释只是体现了

---

① ［法］阿纳蒂 E. 艺术的起源［M］. 刘健译. 北京：中国人民大学出版社，2007: 346-352.
② 汤惠生，张文华. 青海岩画［M］. 北京：科学出版社，2001: 209.

各种研究方法的叠变[①]。

(一) 岩画的图像分析：从古典进化论到历史特殊论

岩画从一发现就展示出独特的美。古典进化论认为，这种美起源于人类对自然中节奏的模仿，这与柏拉图以来西方美学盛行的"模仿说"相一致。人类具有普遍的美感和艺术创作的普遍法则，审美冲动是普遍人性的组成部分，随人类的出现而出现。艺术活动最初是为了满足人类审美冲动而产生的。每一件原始艺术作品都包含有艺术效应。为了艺术而艺术的思考或者审美实践，其目的都是通过寻求形式、线条和色彩而激发人美感的娱乐。我国一些形式主义研究者往往从岩画的本身入手，目标是要阐释出这些画像的视觉内容。他们认为艺术的形式有自己的生命，其发展轨迹总是从简单到复杂。

通过对丰富的岩画考古资料进行分析，学者发现在不同的地方会出现相似的岩画风格、类型。他们认为这种存在于不同地区、不同民族中的相似的岩画现象是由文化传播造成的，各地区与民族之间一定在某个时期有过一定的联系。汤惠生先生从青海岩画中挑出了14种常见的图像模式与世界范围内相关岩画考古资料进行比较，参考国内外献相关记载和民族学调查的资料，追溯它们的文化关联。而在西南岩画研究中根据传播理论来追溯历史也是比较常见的。

部分学者花费很多心思去考证图像的服饰、器物、舞乐，认为岩画的灵感来源于当地历史或神话传说，岩画应该反映的是当时社会和思想的普遍价值，这一研究的深层内涵很自然地与特殊的历史相关联。博厄斯从北美印第安人的实例出发，证明了当地原始艺术中写实与象征两种风格同时存在，有着不同起源，并可从各自不同的创作技巧和目的中得到解释，驳斥了进化论观点。他明确提出，原始人和现代人具有同样的审美感。而且强调艺术和审美活动是文化整体活动的一个重要组成部分，审美与道德、技术、社会整合等功能有密切联系，这是一种"历史特殊论"的观点。在岩画研究中，这是一种占主流的理论，持这种观点的人认为岩画中的内容一定与特定的自然和社会有关。

当越来越多的岩画出现，许多学者开始对岩画中的流行母题进行整理归类，历史特殊论的基础开始动摇。这些在岩画中反复出现的母题，似乎与某个人特殊的生平事件的假说看来互相矛盾。为了解决这个问题，一些学者提出了一个

---

① Kleinbauer W. Modern Perspectives in Art History [M] New York: Holt. Rinehart & Winston, 1971: 77.

个介乎历史特殊论与象征主义之间的折中观点。他们认为一些源于重大事件的流行图形在以后的流传中逐渐变成了某个民族的主要事件。

（二）岩画的功能分析：从功能主义到结构功能主义

当我们开始关注为什么要把人物、动物图形等画绘于岩石上时，随之而来的一个问题就是作为一种艺术，它起了什么作用？而功能主义的艺术研究恰恰是不再仅仅局限于艺术品的形式和风格，除了在特定的文化场景中考察艺术品的意义之外，它强调的是艺术品所行使的功能。在马林诺夫斯基看来，艺术的首要功能是满足人的生理、心理需要，在此基础之上才产生其他的衍生功能；杜尔凯姆认为艺术是集体情感的巨大冲动表现，社会成员通过艺术、仪式活动从切身的肉体与精神舒适中找到对自身和世俗生活的超越，体认并强化社会集体观念的存在，认为艺术是沟通神圣和世俗二元化分的桥梁。莫斯更是进一步强调了艺术与宗教、巫术之间的联系。拉德克里夫布朗关注到，艺术可产生强大的社会功能，可强化对信仰的认知，从而产生社会统一体的感觉。特纳认为艺术审美带来的快乐被融入社会中，从而最终祈祷维护群体团结的作用。关于艺术的这些功能，我们在西南和青海的岩画研究中，都可以找到似曾相识的影子。关于岩画的"巫术仪式说""季节符号说""记事文字画说"等，便是这种研究的成果。

（三）对岩画意义的认知：从结构主义到艺术符号学

当人们不再满足于岩画的表层意义的功能主义解释时，一种倡导用符号学的方法对岩画的深层结构和隐含的意义进行研究的方法结构主义开始盛行。这是一种认为一切可见的文化事象都仅仅是文化的表层能指部分，而文化的所指部分——即所要传达的真正有意义的信息，则需要结构分析才能发现的方法。艺术是文化体系中最重要的象征符号系统之一，借助艺术手段表达了对社会结构中存在的冲突和混乱的不满，并在潜意识的层面上象征性地表达了对解决之道的寻求。在结构主义看来，文化是人类思想领域中一系列二元对立的概念加以调和的产物。生/死、男/女、人类/自然、我群/他群等一系列基本矛盾正是通过艺术才得以化解的。汤惠生先生就采用二元对立思维的方法分析岩画，运用二元对立思维揭示史前艺术，进而用以解释岩画的内涵。

格尔茨提倡一种"艺术符号学",强调了对艺术文化认知内容的不可化约性,认为艺术是日常赎回的折射,反映的是人们对当地生活的理解。他将每一种文化看作符号和意义系统的主张,因此,他将每一种文化都看作一套独特的不可替代的符号系统,认为只有通过"深描"即对文化持有者内部视角的理解,才能达到对该文化意义系统的认识。他提出了艺术是如何融入当地文化中并与其当地特定的生活方式相联系的问题,同时认为这是一种地域性的课题。而对岩画的符号学研究也成为我国近年一些研究者常用的方法之一。

三、左江蹲踞式人形岩画创作的思维模式

对于左江蹲踞式人形岩画的研究,我们很难相信单一的一种理论或是方法,就可以解释其艺术创作的全部动机。因此,笔者在本书中主要运用岩画符号学对左江岩画的意义进行分析,这是对以往各种研究理论及研究方法的一个综合运用。

岩画符号学,就是把岩画作为先民情感交流的一种语言符号,而进行研究的方法。骆越先民正是通过左江蹲踞式人形岩画符号的组合,来传递岩画符号语义的。左江岩画符号的形式、组合就是"序",创作者借助符号的"序"展示他们对世界的认识。"序"是骆越先民从混乱的社会现象中找出的秩序,也是他们进行岩画创作的深层思维模式。因此,我们不仅要研究左江蹲踞式人形岩画符号的语义,还要对它深层的创作思维模式进行探讨,只有这样,才可能避免对其整体阐释观念的忽视。

(一)关于二元思维模式的认识

一直以来,二元思维的模式都是人们认识世界的一种方式。虽然二元论一词是托马斯·哈代在1700年才首次提出和使用的,但是二元论的观点自古希腊已经存在,其典型的代表是柏拉图。柏拉图是实体二元论的代表,他的学生亚里士多德则主张一种属性二元论理论。二元论实质上坚持意识离开物质而独立存在。哲学史上典型的二元论者是17世纪法国哲学家R·笛卡尔。他认为意识和物质是两种绝对不同的实体,意识的本质在于思想,物质的本质在于广袤。

哲学二元论最重要的特征,是它假设了一种不同于物质实体或是属性的精神的实体或属性,这种精神的实体或是属性在人的身上表现为灵魂的存在。长

期以来，灵魂被认为是一种不同于物质性的身体的存在形式，是一种与物质实在完全不同的实体，它能够发挥某种超出了物理作用之外的效力，而且与大多数的物质现象不同，灵魂可能是不朽的，很多人认为，寄于人的躯体中的灵魂在身体死亡之后，能够脱离身体而继续存在，它或者进入某种神秘的纯形式的存在的地方，如天堂，或是下一个宿主之中。这样灵魂的观念构成了大部分时期中二元理论的重要内容，可以说，二元论的产生与人类从原始文明中继承而来的灵魂观念密切相关[①]。许多人都认识到，二元论的历史源远流长。在原始宗教中，已经"形成了完整的二元论体系"[②]。

（二）史前文化中的二元对立思维

二元对立是二元思维模式发展中的一种形式，它曾是解释人类深层思想与文化的一种有力的工具。列维－斯特劳斯为了解释文化现象曾广泛寻找"二元对立模式"进行结构分析；刘易斯－威廉在分析马格德林文化的洞穴岩画时，认为马格德林人已经能够用岩画表达光明与黑暗的二元概念，白与黑、光明与黑暗是二元对立思维的基本概念，它们也是好坏、善恶、神魔的隐喻[③]。汤惠生先生也曾在《青海岩画》一书中，列举了大量文化现象论述二元对立思维[③]。这种认为事物有好就有坏、有正就有反的二元对立结构，是人类一种有意识的思维模式，它按照二元对立规则寻求事物的区别特征，对事物进行分类，使之形成鲜明的对比并创造出一种秩序，这样就可以从比较中得出文化的引申意义。

（三）左江蹲踞式人形岩画与二元统一思维

二元统一论抹杀了二元之间的区别、对立和斗争。它是中国自身哲学发展到战国时期出现的一种不同于西方的思维模式。无论是左江岩画中的蹲踞式人形还是符号组合，我们都会强烈感受到骆越先民在艺术创作中的这种"二元统一论"的思维模式。

《易经》和《易传》所蕴含的"易－太极－乾坤－万物说"，或是"易－太极－阴阳－万物说"，以及阴阳鱼太极图，都是中国古代思想史上二元统一说

---

① 吴胜锋.当代西方心灵哲学中的二元论研究[M].北京：中国社会科学出版社，2013：23-24.
② 泰勒E.原始文化[M].连树生译.桂林：广西师范大学出版社，2005：654.
③ 汤惠生，张文华.青海岩画[M].北京：科学出版社，2001：211.

的范例①。《易传·系辞上》说:"易有太极,是生两仪,两仪生四象,四象生八卦。"这种混沌化分阴阳,阴阳相合而生万物,万物生生不息的观念,正是我国哲学本源体系的概括。骆越先民艺术创作的观念受哲学观念的决定,二元统一的思维模式正是左江蹲踞式人形岩画创作的哲学基础。

通过前几章节的研究分析,我们可以看出,左江蹲踞式人形岩画是骆越先民在二元统一思维模式的指导下进行创作的。它体现了先民思维中阴阳相合而生万物、万物生生不息的观念。左江蹲踞式人形岩画符号的所指被创作者通过一种象征与隐喻的方式呈现出来。左江蹲踞式人形岩画符号的能指通过二元统一论的句法规则,以一种简化的"压缩模式"的艺术形式成为骆越先民与世界的中介。就像通过语言习俗机制掌握深层语言结构,可以生成无数语言形式一样,先民对世界认识的二元统一思维本质形成了蹲踞式人形岩画语言符号的深层结构,因为不同区域的岩画语言符号语境的影响,形成了多个不同能指的表达形式,既然采用不同的能指形式,有着不同的修辞效果,就产生了各地不同的蹲踞式人形岩画方言。左江蹲踞式人形岩画就是一种独特的地方语言,它既有普遍性又有特殊性。

左江蹲踞式人形岩画虽然显示的只是一种文化表象,但在其背后还深藏着先民创作的思维模式。我们对世界的认识,重要的不是世界本身应该呈现什么模样,而是我们应该以怎样的方式去认识所能看到的世界。左江蹲踞式人形岩画正是左江流域先民在一种阴阳化合、万物生生不息的深层思维结构下的创作品,他们将左江蹲踞式人形岩画符号安排在有序位置上,且在其中各具其意。蹲踞式人形岩画符号的组合结构不仅规定了一个构图中符号位置之间的关系的意义,而且还呼应了不同符号之间的相互替代,它们是先民创作岩画的一种有序句法结构。虽然,左江蹲踞式人形岩画是不同时期的先民创作,并经历了很长时期,其符号组合也由早期杂乱无序的同类组合逐渐发展到气势宏大的叙事场景,但是,当创作者掌握这种深层思维结构如句法组合规则时,不管相关左江岩画符号怎么替代、变化,他们都试图把这种深层思维下句法结构所蕴含的语义传递给观赏者。

---

① 史忠义. 关于一二元统一说 [J]. 中国社会科学院研究生院学报,2008, (6): 46-50.

第八章

左江岩画保护现状的思考

尽管广西左江岩画自从被发现以来，就凭借着其独特的魅力，吸引着众多的国内外研究者，政府机构更是对岩画的保护投入了大量的人力财力，毫不夸张地说，在全国的岩画保护中，左江岩画是投入资金最多的。但是，即便如此，如何对左江岩画进行有效保护，依然是管理部门和研究者们所面临的一个重要难题。本章将会通过对其他区域岩画保护现状的分析，进而思考左江岩画保护中存在的一些问题。

第一节　关于岩画保护

国际岩画协会主席阿纳蒂教授曾撰文向全世界呼吁"抢救世界的岩画"[①]。

我们必须认识到，这些宝贵的史前文化之源一旦遭到损毁，将不会再生，并将永远消失。在21世纪之前，由于人们对岩画知识知之甚微，因而也无法认识到其价值的重要性。当人们逐渐关注并知道岩画的价值时，才发现伴随着现代化的进程，岩画正遭受着工业的污染以及人为的破坏，它正以飞快的速度在地球上消失，因此，对岩画的保护一直是世界各国关注的问题，也一直是世界性的难题。

一、国外岩画保护现状

在2013年公布的世界文化遗产中共有岩画遗址36处，其中欧洲与南美洲有13处，非洲9处，拉丁美洲5处，阿拉伯地区4处，亚洲4处，澳大利亚1处。这些地区的岩画犹如文字记载了人类史前的历史，并作为早期人类文化的遗存得到了各个国家的重视与保护。有些地区和国家还积累了一些值得借鉴的比较成熟的保护方法和保护模式。

---

① 覃圣敏，覃彩銮，卢敏飞，等．广西左江流域崖壁画考察与研究［M］．南宁：广西民族出版社，1987: 212.

（一）欧洲

欧洲是世界岩画文化遗产比较多的国家，他们在岩画研究理论、岩画修复及岩画周边环境的保护等方面，都积累了丰富的成果和比较成熟的保护方法。最早发现旧石器晚期洞穴岩画的法国，有一批杰出的研究者长期对法国岩画进行深入的研究。国际上关于岩画解释的几种主要理论和假说，也几乎都是围绕着欧洲南部洞穴岩画以及旧石器时代晚期的艺术品而展开的，他们对此后相当长时期的世界岩画的研究都起到了一种范式的作用。在对岩画研究的过程中，法国的学者们也注意到，由于法国的岩画多数集中在洞穴中，因此，法国采取的是原址复原的方法，将一些重要的洞穴岩画连洞穴本身都完整地复制下来，这样，既能够控制参观的人数，还能让观光者在比较真实的语境中观赏到史前艺术的风采[1]。

意大利的卡莫尼卡谷岩画群早在 1979 年就被列入世界文化遗产保护名录，当地的学者在对其进行研究、管理、宣传、教育、培训等方面积累了丰富的经验。卡莫尼卡山谷有 4 个比较集中的岩画分布区，大概从 1956 年开始，阿纳蒂先生就开始和他的岩画调查工作组在卡莫尼卡进行了长达 8 年的岩画调查与研究，并摸索、整理了一套、发掘、清理、记录岩画点的方法。1964 年，卡莫尼卡史前艺术研究中心成立。中心通过自筹资金，与其他机构合作及志愿者服务等方式，不断开展各种岩画课题研究，举办各种岩画学术会议，尤其是从 1986 年就开始的每年一届的卡莫尼卡国际岩画论坛，以其新颖、前沿的岩画议题，吸引了全球大量的岩画研究专家及爱好者，极大地促进了国际岩画事业的发展。

卡莫尼卡史前艺术研究中心非常注重岩画的教育与培训。该研究中心实行岩画专业学徒制，为博士、博士后人员提供研究平台，并为大学生以及各种层次的学生和岩画爱好者开办讲习班。此外，与高校以及国际组织合作也是进行岩画教育和培训的一种形式。研究中心的阿纳蒂教授还创建了世界最大、最全面的岩画档案库。研究中心的图书馆拥有 4 万藏书，岩画档案有来自五大洲的报告和岩画遗址地图，包括超过 20 万幅幻灯片、相片、临摹和记录。另外，研究中心还有一个关于史前和原始艺术的国际期刊，每年不定期出版期刊以及和

---

[1] 张亚沙. 西藏岩画的发现与保护 [A] // 张亚莎. 中外岩画保护论文集 [C]. 北京：中国藏学出版社，2014: 12.

岩画、考古学相关的著作[①]。

此外，梵尔卡莫尼卡还创建了国家公园的岩画管理与保护模式。至今，这里已经建立了五个岩画公园，这些国家公园一方面担负起了岩画调查、统计、研究等工作，一方面，这些公园把人、动物与岩画相隔离，可以对岩画起到保护作用；另一方面，公园管理人员还通过各种形式宣传和介绍岩画的历史以及价值，让人们在参观岩画的过程中，逐渐对岩画产生深刻认识，并积极主动地参与到岩画的保护中去。这些做法不但开阔了人们的艺术视野，还通过在公园中开展一些制作岩画的活动，加强了人们对岩画的认识。

（二）非洲

非洲拥有着丰富的岩画资源，也是世界岩画遗产分布较多的大陆。非洲的措迪洛山被誉为"沙漠卢浮宫"，是世界上岩画最集中的地区之一。这里的岩画按照顺序记载了至少10万年人类活动和环境的变化。值得关注的是，南非的一些岩画遗址具有非常丰富的宗教文化内涵，并且与当地族群关系密切，直到今天，这些族群依然还在一些岩画点举行仪式和祭祀活动，并且进行岩画创作。

在20世纪80年代，南非著名岩画学家刘易斯·威廉姆斯创建了南非金山大学岩画研究所。根据当地的文化特色，多数南非的岩画研究者们都认识到对岩画的解读不仅需要考古、历史资料，当地的民俗活动更是岩画的鲜活注解。因此，刘易斯·威廉姆斯总结了一种岩画调查研究与当地民族志相结合的岩画研究方法与理论；同时，当地的岩画研究者和管理者还根据当地的民俗制定了一套相应的文化遗产管理办法。为了减少族群仪式活动对岩画点的破坏，特别是一些个人对岩画的涂鸦篡改，在尊重族群传统民族文化文化的同时，减少管理人员与族群的冲突，岩画管理者应采取对当地居民进行培训、提供工作岗位使他们参与到岩画遗址的管理中并从中受益等积极措施，使地方官员、利益相关者和与岩画遗产相关联的人共同承担责任，以实现对岩画遗产的可持续保护与管理。共同决策、共同承担责任，以减少有关岩画遗产管理的多种冲突，这既可以宣传文化遗产的相关知识，也有助于遗址保护科学技术的推广[②]。

---

① 杨青林.阿纳蒂岩画思想研究 [D].中央民族大学博士学位论文.2013.
② 博瓦西里 E.南部非洲岩画及其相关非物质文化遗产的管理 [N].杨青林译.中国社会科学报，2013-04-20.

（三）玻利维亚

南美洲的玻利维亚岩画有着将近 1000 年的历史传统，有超过 1000 处的岩画点。在这里的岩画保护中起着重要的作用的是一个由专业考古学家组成的私人的玻利维亚（SIARB）。

利维亚岩画研究所的专家们所做的工作主要有三方面：一是为岩画的宣传与教育提供专业性指导。假如，把岩画作为世界文化遗产进行展览，并组织学生和公众参观；同时也在网站上开辟教育专栏，并用简单的术语向学生解释一些岩画知识；此外，还为一些教育机构组织的研讨会准备一些岩画的课题等，这些活动可以使更多的人了解玻利维亚的岩画，并意识到对其保护的重要性。二是给政府决策提供专业建议。由于现代工业和道路的建设正在严重破坏岩画的保存，如何为公众建设制定规章制度，或者一些岩画点在变成旅游景点之前应该考虑到哪些保护措施等，都需要这些岩画专家在政府做出决策前提供一些专业性的建议。三是他们还与国家、政府和社会等机构合作，进行岩画点的保护工作，并且规划考古公园。玻利维亚国家考古机构现在已经创建了四个公园来保护岩画，他们用栅栏把这些公园围起来，还设置了一些观赏平台，尽可能地限制游客对岩画的破坏。现在研究所的专家也在试图和地方政府合作，开展一些关于岩画记录、研究、基本管理方案、保护措施、评估保护岩画点的状态，以及一些基础设施的建设，包括设置路标、导游的训练、多语言的游客指南、比较规范的参观等[①]。

（四）沙特阿拉伯

沙特阿拉伯全国数百个岩画点几乎都已经被调查记录，并且进行了编目和数据收集。目前，保护者们所面临的难题主要是游客以及当地居民对岩画的人为破坏。由于岩画旅游正处于很好的发展趋势，游客在观览过程中的触摸或是拍摄时的闪光灯都会对岩画造成破坏，甚至有人还会在岩画上涂绘，并把自己的名字压叠在岩画上。相对于游客对岩画的破坏，来自当地居民的破坏则更为严重。沙特阿拉伯的旅游和文物委员会一直在试图调动各种公共资源，试图利用当地的媒体、学校、政府部门来对人们进行岩画知识的普及和教育，并使当

---

① Strecker M. 玻利维亚的岩画保护［A］. 汪明水译 // 张亚莎. 中外岩画保护论文集［C］. 北京：中国藏学出版社，2014: 199.

地的居民逐渐意识到这些祖先遗留下的遗产是多么的重要,这种方法被认为是最有效的保护岩画的方法之一。另外,该国还在1971年颁布实施了文物保护法,通过法律制裁来防止盗窃、破坏和非法出口文物。为了防止游客对岩画的破坏,在300个岩画和考古遗址周围建设了由高强度的钢丝制成的网,并在一定范围内配备了警卫,警卫除了保护围栏内的岩画外,也会对周边的岩画进行保护[①]。

(五)澳大利亚

尽管澳大利亚的岩画规模庞大,但是却被保护得很好。首先,这里显著的半干旱气候为岩画的保存提供了优良的条件。其次,这里人口密度相对较低,并且具有严禁破坏任何传统古旧习俗的历史文化传统。此外,澳大利亚早在20世纪80年代就成立岩画协会,创建了岩画研究领域的一个重要权威性学术期刊和两个岩画宣传通讯。岩画协会的工作人员为了提升全民保护岩画的意识,通过各种级别媒体以及公共机构大力开展岩画宣传活动,还鼓励一些研究者进入岩画学科领域。最后,澳大利亚岩画大部分比较偏远,有些属于土地属于私人所有,经过宣传教育,很多土地拥有者都已经有了很好的保护意识,剩余的小部分遗址,也得到了较好的开发和利用,包括参观访问的人行道和观景台的设置都很好地起到了隔离保护岩画的作用[②]。

二、国内岩画保护现状

2012年9月,在我国的29个省级行政区、100多个地级行政区、219个县级行政区、428个村级行政区,共发现岩画点991个,岩画5357处,画幅18 662个,单体图像约150 000个[③]。但令人痛心的是,如此丰富的岩画资源却没有一处入选世界文化遗产。随着生态环境的破坏、工业建设的发展以及人为地破坏,我国岩画保存状况不容乐观。

根据岩画制作方法的不同,我国岩画大致可分为凿刻和涂绘两大类。凿刻类岩画多数分布在我国的北部,涂绘类岩画多分布在我国的西南地区。因其制

---

① Khan M. 沙特阿拉伯岩画遗址的保护、保存和维护[A]. 罗益清译 // 张亚莎. 中外岩画保护论文集[C]. 北京:中国藏学出版社,2014:248.

② Greer M. 通过记录与存档保存岩画[A]. 李楠,张亚莎译 // 张亚莎. 中外岩画保护论文集[C]. 北京:中国藏学出版社,2014:177.

③ 数据来源于中国岩画研究中心。

作方法以及分布特征不同，各个地区对其实施的保护措施也会略有区别。以下将对两类岩画保护现状做以分析。

（一）凿刻类岩画

分布在我国北方的凿刻类岩画，其首要特点是数量比较大、分布不集中、分布范围比较广，以及多数刻画在露天的山体与石头上等，这样就造成了它们不易被保存，且容易受到生态环境变化的影响；同时，由于承载岩画的山体、石头多在荒郊野外，人们可以轻易到达，因此，在岩画上随意涂鸦、破坏的情况时有发生。另外，北方岩画作画时代早、延续时间长、作画民族多、岩画的题材多样化，艺术价值和考古价值较大。当人们逐渐认识到这些岩画的价值时，一些保存较好的岩画经常会被偷盗贩卖；除此之外，一些保护单位的工作人员由于缺乏专业知识训练，还把一些岩画搬离了它们存在的环境，"保护"在了博物馆，这种间接性的破坏将使我们无法了解岩画产生的人文及历史环境。

我国岩画保护现状并不太好。在全国已被公布的多处重点文物保护单位中，只有四个岩画遗址，其中北方岩画占两个，分别是宁夏贺兰山岩画以及内蒙古阴山岩画。这两个地区的文保单位根据北方岩画特点以及出现的破坏现状，都积极地做了很多保护工作，并积累了一定经验。

1. 宁夏贺兰山岩画

贺兰山岩画在1996年被评为全国重点文物保护单位。1999年，宁夏回族自治区成立了宁夏岩画研究院。从2004年起，宁夏岩画研究中心对境内多个岩画点进行了大规模普查，通过对岩画遗址信息的采集，包括地形地貌、气候、植被、矿物资源的特征和空间位置、面积范围、保存情况等资料的收集，实现了对岩画全方位、深层次的记录。此外，宁夏岩画研究院自成立以来，还积极开展对国内外的岩画交流活动。从2008年开始，连续举办了6届贺兰山岩画艺术节暨国际岩画学术研讨会；并创办、持续出版了《岩画研究》年刊，搭建了国内外岩画学术交流平台。另外，岩画研究院还与宁夏大学联合，为岩画景区高层管理人员及从业人员提供培训；针对贺兰山岩画旅游发展中出现的问题展开科学研究；通过与企业合作，充分利用传媒，举办岩画知识有奖竞答等活动，加强了岩画知识的宣传与教育。

为了加大对贺兰山岩画的保护力度，宁夏相关政府部门还制定了一系列专门针对岩画保护的法律、法规。2003年7月颁布的《银川市贺兰山岩画保护条例》是我国第一部专门保护岩画的地方性法规，填补了我国岩画保护法规定的空白；2011年8月在此基础上修订了《宁夏回族自治区岩画保护条例》，并于2011年11月正式实施，这是我国省级人民代表大会常务委员会制定出台的第一部关于岩画保护的地方性法规；2012年3月，银川市人民代表大会常务委员会又通过了关于修改《银川市贺兰山岩画保护条例》的决定，并于2012年6月起实施①。这一系列保护法律的颁布，标志着宁夏对岩画法制建设的加强和完善。

在对贺兰山岩画的可持续发展保护上，银川市成立了贺兰山岩画管理处，专门负责贺兰山东麓12个山口的岩画遗产保护以及开发利用工作。贺兰山岩画景区从2000年9月开始对外开放。根据岩画管理处编制的《贺兰口岩画保护总体规划》，为了保持岩画的真实性、完整性，贺兰口岩画风景区在被开发建设的过程中，最大限度地淡化了现代建筑痕迹，保护了古代岩画原始、古朴的自然生态环境和人文环境。2008年11月，贺兰口岩画景区内的"银川世界岩画馆"开馆。这是目前世界上规模最大的岩画博物馆，也是国内唯一的岩画专题博物馆。该馆不仅拥有丰富的展品，还设有多媒体查询系统，可以让观众从不同角度对岩画有深入的了解。同时，宁夏博物馆在2008年启用新馆后，在一楼专门设置了"贺兰山岩画"展厅，复制了贺兰山山体，对先民生活进行还原，加上环绕的音箱等，提高了观众的兴趣。这些措施与方法不但打造了贺兰山岩画文化旅游品牌，还提高了贺兰山岩画文化的知名度。

2. 内蒙古阴山岩画

位于内蒙古自治区的阴山岩画总数约有5万余幅，但近30年损失不少于5000幅。2007年以来，随着内蒙古自治区对岩画的重视，内蒙古先后投入了1200多万元对阴山岩画进行普查和保护。

首先，内蒙古文管单位组织了相关领域与学科的专家，采用摄影、摄像、卫星定位等高科技手段，对阴山岩画的数量、分布、题材、范围进行全方位考察，并建立了阴山岩画数据库；还针对北方岩画分散不利于管理的特点，在岩画相对集中分布区采用了先进的太阳能电子视频监控系统，建成"电子眼"，可监控岩画达3000多幅。美国岩画协会特使简·考伯说，采用这样高科技的手段

---

① 关于修改《银川市贺兰山岩画保护条例》的决定［OL］. http://www.npc.gov.cn/npc/xinwen/dfrd/ningxia/2012-07/09/content_1729337.htm.2012-07-09.

对分布广、规模大的岩画进行监测和保护，在世界范围内也属先进[①]。

其次，内蒙古多次举办了岩画的相关会议，邀请来自中国社会科学院、北京大学等高校及科研院所的多位专家就阴山岩画的研究与保护问题展开深入研讨。2008年还被定为了"阴山岩画年"，来自美国等国家的11位国际岩画组织的专家、岩画爱好者进行考察活动，进行国际学术交流。同时，还举行了6场岩画知识普及讲座，对不同层次的人群进行知识传播和保护教育，唤起全民保护意识。

最后，为更好地保护内蒙古阴山地区从旧石器时代延续到清代的珍贵岩画遗产，内蒙古自治区政府在2012年6月公布了《阴山岩刻遗产保护管理办法》。这是内蒙古自治区政府自2010年公布《元上都遗址保护管理办法》以来，第二次对全国重点文物保护单位公布的政府规章。《阴山岩刻遗产保护管理办法》规定，阴山岩刻遗产的保护范围和建设控制地带内的所有建设项目要在体量、规模等方面与遗产的生态环境相协调，其设计方案均应经文物考古部门和阴山岩刻遗产管理机构审查同意后，按《中华人民共和国文物保护法》规定的相关程序报批。同时，禁止在阴山岩刻遗产区和缓冲区内进行任何危害阴山岩刻遗产安全、破坏自然环境或污染自然环境的建设、生产活动。未经批准，任何单位或个人不得擅自在阴山岩刻遗产区内从事文物调查、勘探和考古发掘以及科学研究等活动。此办法中还提到，阴山岩刻遗产保护与管理经费纳入地方各级政府财政预算。同时，积极鼓励公民、法人和其他组织通过社会捐赠、国际援助等形式，多渠道筹集阴山岩刻遗产的保护与管理资金[②]。

（二）涂绘类岩画

涂绘类岩画所用颜色多为红色，主要分布在我国西南的广西、云南、贵州、四川。它们大多被绘于濒临江河的崖壁上，常年受到风吹、日晒、雨淋。涂绘类岩画受周围自然环境和生态环境的影响较大，随着生态环境的变化与破坏日趋严重，很多岩画开始崩裂，或被岩浆覆盖，有些还受到苔藓、地衣等植物生长的侵蚀，除此之外，最严重的破坏还有强光照射后岩画色彩的蜕变。但是，

---

① 辛平. 内蒙古采用高新技术保护阴山岩画[N]. 中国文化报, 2010-10-18.
② 内政发[2012]73号. 内蒙古自治区人民政府关于印发阴山岩刻遗产保护管理办的通知[J]. 内蒙古自治区人民政府公报, 2012, (14): 8-9.

由于西南彩绘岩画多数分布相对集中，这种分布特点也便利了岩画的保护与开发利用。

在西南岩画中，广西花山岩画为全国重点文物保护单位，政府投入大量资金对其进行保护，然而，云南、贵州等地区的岩画保护现状仍十分令人担忧。

1. 云南

云南岩画是中国南方系统岩画点的主要代表之一。全省已经在 15 个县内发现了岩画。自 1957 年在怒江发现岩画以来，经过多次勘察，云南已发现约 60 处岩画，大致分布在云南怒江、澜沧江、珠江、红河和金沙江水系流经的地域。这些分布在人迹罕见的高山峡谷之间的岩画，不但给调查记录带来了困难，同时，随着近年国家基本建设工程的频繁开展，部分岩画点的环境地貌、生态环境也受到了巨大干扰。

沧源岩画的数量在云南岩画中占了一半。除了汪宁生先生在 1965 年、1978 年、1982 年对沧源岩画进行考察，写成《云南沧源岩画点发现与研究》一书外，后续发现岩画的详细资料很少被公开发表。现存的一份《全国重点文物保护单位记录档案——沧源崖画》中，对岩画绘制方法的说明还不够专业，岩画点位置也不精确。但是随着近年旅游的升温，沧源岩画成了当地重要的文化旅游资源。沧源县旅游局在 2003 年与云南省城乡设计规划研究院共同完成了《云南沧源岩画保护与开发旅游基础设施建设项目可行性研究报告》，计划用 17 年时间投资 20 758.9 万元进行以沧源岩画资源为吸引点的长远旅游规划。对于当地岩画保护来说，这既让人兴奋也让人担忧。

云南金沙江岩画虽然发现得比较晚，但由于其独特的风格、形式、主题等不同于中国乃至东南亚、南亚、东南亚的任何一个地区的岩画类型，颜料绘制的少数图像还与欧洲旧石器晚期的马格德林文化和南非的一些狩猎采集风格的岩画相似[1]，其所反映的古老性和独特性引起了国内外专家的注意，因此云南省文物局以及金沙江所在地域的相关组织部门都对岩画遗址保护非常重视，投入了大量的人力和物力对其进行调查和抢救。

1995 年，在云南省文化厅的领导下，云南省文物考古研究所成立了滇西北

---

[1] 吉学平.云南三江并流地区史前多元文化概貌［A］//李刚.历史源流与民族文化——"三江并流地区考古暨民族关系研究学术研讨会"论文集［C］.昆明：云南大学出版社，2011: 104.

岩画调查协调小组，并抽调相关文管单位人员组成了办事机构，开展金沙江岩画调查保护工作。近年来，随着当地经济的发展，几座大型水电站开建，云南省文物考古研究所为了保护金沙江岩画，在2004年与地级文管部门合作，制订了金沙江岩画保护方案；在2008年与澳大利亚新南威尔士大学签订了金沙江岩画研究课题合作文件，3年多以来，中澳学者对金沙江5个点开展了详细记录，并提取了岩画样本进行测年。金沙江岩画也成为目前国内首例采用铀系法测年的岩画。2011年11月，香格里拉州文物管理所为了提高全州文物工作和岩画保护和研究的专业技术水平，举办了岩画保护专题培训班，邀请了国内外知名的岩画专家为培训班的学员授课[①]。同年，金沙江岩画被国家文物局评为"第三次全国文物普查百大新发现"。2013年金沙江岩画被国务院公布为第七批全国重点文物保护单位[②]。

云南其他岩画点更是存在着信息资料不完整、不健全的情况。对岩画的日常管理也多依赖于乡镇一级文化站的工作人员，而这些人员往往由于政府工作繁忙而被抽调他用。到目前为止，云南省还没有专门针对云南岩画保护制定的地方性法规。关于对岩画进行保护的法律，主要是云南省第六届人民代表大会常务委员会在1984年通过的《云南省实施〈中华人民共和国文物保护法〉办法》。

2. 贵州

在20世纪50年代，人们在六枝县的桃花洞发现了首批贵州岩画。70年代以来，人们又相继在关岭、开阳等几个县境内发现了多处岩画。2002年，在距贵阳仅30千米的龙里巫山大岩脚更是发现了迄今为止贵州境内最大的岩画群。但是，即便这样，发现岩画的速度还是赶不上岩画逐渐加快消失的速度。

在对贵州省22个县28个岩画点的调查中，发现只有10%岩画清晰完整，70%不太清晰，约20%完全模糊，贞丰七马图、长顺付家院白洞岩画和六枝桃花洞岩画等已有多处消失。只有6个岩画点前设立了保护标识牌。被列入县级或县级以上保护单位的有5处，县级以下保护单位的有6处，还有17处无人问

---

① 和冬梅. 我州举办岩画保护专题培训班[OL]. http://www.xgll.com.cn/xwzx/2011-11/15/content_27479.htm. 2011-11-15.
② 李刚. 金沙江岩画的现状与保护思考[A]// 张亚莎. 中外岩画保护论文集[C]. 北京：中国藏学出版社，2014：42.

津。一些岩画点虽然有文管所负责保护，但多数存在投入资金不足、管理人员专业知识匮乏等问题。对岩画破坏更多的还有人为的破坏，岩画保护点的围墙被推倒，部分岩画被涂抹得面目全非，这些状况都使得贵州岩画点的存在现状十分让人担忧[①]。

最近几年，随着人们对岩画点的认识，贵州省各级政府部门也开始重视对岩画资源的保护。一方面，成立专门机构对岩画进行管理，并不断增加对岩画保护的资金投入；另一方面，鼓励当地居民发现岩画后，及时上报给文管部门，进行岩画资源的普查和登记。同时，各级政府还积极做工作，试图把一些岩画点申报为重点文物保护单位。2015 年，在贵州省公布的第五批省级 77 处文物保护单位中，贞丰沙坪岩画与惠水大龙岩画两个岩画点成功获批[②]，这对岩画点的保护有着非常重要的作用。另外，一些岩画资源正被政府纳入旅游开发中规划中去，如果能够合理有效地利用岩画资源，可能会改善区域群体的生活状况，也会给岩画保护工作带来积极影响。

三、国内外岩画保护方法比较

纵观国内外岩画保护现状可知，岩画这种人类早期的语言文字，虽然见证了人类隐没的记忆，并为这个世界真实的历史提供着标准，但是长期以来，并没有得到人类公正的对待。

从 20 世纪 60 年代开始，岩画遭到了非常严重的破坏，并迅速从人们的视野中消失。无论是中国岩画还是分布在世界其他地域的岩画都不可避免地遭到人为与自然的两种破坏。而在这两种破坏中，显然，人为破坏是造成今天岩画消失的主要原因。自然界中的风吹日晒、雨雪风寒、地质灾害等对岩画的破坏，远不及人类工业化进程中一些有害物质对岩画的侵蚀。人口扩张带来的资源危机使得人类大规模建桥修路、开山炸石、建造水库，更是直接迅速摧毁了大量宝贵的岩画资源。当人们逐渐认识到岩画的重要性，并反思自己行为的同时，对岩画所做的保护工作则成为各个国家研究者所面对的首要任务。

---

① 李浩，彭小娟. 贵州岩画资源的保护现状调查研究［J］. 贵州民族研究，2013, (6): 53-56.
② 孟海. 贵州公布第五批省级文物保护单位共 77 处［OL］. http://news.cnr.cn/native/city/20150609/t20150609_518797528.shtml 2015-06-09.

(一)国外岩画保护方法

从世界范围看,欧洲的岩画无论是发现还是研究都起步较早,保护措施已成系统;非洲岩画精美,是世界岩画文化遗产最多的地区之一。非洲的岩画研究与保护得到了政府的大力倡导和支持,南非有着世界上唯一的岩画类专门的大学,岩画甚至成了国家形象的符号;美洲各国积极申报岩画世界文化遗产,并成立岩画组织,岩画保护成绩显著;被称作岩画宝库的澳大利亚岩画保存得非常好,这里的研究者成立了当今最大的国际岩画组织——世界岩画组织联合会,组织活动非常活跃;亚洲岩画数量巨大,但仅有四处世界岩画文化遗产,相对世界其他地区,无论是对岩画的重视还是保护程度都还不够。

国外各个地区虽然对岩画所采取的措施和力度不太相同,但是能够成功申请到岩画世界文化遗产的国家,都很重视岩画的研究与保护。他们一方面加强对岩画本体的保护与研究,探索岩画科学、规范、全面记录的方法,并试图建立数字档案;另一方面积极探讨岩画的管理办法及保护法规;因势利导,搭建各种公众平台,开展多种形式的宣传教育,形成良好的岩画保护社会氛围;同时也十分注重对岩画的开发利用,形成岩画保护可持续性发展。当然,这些国家也因为不同的历史文化传统,因地制宜,形成了具有区域特色的岩画保护方法。例如,欧洲的法国在岩画解释上的理论和假说;意大利的国家公园岩画管理模式;非洲和南美洲尊重岩画当地民族文化,使当地居民积极参与到岩画保护当中的措施等。有效的岩画保护措施,使得这些国家成功申请了世界文化遗产,同时,世界文化遗产的成功申请也促进了岩画保护的进一步实行。

(二)中国岩画保护方法

我国岩画的发现和记录都比较早,岩画数量以及种类也比较丰富,但是岩画的研究与保护却起步较晚,因此,与国外岩画保护研究相比较,还存在很大差距。即使这样,我们还是应该看到,从国家到地方各级政府一直都在为岩画保护付出巨大的努力。文化部已经将19处岩画点列入国家文保单位,88处岩画点被列为省级文保单位,199处岩画点被列为县级文保单位。岩画研究者也从原来少数的考古学者,到现在人类学、民族学、社会学、历史学等更多学科研究对岩画的关注,投入岩画研究的学者与爱好者也越来越多。

经过各地区相关部门多年岩画保护的实践工作,以及岩画学者的调查研究,我国岩画保护也积累了一定的经验,并且在实践中也取得了不错的效果。现阶段,我国岩画保护的主要的方法:一是抓紧对岩画的发现、记录、整理与研究。国际上一些资深岩画专家认为,到21世纪结束时,世界上的岩画至少三分之一会消亡殆尽。在这些珍贵的遗产还未消失之前,保存下它们的档案是我们必须要付诸实践的工作[①]。二是做好岩画的本体保护工作。岩画本体的存在,是以后学者对岩画进行客观研究的重要条件。三是制定岩画保护的法律法规及管理办法,这是岩画保护的重要保障。四是加强岩画研究国际学术交流及岩画知识的普及与教育。只有使更多的人认识到岩画的价值,使岩画所在地的居民认识到岩画资源保护的重要性,才能让他们主动参与到岩画保护的行动中去,这是实现岩画有效保护的关键。五是挖掘岩画的旅游开发价值,这是实现岩画可持续发展保护的重要途径。六是积极申请世界岩画文化遗产。岩画类世界文化遗产至今在我国还是空白。申请岩画世界文化遗产不但可以提高地区知名度,利于旅游开发,还可以使岩画得到更好的保护。

相比较国内外岩画的保护状况可知,尽管我国近年来无论是政府、学者还是民众已经逐渐认识到了岩画的价值,并在不断探索、尝试各种岩画保护方法,但是,我们还是清楚地看到,我国岩画保护在整体水平上还是与国外有些差距。因此,我们不但要借鉴国外先进的岩画本体保护方法,更要学习国外先进的岩画可持续性发展保护的理念,只有这样,才能实现岩画保护的良性发展,也只有这样,才能顺利推进我国岩画申请世界文化遗产的进程。

第二节 左江岩画保护现状的分析

在左江已经被发现的81个岩画点中,最广为人知的是宁明花山岩画。由于宁明花山岩画分布相对集中且内容丰富,因此,1963年宁明花山岩画就被认定为广西壮族自治区重点文物保护单位,1988年又被国务院公布为全国重点文物保护单位。左江流域分布的其他岩画点,以及后来被陆续发现的岩画点,则先后被认定为自治区或是市县级文物保护单位。

对于左江岩画的保护,文保部门一直以"保护为主、抢救第一、合理利用、

[①] 张亚莎.西藏岩画的发现与保护[A]//张亚莎.中外岩画保护论文集[C].北京:中国藏学出版社,2014:20.

加强管理"的文物工作方针为指导。进入 21 世纪，以生态学、环境学、景观学和社会学等为基础的可持续发展理论和科学发展观思想，带给了文化遗产保护诸多新的思考[①]。这一时期，对左江岩画的保护也逐渐外延到了对其环境的关注。一般来说，近些年对左江岩画保护的关注点主要集中在岩画的调查与建档、岩画的本体保护、岩画的宣传与教育、岩画的开发利用与申遗方面，而对左江蹲踞式人形岩画环境的保护是近些年才被逐渐关注的。

一、调查与建档

在对岩画的保护中，相关专业人员对于岩画的调查和建档工作非常重要。通常情况下，这种对岩画的调查、建档要不止一次，因为，随着新的岩画点的发现，需要进行持续跟踪调查，并不断完善岩画档案。

左江岩画从 20 世纪 50 年代初被发现以来，共进行了约 9 次调查。这些都为岩画的保护工作奠定了良好的基础。1954 年元月，广西壮族自治区博物馆首次对宁明花山岩画进行调查并做出记录。由于当时的器材设备限制，那次岩画记录相对粗略。1956 年 8 月，由广西民族、考古、历史学界人员以及中央民族学院的部分师生组成的广西少数民族社会历史调查组再次对花山岩画进行调查，共发现了 7 处崖壁画，此外还在岩画附近的几个岩洞中发现了许多文化遗物；1962 年 7 月，广西壮族自治区民族事务委员会组织包括地质学、文学、历史学、美术、考古学、民族学等学科工作者前去考察，将考察结果整理编辑了《花山崖壁画资料集》一书，书中记录了新发现的 43 处崖壁画，临摹图像 28 幅，记录了多个当地民间流传的花山岩画来源的故事等。1963 年夏天，广西壮族自治区博物馆进行文物普查时，在崇左市驮芦公社那陶村附近的丈四山、凭祥市北郊的马鹿山再次发现古代岩画点。

20 世纪 60 年代中期因为"文革"，花山岩画研究暂时陷入了低潮，直到 70 年代才逐渐恢复对花山岩画的调查研究。1980 年 6 月 10 日至 7 月 5 日，由广西壮族自治区博物馆组织的摄影、艺术、考古专业人员对左江流域岩画进行了一个月的专题调查，除复查了之前发现的 52 处岩画点以外，还发现了 12 处古代岩画，这一新的发现又扩大了花山岩画的范围。在这次的考察中，考察人员忍受条件的艰苦，对发现的岩画地点都做了记录并且拍摄了大量的照片，为后

---

① 单云翔. 走进文化景观遗产的世界［M］. 天津：天津大学出版社，2010：255.

来的花山岩画研究奠定了坚实基础。1984年广西壮族自治区博物馆左江岩画调查组搜集之前几次考察的资料并发表了《巫术文化的遗迹——广西左江岩画剖析》。1985年，广西壮族自治区政府组织了"左江流域崖壁画考察团"进行了范围更广、规模更大的左江岩画综合性考察，并出版了《广西左江流域崖壁画考察》一书，比较详尽地描述了左江流域的地理地貌、文化遗迹，并对扶绥、崇左、宁明、凭祥、龙州、大新等县的岩画点，按照"地点""处""组"的标准，将其划分为79个点，178处，280组；按照地点编号、地理坐标、政区归属、位置关系、画面情况、其他遗迹的项目分类方法，进行了岩画记录和形象描述；还用长变焦镜头进行远距离拍摄，用幻灯机将远距离拍摄的底片投影在墙上进行临摹，绘制作品300多幅[①]。

进入21世纪后，更多利用先进的测绘方法与科学管理模式进行岩画保护，是这个时期调查记录的特点。2004年10月至12月，广西壮族自治区文化厅和广西遥感测绘院合作用了3个月时间对花山岩画的数字进行近景摄影测量，完成了对花山岩画的1：20、1：100的岩画立体景观影像、数字正射影像的摄影测量工作。2010年9月广西成立了专门的文物队对左江岩画点附近进行文物调查，并进行了田野调查。除了之前调查发现的81个岩画点以外，又发现了1个岩画新点。近年来，利用三维激光扫描测量、三维建模、虚拟现实、无人机航测、计算机等三维数字化、可视化技术进行左江岩画保护的项目与课题也在探究中。

从目前左江文保部门所做的岩画调查和记录工作看，前期的岩画田野跟踪调查认真细致，采用的技术手段比较先进，但是对岩画调查的记录上还不够准确，岩画相关材料搜集还不够完整。如果想要对以后的研究提供完整的岩画资料，就要详细记录岩画点的发现时间、过程、发现人、向导、调查者情况；按照发现的先后顺序为各个岩画点编号；记录与岩画点最近村寨的生产活动、交通情况以及周围居民的民族成分、历史等[②]；还需要搜集岩画的民间传说以及历史文献等相关资料。此外，对搜集和记录的岩画相关资料，进行静态和动态分类后的科学整理与建档，也是今后左江岩画文保部门的重点工作。

---

① 覃圣敏，覃彩銮，卢敏飞，等.广西左江流域崖壁画考察与研究[M].南宁：广西民族出版社，1987：15-18.

② 范琛.作为区域文化资源的沧源岩画研究[M].西安：世界图书出版社，2009：158.

二、本体的修护

作为西南岩画中非常典型的涂绘类岩画，左江岩画受现代工业及环境恶化影响破坏严重，尤其是长期日晒水浸，不但使得岩画颜料脱落褪色，而且也使承载岩画的崖面呈加速开裂和剥落的状态，至于地衣植物以及周围粉尘的增多更是严重影响了岩画的清晰度。为了减缓、减轻花山岩画本体受到的破坏，2006年以来，广西相关保护单位以宁明花山为重点，开始了一系列病害调查、科学试验和针对岩体的保护项目。

岩石风化是涂绘类岩画的主要威胁，成因复杂，这也是左江岩画本体保护遇到的最大的难题。左江岩画文保部门邀请了多位专家，共同商讨岩画风化的原因：①物理风化。处于地表的岩石，由于温度的变化，在原地产生机械性破碎，但不改变其化学成分，不形成新的矿物质，这种作用称为物理风化。物理风化的主要原因是日光直接照射在岩画立壁、高湿度环境下水分的凝结与蒸发，因此，造成表层岩体岩石呈片状、鳞片状剥落，颜料脱落。属于物理风化的显微裂隙改变了主岩的力学性能，造成岩石沿裂隙成块成块剥落。这类风化病害受岩体结构、裂隙发育及空气环境控制，对岩画的危害最大。②化学风化。主要是水的作用促使岩壁形成各种溶蚀裂隙、溶孔、溶洞等岩溶形态，并且溶蚀物在岩画表面沉淀形成覆盖物遮盖岩画。水在岩石的风化作用中起着重要的作用。③生物风化。岩石因生物的作用在原地发生破坏，称为生物风化作用，生物风化以物理和化学两种方式进行。生物的物理风化主要是生物生长过程中的根系对岩石的破坏、微生物的生长钻孔对岩画的机械破坏、地衣的黏附破坏及岩画表面的生物腐化。岩画岩石的生物化学风化作用使生物在生长过程中的新陈代谢、死亡后的遗体腐烂分解产物与岩石矿物发生化学反应，促使岩石的破坏。

针对左江岩画出现的岩石风化问题，从2007年至2009年，广西相关文保部门联合专业技术团队积极进行了岩画渗水病害和开裂病害勘察红外成像技术研究、风化岩画颜料加固研究等，开展了岩画开裂岩体黏结加固材料等试验，并采取了有效应对岩石风化的一些措施：①对于物理风化造成鳞片状风化病害，可以用浓度为10%的丙烯酸乳液进行黏接，将脱落的碎片重新贴附回去。岩画片状剥落病害，可通过在起翘边缘或缝隙处填入黏合剂，然后再用回贴的方法解决[①]。②花山岩画治水，分为山体山顶治水、溶蚀洼地治水、岩画立壁治水三个区域，依据不同的渗水机制，采用统筹考虑盖、堵、排、导相结合的综合防水治水方法[②]。③生物分解与岩石的化学反应对岩画造成的危害并不大。虽然左江地区高温高湿、雨量充沛，适合各种生物生长，但是由于植物主要长在山体上部，岩画分布在山体下部，因此，生物风化作用不会对中下部岩画构成直接危害。水流入岩体通道造成的岩石开裂，可以通过山顶治水方法解决[③]。

经过广西文保部门几年的努力，左江岩画本体保护取得了初步成效。2009年8月"广西宁明花山岩画本体开裂岩石第一期抢救性加固工程设计方案"完成，同年12月，花山岩画保护工程正式开工。2010年3月，花山岩画第一期岩画本体抢救性整体加固工程开始实施，共加固危岩体或开裂岩体3377块，使岩画的历史信息得以保存、延续和展示。2012年第二期工程开工，2013年第三期修复工程开工。2015年5月7日，广西宁明花山岩画完成了最后一处脚手架拆除，这标志着历时5年的宁明花山岩画本体抢救性修复保护工程正式结束，中国单体最大保存最完好岩画本体抢救工程竣工。具有2000多年历史的宁明花山岩画整体画面在没有遮拦的情况下再次展现于世人面前。目前，岩画本体出现的风化、开裂等病害，均已得到有效加固修复。

从左江岩画的本体保护工程效果中，我们看到，科学技术对于左江岩画的风化灾害处理非常有效，今后这也可能成为西南涂绘类岩画保护的一种参照。但我们同时也应该注意到，岩画本体保护资金投入的巨大。左江岩画仅花山岩画一个点就耗资千万，而左江岩画有80个点之多，如果都要如此修护的话，几乎不太现实。为了减少日晒雨淋、山体顶部降水渗漏等对岩画的破坏，我们是否也可以考虑在不影响岩画保护真实性、完整性的基础上，采用其他一些既可以预防岩画风化又利于旅游开发的办法，如在岩画主要分布区的山顶建造亭台，或是修建屋檐等，这样在美化环境的同时也可以起到保护岩画的作用。

---

① 郭宏韩．汝玢．广西岩画物理风化机理及其治理［J］．文物科技研究，2004, (2): 97-106.
② 郭宏韩．汝玢．水在广西花山岩画风化病害中的作用及其防治对策［J］．文物保护与考古科学，2007, 19(2): 5-13.
③ 郭宏韩．汝玢．广西花山岩画岩石生物风化机理及其防治对策研究［J］．中国文物科学研究，2007, (2): 64-69.

三、管理与宣传

除了自然灾害外，人为破坏更是左江岩画保护的难题。左江沿岸的城镇正在经历着现代化的建设与发展，开山建路、架设桥梁、高速铁路和公路的开通等都对山体崖壁的稳定性造成了隐患。左江水利航运的改造、不合理捞沙；采砂船的工业废气排放；龙舟县糖厂的排污造成的大气污染等，也都对岩画的整体保护造成了较为严重的影响。在一些容易到达的岩画点，由于当地居民缺乏文物保护知识，随意涂画的情况也屡有发生。因此，如何防止左江岩画的人为损坏，是目前岩画保护中要解决的重要问题。

（一）左江岩画保护法规的制定

为了加强对左江岩画的保护，2007年中国文物研究所编制了《花山岩画文物保护规划》，并通过了国家文物局评审。《花山岩画文物保护规划》划定了花山岩画文物保护范围和建设控制地带，对宁明花山岩画本体及其周边环境的保护利用进行了全面的规划，最大限度地保护岩画本体及其周边环境的真实性和完整性。

2012年12月广西壮族自治区政府通过并施行了《广西壮族自治区左江岩画保护办法》，针对左江岩画保护与管理制定了22条律令[1]《广西壮族自治区左江岩画保护办法》的施行，对保护左江花山岩画具有重要意义。该办法主要包括立法目的、适用范围、政府及各部门职责、保护及抢救保障措施、景观利用和法律责任等内容。明确了岩画保护的范围；理顺了岩画保护的管理机制，明确了政府部门以及使用岩画者的责任；重点强调了对宁明花山岩画的保护；规范了岩画的保护利用。这是广西壮族自治区第一部关于岩画专项保护的政府规章，标志着左江岩画保护工作已经进入了法制化轨道。

2014年5月，崇左市在《广西壮族自治区左江岩画保护办法》的基础上研究制定了《崇左市左江岩画保护管理办法》[2]，不但进一步明确了左江岩画的一些保护细则和奖惩制度。同时还对左江岩画所在的宁明、龙州、江州和扶绥等县

---

[1] 崇左市左江花山岩画文化景观申报世界文化遗产工作领导小组办公室.左江花山岩画文化景观[M].南宁：广西人民出版社，2015：6-7.

[2] 崇左市左江花山岩画文化景观申报世界文化遗产工作领导小组办公室.左江花山岩画文化景观[M].南宁：广西人民出版社，2015：11-14.

（区）和起草了岩画保护的村规民约，这些法律法规都有效地制止和预防了左江岩画可能受到的破坏。

（二）左江岩画的宣传与教育

要想岩画保护取得好的效果，仅靠完善法律法规，加强管理机制还是不够的，更重要的是对岩画的长期宣传与教育工作。

广西壮族自治区政府部门一直都非常重视左江岩画的宣传工作。广西民族博物馆一楼开设有专门的《百里岩画骆越神工——左江花山岩画文化景观陈列》，采用大量与左江花山岩画有关的考古学、历史学、民族学和艺术学的最新研究成果，完整、全面、形象地展示了左江花山岩画神韵。2015年成立了广西花山岩画研究中心。博物馆平时还举办与花山岩画有关的征文活动，鼓励更多市民了解左江岩画所蕴含的文化。从2004年开始，崇左市几乎每年都举办花山文化艺术节，扩大了左江岩画的知名度。近年来，广西各相关单位也在积极进行左江岩画的宣传工作。崇左多次组织文艺宣传队进村、进社区、进学校、进企业进行演出，发放岩画宣传资料。政府机构组织岩画研讨会议，拍摄高质量的花山岩画专题片，鼓励文保单位的专业人员在一些期刊及网站上发表专题文章等。

从对岩画的法规制定以及宣传上看，左江岩画文保单位所做的工作无疑是值得肯定的。但是，具体到对左江岩画的管理和宣传教育上，还是有很多地方需要改进。首先，左江岩画点分布在不同的县区，进行管理时，彼此之间不容易配合协调好。在左江81个岩画点中，宁明花山岩画因为是全国重点文物保护单位，财政投入较大，所以保护工作开展得较早，部分岩画管理人员对岩画比较熟悉，保护经验也较为丰富，有着相对完善的遗产保护管理体系。然而，左江多数岩画点的管理，一般由县、市文管部门承担保护任务，存在管理人员与资金短缺的状况，因而缺乏必要的安防措施和管理措施。其次，岩画知识普及关于岩画的宣传教育方面，除了加大对外文化交流外，还应该关注对青少年的岩画知识普及教育，如把岩画编入教科书；建立学校岩画教育基地，定期组织青少年学生参观、学习，让岩画遗址真正成为青少年了解史前文化的重要基地；同时还要对岩画所在地居民进行培训，让他们参与到岩画保护工作中，并从中受益；等等。

四、开发与利用

20世纪末，旅游热潮来临。岩画作为艺术之花的一朵奇葩，不但成了一种旅游文化的艺术享受，也因为其所承载的丰富文化内涵，而成了一种经济效益和社会效益皆佳的旅游资源。在欧美国家，很多岩画都成了重要的旅游景点，如德国的拉斯科洞岩画，成了令世界各地游客瞩目的地方。在这一时期，我国西南地区很多岩画地点都被视为旅游资源纳入开发规划。其实，把岩画作为一种区域的文化资源，进行积极地开发与利用，也是一种很好的保护岩画的方法。

左江岩画中面积最大、内容最丰富的花山岩画，早在1988年8月就被批准为第二批国家重点风景名胜区，成为与桂林山水、广西桂平西山齐名的三个国家级风景名胜区。2013年12月，《花山风景名胜区总体规划》纲要评审会在南宁召开，会议通过了该《规划纲要》[1]。《花山风景名胜区总体规划》重点强调了"保护第一，合理开发"的原则，景区范围以宁明花山岩画为核心，结合沿明江（宁明段）两岸的自然生态景观，民族风俗文化风情，拟形成一个景域面积为429平方千米的景观带。花山岩画景区自建成开放以来，借助其独特的文化魅力和得天独厚的地理区位优势，游客量逐年增长，其自身的知名度也逐渐上升。而中国－东盟经济自由贸易区的建立和加强，更是为花山岩画吸引了众多来自东南亚的游客。

从2004年开始，崇左市以突出经贸为主题，以文化活动打响文化品牌为宗旨举办花山文化艺术节，此后，花山文化艺术节几乎每年都要举办。2011年崇左市将花山文艺术节扩展为"国际花山文化艺术节"。艺术节期间除了保留产品展销会、项目推介会、艺术节开幕式、花山论坛、焰火晚会、群众联欢活动这些原有项目外，更加突出了国际性、大众化、创新性、民族化四大特色。

近年来，随着左江岩画申遗工作的推进，与左江岩画相关的旅游项目也在被不断开发。宁明县政府在2009年通过招商引资，依托花山岩画开工建设了花山温泉国际度假村，要打造融观光旅游、休闲度假于一体的特色文化旅游精品。2011年，宁明花山岩画景区内开发了乡村旅游建设项目。2014年，花山温泉国际度假村内旅游休闲风情街和骆越文化宫骆越王庙主体大殿两个项目也将开工。

从左江岩画旅游整体发展现状看，政府及相关部门的态度是积极的，当地

---

[1] 韦欣.《花山风景名胜区总体规划》纲要通过评审[N].左江日报，2013-12-19.

的民众对岩画文化也很认可，并乐于配合旅游开发。但是，我们也应当看到，左江岩画旅游项目中还存在一些问题。

第一，左江岩画资源利用不够充分，旅游活动内容单一。左江岩画现阶段的旅游开发主要是以宁明花山风景区为主，其他岩画点以及文化元素利用率不高。宁明花山风景区内虽然有花山岩画、独木成林、蓉峰塔、宁明花山温泉国际度假村、花山民族山寨等景点，但是距离花山岩画比较远。游客在观看岩画的途中，除了自然风光别无他物，即使乘船到了花山岩画处，也只能隔江远眺，沿途没有任何可供游客参与的活动或是节目。

第二，旅游景区文化资源挖掘不够，旅游产品民族特色不鲜明。区域旅游产品蕴含着当地丰富的民族文化，是族群文化认同的一种符号。宁明花山名胜风景区开发以来，也相继推出了各式各样的花山文化旅游艺术品，但是由于没有鲜明的区域民族文化特色、价位相对较高等因素，旅游产品市场不太景气。

第三，交通不便利，基础配套设施不完善。要到宁明花山岩画景区旅游，先要从宁明县城坐公交车经约18千米的路程到达山寨码头，然后再换乘轮船才可以到达花山岩画。所经公路状况不太好，公交车较少，码头规模不大，游轮也不多。花山景区建成的花山温泉度假村和生态园也没有直达花山岩画的公路。

由此可见，左江岩画前期的开发与利用，经过当地政府与居民的努力，虽然取得了一些成效，游客量每年呈增长趋势，但是，如果不能解决现存的一些问题，从长远可持续发展观看，这反而会成为保护左江岩画的阻碍。

五、左江岩画的申遗

截至2014年，中国已有世界遗产47项，其中文化遗产33项。中国世界遗产总数位居世界各国第2位，仅次于意大利的50项。但是，中国即使拥有着将近1000个点的丰富岩画资源，在2013年公布的36处岩画世界文化遗产中却没有一个岩画点入选世界文化遗产。左江岩画是我国为数不多，由政府相关部门长期积极支持申请世界文化遗产的岩画点。其申遗的过程不但是用国际规则对岩画保护进行规范的过程，更是一个岩画保护理念和水平提升的过程。

1998年广西花山岩画被公布为全国重点文物保护单位，这是我国最早被公布为全国重点文物保护单位的岩画点之一（另一个岩画点是江苏连云港将军崖岩画）。由于花山岩画图像丰富且画幅较大，吸引了众多国内外的研究者。从

2003年起，花山岩画由宁明县单独申报世界文化遗产，并在2004年11月被列入了原建设部设置的中国申报世界遗产备选清单。2007年，通过政府机构和学者的共同努力，花山岩画首次被列入国家文物局设置的《中国世界文化遗产预备名单》。此后，在2012年国家文物局更新后的《中国世界文化遗产预备名单》中"花山岩画"改名为"花山岩画文化景观"，这是综合多方面的分析与研究后的决定。因为花山岩画是自然和人文因素的综合体，所以更符合世界文化遗产中的文化景观标准。

随着研究的推动，为了促进左江岩画的申遗，使左江岩画能更好地体现世界遗产所要求的"完整性"，广西文化厅在与专家和政府部门商讨后，认为应把"花山岩画文化景观"申遗改为"左江花山岩画文化景观"申遗。随后，在2014年"左江花山岩画文化景观"申遗的宣传材料中，申报范围由原来的宁明花山扩展到了左江流域的三个区，第一片区归属宁明县，有4个岩画点，第二片区归属龙州县，有16个岩画点，第三个片区归属江州区与扶绥县，有18个岩画点。

2015年，广西重点推进左江花山岩画申遗。2015年1月，经中国联合国教科文组织全国委员会讨论通过，"左江花山岩画文化景观"正式确认为2016年中国申报世界文化遗产唯一项目，并有望填补中国岩画类世界遗产名录的空白。2015年2月，由国家文物局向联合国教科文组织世界遗产中心秘书处递交完整的申报材料。8~9月，左江花山岩画文化景观接受了联合国世界遗产中心遗产评估专家对申遗项目现场的考察评估。2016年7月15日左江花山岩画文化景观终于在第40届世界遗产委员会会议上，成功通过世界文化遗产的评议，成为中国第一个岩画类世界文化遗产，填补了中国岩画类世界遗产名录的空白[1]。

从2003年到2016年，左江岩画申遗经历了13年。在这个过程中，为了符合世界遗产为可持续保存与利用遗产而设定的认证、申报、审议、管理、监测、咨询制度与办法，对组织机构、规划、人才、科研与档案、防灾等提出的规范要求，广西各级政府部门在人力、物力上都进行了极大投资。左江岩画申报世界文化遗产，不但极大地提高了广西各级政府对左江岩画保护的重视程度，也提高了人民群众对文物保护的自觉性。其实，岩画申遗与保护两者并不矛盾，

---

[1] 周贻刚. 广西宁明花山本体抢救工程竣工 [OL]. http://world.huanqiu.com/hot/2015-05/6445459.html. 2015-05-15.

我国世界文化遗产管理的标准是"世界一流的遗产，世界一流的保护、管理和服务"（2006年12月，时任文化部部长孙家正在国家文物局召开全国世界文化遗产工作会议上的讲话中提出），这意味着岩画申遗成功会更好地促进岩画的保护。左江岩画申遗过程中，名字从"花山岩画"到"花山岩画文化景观"再到"左江花山岩画文化景观"的变更，也使我们认识到，如何准确定位左江岩画的遗产类型，这更是我们深入研究与保护左江花山岩画的关键。

综上研究，左江岩画的保护在近几年已然取得了不错的成绩。各相关部门逐渐完善了左江花山岩画的档案，完成了部分岩画本体修复，制定了岩画保护相关法律，加强了岩画管理及岩画知识的宣传、教育，改善了岩画遗址的基础设施，美化了周边环境，申请世界文化遗产也已经取得突破性进展，这些工作都极大促进了左江岩画的保护。但是，我们也看到，左江岩画保护中还存在着很多不足，尤其是如何把左江80多个岩画点视为一个文化整体进行保护，是左江岩画申请或是成为世界文化遗产时都要面临的问题。

第九章

左江岩画保护模式的探讨

在左江已经发现的80多个岩画点中，蹲踞式图形是其不变的主体，它们有着文化的整体性。左江岩画与其所在的环境，共同构成了一种岩画文化景观，它体现的是左江流域所特有的稻作文化要素整体，反映的是左江流域独特的稻作文化内涵。因此，对左江岩画保护的研究，就是在深入挖掘左江岩画景观中的稻作文化元素的同时，因地制宜，探索一种具有左江流域文化特色的岩画景观保护模式。

第一节　左江岩画景观及其稻作文化元素分析

任何一个有特定文化的民族都会通过建造房屋、开辟道路、耕种土地、修筑水利工程、繁衍或限制人口、传播宗教等活动改变其生存空间内的环境。这种人所创造的物质或精神劳动的总和成果，在地球表层的系统形态就被称为"文化景观"[①]。它反映了一个地区的文化与地理特征，是区域文化与自然相互影响、相互作用的结果，是自然和人文因素的复合体。文化景观区别于其他文化遗产类别之处，在于其能够充分代表和反映其所体现的文化区域所特有的文化要素的整体。

一、文化景观与文化景观遗产

景观的概念源于17世纪的欧洲，它常和风景绘画联系在一起。19世纪初德国地理学家A·洪堡提出将景观作为地理学的中心问题，探讨由原始的自然景观变成文化景观的过程。另一位德国地理学家C.李特尔主张地理学的研究对象是布满人的地表空间，认识整个地理研究的核心；他认为"地球上，人类的每一个物质成就，不论是一间房屋、一个农庄还是一个城镇，都代表着自然和人文因素的综合"；在组成地区特征的符合统一体中，自然和人文是分不开的。

19世纪中叶，文化人类学作为一门独立学科被确立。文化人类学以被人们

---

① 吴必虎，刘筱娟. 中国景观史 [M]. 上海：上海人民出版社，2004: 3.

创造出来，但又同时受其约束的文化为研究对象，探讨文化的起源与演变规律。这一时期，人们逐渐认识到文化景观的形成是一个长期的过程，每个历史时期，人类都按照其文化标准对自然环境施加影响，并把它们加工成文化景观。19 世纪下半叶，德国地理学家 F. 拉采尔最先系统地阐明了文化景观的概念，他称之为历史景观。F. 拉采尔指出历史景观是人类活动所造成的景观，它反映出文化体系的特征和一个地区的地理特征。1885 年，J. 温默在《历史景观学》一书中提议，要把注意力集中于"景观"的全貌，提倡景观内涵的自然与人文意义的兼容并蓄[①]。

20 世纪初"文化景观"开始在地理学中广泛应用。德国地理学家 O. 施吕特尔（Otto Schluter）提出"文化景观形态"这一概念，强调景观既有它的外貌，在它背后又有社会、经济和精神的力量。美国地理学家索尔（CarlSauer）继承发展了德国学者的文化景观论，认为景观是"附加在自然景观上的人类活动形态"。文化景观的形成经历了一个长期的过程，由无数时代的创造活动凝结而成，它的产生和发展不仅受自然规律的制约，而且受到生产力、科学文化水平、社会风俗、社会制度等人文因素的影响[②]。这种观点也被后来的许多文化地理研究者接受。

从上述早期西方学者对文化景观的研究看，他们普遍认为景观是人类与环境互动的结果，自然与文化是在景观中是不可分割的整体。这种对文化要素与自然要素相互作用的重视，也体现在了《世界遗产公约》的精神和文化遗产保护的实践上。从 1977～2005 年，《实施世界遗产公约的操作指南》先后修改了 17 次，在文化遗产保护要素方面，从重视单一文化要素的保护向同时重视文化要素与自然要素相互作用而形成的综合要素保护的方向发展。1992 年 12 月，"文化景观"被纳入《世界遗产名录》，成为一个单独的遗产类型[③]，这是人类和自然相互依存、相互影响的关系在文化遗产中的具体表现。

随着人们对文化遗产认识的逐渐加深，如何对文化景观遗产进行有效的管理正在引起人们的关注。在对文化景观遗产的保护和研究中，景观文化无疑是关键，正是因为它对自然载体的作用，从而形成了文化景观。地理学家索尔就

---

① 单云翔. 走进文化景观遗产的世界 [M]. 天津：天津大学出版社，2010: 10-12.
② 章人英. 社会学词典 [G]. 上海：上海辞书出版社，1992: 169.
③ 1992 年 12 月在美国圣菲召开的联合国教科文组织世界遗产委员会第 16 届会议提出将"文化景观"纳入《世界遗产名录》，文化景观从此成为一个单独的遗产类型。

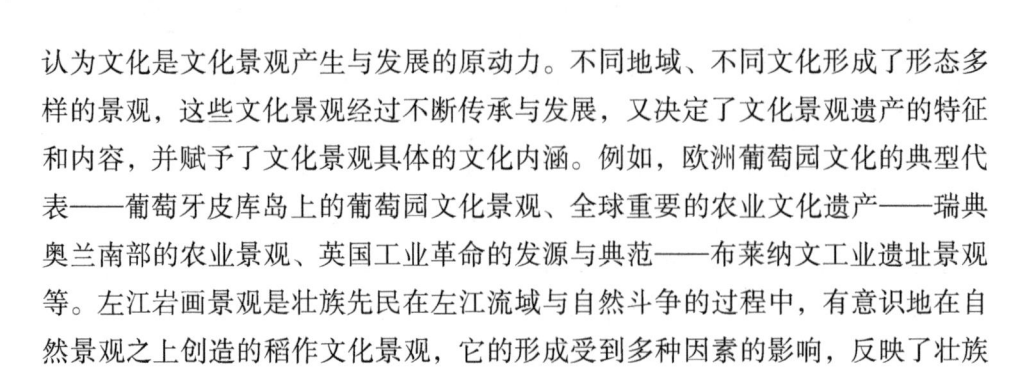

认为文化是文化景观产生与发展的原动力。不同地域、不同文化形成了形态多样的景观，这些文化景观经过不断传承与发展，又决定了文化景观遗产的特征和内容，并赋予了文化景观具体的文化内涵。例如，欧洲葡萄园文化的典型代表——葡萄牙皮库岛上的葡萄园文化景观、全球重要的农业文化遗产——瑞典奥兰南部的农业景观、英国工业革命的发源与典范——布莱纳文工业遗址景观等。左江岩画景观是壮族先民在左江流域与自然斗争的过程中，有意识地在自然景观之上创造的稻作文化景观，它的形成受到多种因素的影响，反映了壮族独特的稻作文化内涵。我们只有找到左江稻作文化景观的物质或是非物质载体，才能对其载体进行保护、修复与展示。

二、左江岩画景观中的重要稻作文化要素

根据壮族创世史诗《布洛陀》和当地的考古发现，左江流域是壮族祖先重要的发祥地之一。他们最早居住在江边，后来逐渐向平酮、山地和丘陵拓展。生活在这里的壮族的先民们在不断迁徙融合、聚居生活中逐渐开始了文化景观的塑造。左江岩画景观是由引发稻作生产的"自然"因素和由稻作生产而发生的"文化"因素共同组成的。

（一）自然因素

自然地理的地带性规律使全球文化景观具有地带性特征，尤其是在以地带性明显的自然因素参与构成的文化景观中，其外貌表现出相应的地带性特征[①]。因此自然因素不但为文化景观的建立和发展提供了条件，也促使了文化景观区域地域性特征的形成。左江所处的桂西南部是广西壮族人口比较密集的地区之一，属于典型的喀斯特地貌，地势西南高，东北低，除西部外，三面环山，江水由西南向东流入南海。左江岩画分布区地处北回归线南北，属南亚热带季风气候区域，生物种类繁多，资源丰富。土壤主要以水稻土为主，是世界上野生稻分布最密集的地区之一。这里优越的稻米生产环境为生活在左江流域的壮族先民提供了生存的各种条件，并构成了左江稻作文化景观的基底。

---

① 陈瑾，马湧. 文化景观视角的旅游规划理论体系：要领、原理、应用[M].成都：四川大学出版社，2012: 10.

（二）文化因素

左江岩画文化景观的稻作文化因素不但包括骆越先民因谷物劳作而产生的左江岩画、聚落、建筑、饮食、服饰、传统生产习惯等要素；还包括由于稻作生产影响所产生的生活方式和生产中的种种习俗仪轨，以及稻作民族的特有的性格、爱好与文化心态等。

1. 左江岩画

左江岩画及其分布空间是左江岩画文化景观最重要的稻作文化要素构成。它是壮族先民为了生存需要，有效利用自然所提供的资源，有意识地在自然空间中所创造的一种典型的稻作文化。

（1）蹲踞式人形岩画。

承载左江岩画的山体被壮族先民看成是尘世与天国的连接体，是壮族先民宇宙观中世界的中心，那些充满岩洞缝隙的空间是骆越先民灵魂歇息的最佳去处。沿着左江两岸形成的岩画群是骆越族群的庞大"社群"。在这个神圣的空间中，90%以上分布的岩画图像是蹲踞式人形。多数学者认为左江蹲踞式人形岩画是骆越先民信奉蛙神的产物。

（2）太阳纹与铜鼓。

左江岩画除去蹲踞式人形以外，圆形图像也较多，数量仅次于蹲踞式图形[1]。总体来说，圆形图案被认为是太阳纹或是铜鼓。

对太阳的崇拜是西南少数民族非常普遍的一种信仰，中国神话中也有许多关于太阳的传说。祭祀太阳是先民祈求氏族发展、五谷丰登的反映。太阳常被认为具有"生殖繁衍"的作用，先民拜日是为了土地的丰饶与人口的繁衍，它是西南稻作民族稻作文化的一种典型特征。

壮族的铜鼓艺术被认为是受稻作农业影响的另一种表现形式。壮族先民骆越族群很早就开始制造并使用铜鼓。左右江流域是铜鼓的主要分布地区之一[2]。铜鼓纹饰中的蛙纹、太阳纹、雷纹、水纹等都与稻作农业有关。

---

[1] 覃圣敏，覃彩銮，卢敏飞，等．广西左江流域崖壁画考察与研究［M］．南宁：广西民族出版社，1987：164．

[2] 覃乃昌．壮族稻作农业史［M］．南宁：广西民族出版社，1997：95．

2. 传统村落

壮族聚居区的形成与农业的产生与发展关系密切。生产力的发展使得人们开始有了固定的居住场所，左江流域村落由此开始发展。壮傣语称村落为"板"、"布板"、"布那"或"版纳"。"布"意为人，"板"意为村落，"布板"意为由人工建造和居住的房屋组成的聚落；"布那"中的"那"，意为"田"，"布那"意为种田人居住的地方；"版"义与"板"相同（皆指"村落"），"纳"义与"那"相同（皆指"田"），"版纳"意为依田而建或种田人居住的村落。壮族地区以"板"冠名的村多且密集，在古越语中"板"也是"田"的意思[①]。左江岩画的创作者源于百越民族，百越文化是由秦岭淮河以南的长江流域水田稻作农业文化发展而来的。壮族聚居区除了大量以"板"命名的村落外，以"那"命名的村落和地名也非常多。无论是以"板"还是以"那"命名村落都应该与壮族赖以生存的"田"有关。根据壮族聚居区的自然环境特点分析，当时开垦水田应该是为了种植水稻。

结合左江流域的考古资料来看，大量发现的贝丘遗址遗物说明当时已出现了原始农业。特别是石杵、磨盘和陶器的发现，表明左江流域已有原始稻作农业的食物加工。当大石铲这种源于古骆越民族农业的特殊文化形式以邕江及其上游的左右江流域为中心向四周传播时，留下了特殊的稻作文化影响的痕迹。大石铲遗址中心地带，是"那"（田）字地名密集的地区。这是壮族先民为了方便水稻耕作，依山傍水，临近水田而居生活的遗留。

3. 干栏式建筑

长江中下游地区是亚洲主要的水稻农业区，这个地区降雨丰富，水道纵横。百越民族通常被认为是活动于这一地区的民族主体。早在公元前7000多年的浙江余姚河姆渡遗址上，就有大量的灿稻遗址出土，与这种生产方式相适应的还有发达的农耕用具等，更令人惊讶的是大面积的干栏式房屋建筑遗址和成熟的木构技术，这说明当时木作技艺已经达到了相当水平。显然，这种干栏建筑是稻作农业文化区住屋的典型形态[②]。干栏在《辞海》中的定义为，我国古代流行于长江流域及其以南地区的一种原始形式的住宅，即用竖立的木桩构成底架，

---

① 覃彩銮. 壮族村落为"板"的由来及其含义考释——壮族干栏文化研究之一[J]. 广西民族研究，1998, (1): 57-60.

② 戴志中. 中国西南地域建筑文化[M]. 武汉：湖北教育出版社，2003: 11.

建成高出地面的一种房屋。有学者认为,"干栏"一词表示房屋是壮侗语系所共有的,或是使用壮侗语系的某个民族所特有的现象[①]。

区域建筑往往能够形象地反映出一个地方的文化景观。从两广地区西汉早期墓葬出土的干栏建筑陶屋和铜仓等文物考察,大概在商周时期,岭南的西瓯与骆越就已经建造和使用干栏建筑了。起初建筑形式比较简单,后期改进,上部住人,下部立柱,并加围墙。随着壮族干栏建筑技术的改进与提高,原来的单间上下层,逐渐发展为全楼居、半楼居和地居等多开间多层次的干栏建筑形式。我国南方多雨,温暖潮湿,森林地区是毒蛇猛兽栖集之地,干栏建筑因地制宜,既防潮、防瘴气,又避虫蛇,非常适宜南方的气候变化和地理环境[②]。广西关于干栏的记载一直持续到民国时期。壮族干栏核心空间多为火塘。火塘不仅仅具有做饭的功能,还在社会生活和宗教信仰中有重要作用和象征意义,其在房间里处于重要的位置。这种在干栏中设置火塘的布局是一种非常古老的干栏建筑形式[③]。现在广西部分壮民依然保有干栏民居传统,左江流域处于桂西,社会环境相对闭塞,干栏建筑发展受外界影响较小,还保留了较多本民族干栏的原始特征,这也成为展现壮族稻作文化的一种显性特征。

4. 饮食与服饰

壮族早在距今9000多年的新石器时代起便开始食用稻米,并发明了与食用稻米有关的石磨、石锤、套管等加工工具和炊具。成书于公元前1100多年的《诗经》中有"乃积乃仓,乃裹餱糧"的记载,其中"餱"(又写作糇),源于古越族语言,与北方的"粮"同义,是米饭、干粮的意思,至今,壮族仍称稻、稻谷、稻米、稻米饭为"糇"。这说明,壮族先民在远古时代,就学会将稻米煮熟食用,而且随着稻的传播,传入中原,并被记录于《诗经》中[④]。现今,壮族依然是以稻米为主食。壮族人可以数月不食面食,却不可以一日无米。他们通常会用粳米和灿米做成干饭、粥和米粉等。干饭为主餐食用;粥通常为早餐,有时会放入杂粮或是各种肉末做成各种风味的粥饭;米粉是壮族

---

① 持这种观点的学者有潘世雄、覃小航、吴治德、李锦芳、覃彩銮等,他们通常认为壮族和侗族表示房屋的词的发音和汉语的"栏"字较为接近。
② 巫惠民. 壮族干栏建筑源流谈[A]//广西壮族自治区博物馆. 广西博物馆建馆60周年论文选集[C]. 南宁: 广西民族出版社, 1993: 160.
③ 石拓. 中国南方干栏及其变迁研究[D]. 华南理工大学博士学位论文. 2013.
④ 杨树喆. 师公·仪式·信仰——壮族民间师公教研究[M]. 南宁: 广西人民出版社, 2007: 10.

最有特色的饮食,有切粉和米线之分,吃粉时放入各种肉食、豆类、酱汁等,味道鲜美。糯米富有黏性,浸泡后可以做成五色饭、糍粑、汤圆、年糕等米制品。

服饰习俗的形成与人类生存的自然环境有着密切关系。当稻作农耕成为壮族先民的主要经济生产方式之后,水稻一年三熟以及较长的生长期大大增加了人们的劳动量。田间耕作与管理技术的复杂性决定了壮族服装围绕稻作生产的简单实用、美观大方的总趋向。根据稻作生产需要,壮族传统服饰多为上衣下裳,男子不穿长裤,穿宽大裤,短及膝下。这是湿热、多山、多水的环境所致。短衣凉爽透风,便于行走、涉水、劳作。为了免于荆棘蛇虫所害,下装穿裙的壮族妇女,常在小腿部位缠上绑腿。因为水稻农作多为弯腰劳动,腰部最容易受到损伤,围腰成为最受壮族妇女喜爱的装饰物,它不仅有塑造壮族女性形体美的装饰作用,还可以保暖,增强腰部的承受力。壮族人还非常喜爱包帕,因为壮族多生活在山区或是丛林地带,山高风大、荆棘丛生,包帕可以御寒,可避免伤害,还可以增加美感。南方雨水多而长,壮族人在户外活动时常带竹笠[①]。

5.歌圩文化

壮族人有好歌的习俗,后形成歌圩,并逐渐"成为壮族的一种标志性文化"[②]。左江流域自古就是壮族先民-骆越人的居住地,也是壮族歌圩的起源地之一。位于这里的大新县是壮族聚居区歌圩最为盛行的县之一。即使比较偏远的雷平县在民国时期也有72个歌圩[③]。生活在这里的人们无论是劳动、婚庆,还是集市聚会,都要相互唱歌。壮族的传统节日如三月三、牛魂节、中元节等更是举行歌圩的好时机。

壮族不同地区对歌圩的称谓也有所不同,左江流域的壮民称歌圩为"龙垌"(大新、龙州)或"窝坡"(宁明、崇左),意思为"到坡场上会歌"或是"欢乐的节日"。歌圩的形成通常被认为与农业生产关系密切,并与许多传统节日活动相结合,成为在特定的时间和地点举行的歌唱聚会。歌圩起源,一说源自先民

---

① 梁汉昌.壮族传统服饰文化特质及保护传承 [J].歌海,2012,(6): 77-84.
② 陆晓芹."歌圩"是什么——文人学者视野中的"歌圩"概念与民间表述 [J].广西民族研究,2005,(4): 72-81.
③ 陈一榕.歌圩情结——广西大新县壮族歌圩调查 [J].广西民族研究,2008,(3): 90-94.

的群体性劳动生活。远古时代，生产力低下，人们在集体生活与劳动中产生了诗歌、音乐、舞蹈三位一体的最初歌舞形式。唐代流行的舂堂舞，壮语叫"谷榔"，即"舂米木槽"的意思。劳动者在辛劳的稻作生产中边舂米便舞蹈，围观的男女青年趁机歌唱娱乐，逐渐形成了男女社交的歌圩。另一种说法，是源于保佑生产风调雨顺、农业丰收所举行的"娱神"活动。壮族民间有"春歌祷祝丰年，秋歌酬神庆丰收"的说法。"相传此圩一禁，即年谷不登，人畜瘟疫"（龙州县志）。即使在现代社会，壮族歌圩正经历着从"春祈秋报"向"歌唱娱乐"发展的演变，一些地方的歌圩仍然有很多宗教祭祀活动的遗留。首先，歌圩举办的时间多与壮族传统节日三月三、牛魂节等重合；其次，歌圩举办的地点也多与一些宗教祭典一致。在东兰、凤山一带非常盛行的"蛙婆歌圩"，一些地方在"牛王节"也举办大型的歌圩，这些活动多是古人为了稻作丰收而举行蛙图腾、牛图腾祭祀活动的遗风[①]。在左江流域的壮族歌圩是稻作文化的留存，大新县太平一带的壮族称歌圩为"龙峒"，据说是满田峒稻谷丰收的意思，是人们通过唱歌祭神祈求的结果[②]。在近代，左江壮族的聚居地，依然有在春插和秋收的稻作季节举办劳动对歌的习俗。

左江岩画景观是由生活在这里的壮族先民因稻作生产活动而形成的精神与物质文化景观，它被赋予了深厚的稻作文化内涵。作为左江岩画景观中最重要的文化要素，左江蹲踞式人形岩画不但反映了壮族丰富稻作活动的无形精神文化景观，还作为一种视觉文化艺术与其存在自然空间共同组合而成了一种综合艺术，并在壮族稻作文化基础上形成了一种自然、人和稻作文化的整体和谐空间。这种空间整体呈现的就是一种稻作文化景观。随着社会城市化进程的发展，稻作生产已经不是人们生活的重心，稻作文化也随之衰落。当这些优秀的传统文化逐渐消失的时候，我们更应该去关注那些重要的壮族稻作文化景观的组成因素，去研究、保护和利用，使之能够再生和传承下去。

第二节 作为稻作文化景观的左江岩画保护

文化景观遗产保护理念经过多年的发展，已经呈现了从单体层面的文化遗

[①] 潘其旭.壮族"歌圩"的起源及其发展问题的探讨[J].民族研究，1981,(1):65-73.
[②] 陈一榕.歌圩情结——广西大新县壮族歌圩调查[J].广西民族研究，2008,(3):90-94.

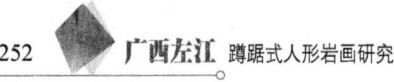

产保护，迈向整体环境保护以及非物质文化遗产保护层面的延续与发展①。因此，对左江岩画稻作文化景观的保护也要从重视"静态遗产"的保护，向同时重视"动态遗产"保护的方向发展。这种整体的、可持续性的文化遗产保护观念是继承和延续民族传统文化，实现文化遗产有效保护的必然选择。

一、保护原则

左江岩画景观申遗进入最后冲刺阶段，如何对其进行有效保护更加引起人们的关注。现今，各个国家经过几十年的探索，都将文化遗存的区域保护与国家及地方的文化和生态建设、社会发展等结合起来，带有预见性地规划相关文化遗产保护区。因此，对左江岩画稻作文化景观的保护也应在借鉴国际文化遗产保护经验的基础上，制定符合地方文化特色的保护对策。

（一）真实性原则

同所有的文化遗产一样，左江稻作文化景观具有不可替代性，因而，要尽量保护它的真实性，这也是文化遗产保护中最为重要的原则之一。1964年《威尼斯宪章》最先提出"真实性"这一概念，其导言中说："为子孙后代妥善保存文化遗产是我们责任，我们必须要它们的全部真实地传下去。"1990年通过的《奈良真实性文件》是对《威尼斯宪章》中所确定的"真实性"原则的发展和深化。在这个文件中专门将"真实性"作为主题来加以单独讨论。在坚持《威尼斯宪章》中"真实性是关于价值基本决定要素"这一观念不变的前提下，进一步认识到"一切有关文化项目价值以及相关信息来源可信度的判断都可能存在文化差异，即使在相同的文化背景下，也可能出现不同。因此不可基于固定的标准来进行价值性和真实性评判。反之，出于对所有文化的尊重，必须在相关文化背景之下来对遗产项目加以考虑和评判"，因此，文化内部对遗产价值的共识显得尤为重要。要想多方位地评价文化遗产的真实性，其先决条件是认识和理解遗产产生时及其随后形成的特征，以及这些特征的意义和信息来源。因此，坚持"真实性"原则可以从时代性、不可再生性、不可替代性等角度为文化遗产提供历史线索与实证②。

---

① 单云翔.走进文化景观遗产的世界［M］.天津：天津大学出版社，2010: 59.
② 郑卉.浅谈文化遗产保护的"真实性"原则［N］.中国文物报，2009-05-06.

（二）完整性原则

"整体性保护"是文化景观遗产保护的核心要旨，它实际上是对文化遗产保护范围的一个确定，体现了对古迹产生及其价值赖以存在的环境的尊重和保护。1931年，《关于历史古迹修复的雅典宪章》中已经出现了对遗产的整体保护思想，不仅是历史古迹本身，其周围的环境也应该得到保护。其后，法国、日本制定的遗产保护法规中都强调了对古迹及环境整体进行保护的思想。2005年在中国古城西安召开的国际古迹遗址理事会更是将环境对遗产和古迹的重要性提到了一个新的高度。这次会议通过的《西安宣言》中对文化遗产环境的含义作了以下解释：第一，环境的自身物质实体和人们对这个环境的视觉印象；第二，文化遗产与周边自然环境的相互作用；第三，遗产环境的文化背景及与该遗产相关的社会活动、习俗、传统知识等非物质文化遗产形式[1]。

左江岩画景观反映的是壮族的稻作文化内涵。景观中的每一要素，由于它的场所位置，以及与其他要素的相互关系，而被整体有意地接受。即使其中每一处景观要素并不出众，但是却共同组合形成了一处无与伦比的稻作文化景观。因此，对于左江岩画稻作文化景观的考察和评价，不能就某一地点论某一地点，就具体景观论具体景观，只有从系统的、整体的角度来看待和认识文化景观，才能使其突出的价值彰显出来。对左江岩画稻作文化景观的保护，也不能仅仅仅针对岩画点，还要考虑到其分布区内赖以存在的自然和文化环境，这对定义和鉴定其文化遗产的重要性非常重要。

（三）发展性原则

左江稻作文化景观作为一项不可再生的资源，如何实现其可持续发展必须要受到重视。日本很早就认识到实现文化遗产可持续发展的重要性，提出将文化遗产进行活用，让文化遗产成为重振地方文化和地方经济的一种资源。其目的是将文化传统活态保留在社区中，借此恢复日本传统文化的活力，并在此基础上再造农村社区新生活。这是将文化遗产从静态转化为活态的过程，也就是说文化遗产不再是一个前人遗留下来的"死"的过去，而是一个可以用来发展

---

[1] 单云翔.走进文化景观遗产的世界[M].天津：天津大学出版社，2010：272.

我们未来文化和经济的基础[①]。

花山岩画自从 1988 年被评为国家级风景旅游名胜区以来，一直都是广西壮族自治区旅游局和崇左市旅游局开发和建设的重要旅游资源。但是，由于花山岩画景区主要以观光旅游为主、文化开发层次不深、旅游景点较少、旅游产品单一、交通不便等原因，整体发展并不好。花山岩画旅游开发遇冷，最重要的原因是对左江岩画景观缺乏全面深刻的认识，如果能够有效合理地开发、利用这一文化遗产资源，不仅可以得到遗产周边居民的文化认同和良好的保护理念，更可以通过开发旅游产品，来获得社会、经济和生态效益，从而使文化遗产得以充分的综合协调发展。

二、保护措施

对左江岩画稻作文化景观的保护，首先，是对左江岩画的实体保护，相关内容我们在前文已经作了很多讨论。广西相关文保部门对左江岩画的本体保护已经投入了大量资金，也作了很多探索，并且形成了相对成熟的保护理论和方法。其次，是对左江岩画景观中其他重要稻作文化元素的保护。

（一）自然环境保护

左江流域气候温暖，利于植物的生长繁衍。长期以来，保存良好的植被环境，使得早期先民所创作的岩画避免了阳光的直射，保持了崖面湿度的稳定。色泽艳丽的岩画、苍翠的山峰、玉带一样蜿蜒环绕在山峰间的左江以及江边用于祭祀的台地，共同构成了神圣、庄严的左江岩画景观。但是，由于现代化进程加快，左江流域生态环境受到严重破坏。山上大量的人造垃圾影响着土壤的恢复，崇左市林权私有化使得私自砍伐时有发生，由此引发的山林植被的消失加速了岩画的损坏。目前，左江在缺少管理的情况下捞沙问题严重，对水体的生态系统也造成了破坏，致使水循环不畅，影响了水质，使得江面非常浑浊[②]。台地现多已开垦为耕地，有些有少量村屯分布。这些行为不但不利于左江岩画的长久保存，同时也破坏了岩画点的严肃性和神秘性。

[①] 方李莉，任大援，李东方，等.从遗产到资源——西部人文资源研究报告[R].北京：学苑出版社，2012: 3.

[②] 肖波.左江花山岩画申遗——实现文化遗产保护与利用的有效途径[J].齐鲁艺苑艺术学报，2015, (2): 10-14.

因此，对左江岩画自然环境的保护，首先，要在景观保护范围内停止人为破坏行为，并开展适当的自然生态环境恢复活动。例如，经常清理废弃物，重建自然植被，促进土壤治愈，加强江面作业管理，减少无序改变等。其次，要加强当地岩画保护观念的普及教育。从文保部门的专业人员到普通群众都应该成为岩画保护的普及对象。要把岩画保护与当地历史文化结合起来，使当地居民更有民族自豪感和归属感。

（二）干栏文化的保护

景观文化中的建筑与自然风景等要素是一个完整的景观文化空间，因此，必须对建筑、自然风景等实物形态的景观加以保护。以干栏建筑及村落为表征的干栏文化是壮族传统稻作文化的特色和精髓之一。但是，随着中国经济快速发展和农村城镇化进程的加快，左江与明江沿岸的村民开始逐渐翻建自住房屋，房屋建筑多为砖混结构，外饰素水泥抹灰，少量为仿欧式外饰面。建筑层数为三到六层不等[①]。虽然建筑体量不大，由于有些位于河边、岩画所在山体下，因此这些建筑和村庄对景观的保护产生了一定影响。

左江流域的干栏文化是壮族适应了左江一带山区的地形、气候、生态等自然环境而产生的优秀的传统民族文化，具有很好的保存价值，但在现代经济迅速发展的过程中，这种传统文化也逐渐显现出一些缺陷。以稻作农业为经济基础而形成的重农轻商的传统思想，不利于干栏文化在新时期经济下的发展；传统壮族村落受风水观念的影响，房屋排列紧密，采光较差，道路泥泞不堪；传统炊煮方式，以村落周边树木为薪，砍伐树木现象严重，村落环境受破坏较大；干栏建筑所采用的土、木等材料在现代气候条件下稳固性较差；干栏建筑中人畜同居以及厅堂设火塘的平面布局，不卫生也不太安全。因此，如何在城市建设快速增长的背景下保护左江传统干栏文化是个难题。

左江六县市1.774平方千米土地上分布着数以千计的壮族村庄。如果想要做好干栏文化的保护，关键是从全局和整体出发做好科学保护规划。第一，要选择文化景观区内历史悠久、民族文化底蕴深厚、文化独特、生态环境优美的民族村镇进行保护。开展宣传教育，使当地壮族人认识到传统村寨的价值，树立保护干栏建筑与村落的意识。第二，村寨的改造在保持真实性、完整性的基础

---

① 参考中国文化遗产院所作《左江花山岩画文化景观保护管理总体规划》文本。

上,保持村寨原有环境风貌,对村寨内鼓楼、寨门、古井、古墓、土地庙等各种有特色的建筑及林木进行保留,保持外观不变,进行内部进行改造,加强基础设施改建。对一些保存较好但是有人口压力的村寨,可以在保持村寨原有民族风貌的情况下,在周边扩建新的居民点。对零星分布、散居、条件艰苦的单户,则为可以进行搬迁,建立新的聚落。第三,为了能够使干栏式建筑既适应现代化的经济生活方式,又能体现民族地域特色,可以在建筑形式大体保留干栏传统楼居模式,楼上居住,楼下放置生产用具,保留晒台、楼梯、传统的穿斗结构等干栏建筑特点。建筑的平面布局应适当调整,实行人畜分局;为了适应现代化的生活方式,可以实行居室附属和生活设施现代化。建筑材料可以由纯木结构改为水砖木结合的方式,这样既可以适应当地的山地条件,满足人们对现代化生活方式的需求,还可以保持文化景观的整体面貌。

(三)非物质文化的保护

相对于左江岩画文化景观中可以被肉眼感知的一些实体文化要素的保护,真正比较复杂的是对壮族传统文化中的歌圩、服饰、饮食、信仰、审美等非物质文化要素的保护。非物质文化遗产被认为是一个民族古老的生命和活态的文化基因,体现着一个民族的智慧和精神,它们是文化景观遗产的重要组成要素和积极力量。

歌圩曾是生活在左江的壮族人非常喜爱的文化活动形式。"文革"时期由于歌圩被认为是不健康的活动而禁止,后来则慢慢消失。尽管唱山歌的活动在后来有所恢复,但是左江唱山歌的习俗已经淡化了。面对来自现代文明的冲击,歌圩存在的社会基础和环境已经改变,年轻人更喜欢流行音乐和舞蹈。歌圩在左江正面临着消失的窘境。同时,壮族传统服饰的制作方法失传和外流现象也很严重。壮族服饰本是壮族稻作文化最具特色的外在形象,但是,由于政治和经济原因,服装逐渐趋向汉化、城镇化、简单化。壮族群众对保护传统民族服饰的意识似乎不强。壮族人喜欢的包帕也多被帽子代替,围腰也都不用了,穿戴也基本上乡下和城里一样了。相同的文化现象也出现在壮族的饮食文化中,具有民族特色的传统饮食习俗正在逐渐消失。面对如此现状,我们该如何对这些宝贵的文化遗产进行保护呢?

关于非物质文化遗产的保护,国内外学者都做过比较深入的研究,其方法除了加强文化遗产保护法律的建设外，还建议通过博物馆、档案馆、图书馆等这些采集、保存、整理、交流、传播文化的功能空间，对非物质文化遗产进行收集整理，以文献信息的方式进行保存，这样不仅可以达到抢救和保护非物质文化遗产的目的，还提供了保护和教育研究的场所。

当前，对壮族传统歌圩、服饰、饮食等文化的保护，首先要做的无疑是对其声像、纸质以及实物资料抢救性的收集、整理与保存，通过建立歌圩文化声像资料库，建设服饰、饮食文化博物馆等方法，起到文化传播与保护的作用。但是，如果仅靠保存资料这种方法，那么所保护的遗产就只能是"死"的，如何使"遗产"持久地"活"在民众生活中，并且在新的条件下，还能获得"再生产"的机会，是我们实现文化遗产可持续性发展保护所必须要思考的。

三、景观廊道的构建与开发

近几年，随着研究经验的积累，一些研究者倾向于不能在法律的限制下原封不动地对文化遗产进行保护。除了保护文化遗产本身外，还应从其本身文化空间入手，保护其生存与发展的文化空间。文化遗产的分布有地域性，内容具有独特性，因而独特的地域文化性使其成为潜在的旅游资源，对其进行合理的开发和利用也成为一种有效保护的路径。

（一）左江岩画稻作文化景观廊道的构建

遗产廊道理念源自 20 世纪 80 年代的美国，它是日益受到国际遗产保护界关注的保护遗产的新思维与新战略。此理念诠释了世界遗产保护由"点"状向区域化"面"状保护的根本转变，以特定历史活动、文化事件为线索把众多遗产单体串联成具有重要历史意义的廊道遗产区加以整体保护。文化遗产廊道是整体保护以历史文化遗产元素作为其核心构成资源的线状或带状遗产区域的保护战略与方法[①]。

从上文所述左江岩画的开发利用现状可知，作为文化遗产，左江涂绘岩画在近几年的旅游开发中，已经有所损坏，且岩画保护投入大，经济回报有限；另外，单一的岩画点承载游客量有限，也不能长时间吸引游客的注意力。因此，从对左江岩画稻作文化景观开发利用的长期发展来看，左江岩画点只能作为稻

---

① 王丽萍. 文化遗产廊道构建的理论与实践——以滇藏茶马古道为例 [J]. 2011, (5): 61-66.

作文化景观旅游开发的一个组成项目,而不能成为项目的完全承担者。因此,对左江岩画稻作文化景观的开发利用,需把关注点从岩画转移到稻作文化景观上,要对左江岩画稻作文化景观实行整体开发。

景观廊道是展现左江岩画稻作文化的最重要的途径。左江岩画分布区域内既有岩画遗产,又有国家级的自然保护区,还有一些零星分布的历史文化景点,这些景点之间独立存在,原有的较好的稻作文化景观长廊有可能被分裂,视觉无法通达,这对保护左江稻作文化景观有很大影响,实现景观廊道是空间体系中各个相对独立的空间相互呼应的重要途径,在加强人们对景观整体感觉方面有着重要作用。

综上所言,可以在左江81个岩画点中,选择受旅游影响小、便于保护、有利于持续发展的岩画点列入旅游项目,同时结合分布区域中的稻作文化要素,合理规划打造一条稻作文化景观廊道,将左江岩画分布区的稻作文化景观打造成整体有序的景观组合,让观者从最好的角度和视野了解左江岩画稻作文化景观。在设计景观廊道时尤其要注意景观的连续性,可以通过对左江沿岸稻作自然景观以及干栏文化有计划的保护与改造,运用中国园林的营造方式,创造一种稻作文化景观意境。这样,通过构建左江岩画稻作文化景观通道,将有共同历史文化主题的遗产资源以及沿线其他自然、游憩资源串联起来,不仅保护了左江的岩画资源和区域内的历史文化遗产,还可以通过文化遗产的开发利用,实现地方社会经济的发展。

(二)景观廊道文化交往空间的营建

在旅游活动中,游客真正关注的是文化遗产的文化价值,他们旅游的最大动机是为了体验遗产文化,因而,文化体验是文化遗产旅游的核心主线,文化交往空间是旅游者体验文化活动的重要载体。文化空间泛指现实生活中人与人之间相互接触和交流的场所,它可满足人们日常生活、消遣、游玩和社交的需要,是必要性活动、自发性活动和社会性活动等三种基本类型的户外活动赖以发生的物质空间。左江岩画稻作景观廊道所营建的交往空间,就是使人们能够发生诸如聚集、逗留、休憩及其他形式的户外活动等交往活动的空间。这种空间的形成既需要从时间的演进中获得支持和培育,更有赖于当下文化的创造[①]。

---

① 陈瑾,马湧.文化景观视角的旅游规划理论体系:要领、原理、应用[M].成都:四川大学出版社,2012:53-54.

1. 建设稻作文化生态博物馆群

生态博物馆的建立是近年文化遗产保护新兴的理论，它是一种将民族传统文化与其所在的自然生态环境进行统一保护的理念。壮族稻作文化生态博物馆群的建立不但可以将稻作文化遗产原状地、动态地保护和保存在其所在的社区和环境中；还可以为观光旅游者服务，让国内外游客认识和了解壮族的文化。

2. 建设岩画博物馆

岩画博物馆可以展示、表演、宣传、模拟岩画制作。游客在这里可以挑选自己中意的石头，使用与岩画相似的颜料和工具，在岩石上进行绘画，画成之后还可进行包装，做成小礼品带走。这种快乐的参与，已经不仅仅是一种娱乐活动，更是一种岩画知识的宣传与教育。

3. 创办民族文化传习馆

民族文化传习馆是展示、表演、宣传、传习传统的服饰、食品制作工艺的交往空间。游客在这里不但可以亲身体验民族文化传习的过程，还可以把自己亲手制作的民族产品带回家。这种体验空间的建立既能让壮族传统的服饰与饮食制作工艺得以延续，也能让游客体验壮族当地纯正的风土民情，还能产生很好的经济效益。

4. 建设传统文化商业街

一个具有区域民族文化特色的文化商业街，将会是景区的一张精美名片。由于现代人有在景区购物的习惯，因此，对于景区而言，商业街还蕴含着巨大的商机和发展前景。根据左江流域文化特色，左江稻作文化景观廊道可以多建设一些以干栏建筑为肌理，以稻作文化为底蕴，兼具品味人文环境的和文化创意的特色商业街区。

5. 建立歌圩文化保护带

歌圩具有娱乐性的同时，和集市关系也很密切，因此可以把歌圩文化纳入旅游开发中，在左江岩画景观廊道建立具有浓郁地方文化特色的歌圩文化保护带。在保护带里可以开设唱山歌的歌圩场、人们闲暇旅游的山歌对歌场、摆擂台唱山歌的表演台等一系列具有壮族特色的山歌文化场所。还可以把歌圩文化纳入稻作生态居民区以及商业贸易中，用歌声歌颂生活、爱情，以歌会友、传情。这样，一方面可以让游客在观光时，欣赏到动听的歌声，对外宣传山歌文化的精髓；另一方面可以给更多的壮族艺术家与山歌爱好者提供交流平台，实现本民族文化的保护与传承。

（三）景观廊道中左江岩画符号的应用

作为一种视觉艺术符号，左江岩画在文化景观中是一种非常有影响力的视觉资源。结合左江文化景观的旅游开发，对其进行创新设计，将会使其承载的稻作文化精粹在新的时代焕发出新的活力。

1. 左江岩画符号在旅游纪念品中应用

"旅游纪念品是指旅游者在旅游活动整个过程中购买的具有区域文化特征和民族特色、富有长期纪念意义的劳动产品。是为某一旅游地（景区、景点）或围绕某一旅游活动专门开发的，具有旅游地（景区、景点）或某一旅游活动标志的具有纪念意义的旅游商品"[1]。由此可见，地域文化是旅游纪念品的根源与灵魂，但是，左江地区泛地域化的纪念品却比较多，传统工艺品缺乏创新设计，纪念品的包装也比较简陋。在这种状况下，不但游客买不到称心的纪念品，当地独特的岩画景观也不能得到良好的推广效果。如果将蕴含着丰富稻作文化元素的左江岩画符号巧妙地植入当地旅游纪念品中，以现代的设计理念结合传统的民族工艺，制作出适合旅游市场的创意产品，就可以给当地经济带来良好效益，同时还有助于游客对当地文化遗产的理解与认可，并使得这种文化得到传承与保护。

2. 以稻作文化元素为源泉进行文艺创演

文艺创演是文化传播的一种重要媒介。1985年2月，位列全球在世艺术家销售金额排行榜前十的广西周氏兄弟在中国美术馆举办"花山壁画艺术展览"，展出的180幅作品得到了刘海粟、吴作人、李苦禅等老一辈艺术家的肯定。后二人携作品到美国，一年后获69届美国艺术大展金奖。此后，周氏兄弟的艺术创作语言多数受到中国古代岩画的启示，并形成一种独特的风格[2]。于2012年创作中国大型岩刻情景史诗剧《阴山·古歌》，以雕刻在时间峭壁上的远古生命形

---

[1] 钟志平. 旅游购物理论与开发务实 [M]. 北京：中国市场出版社，2005: 268-269.
[2] 范琛. 作为区域文化资源的沧源岩画研究 [M]. 西安：世界图书出版社，2009: 205-206.

态为背景，演绎牧羊人与河套女在狩猎、繁衍、征战和祭祀等方面的故事情节，在舞台上展开与日月交流的情歌对话和情景对话，以唯美的爱情故事为主题，辅以强大的视觉冲击艺术，展示独有的岩刻文明和河套文明，述说历史情感和人类情感，唱响历史的恋歌和人类的恋歌[①]。

从 2005 年开始，广西壮族自治区人民政府也在努力着手打造原生态音舞史诗《走进花山》，这部歌舞剧由"走向花山"、"骆越古韵"、"山寨土风"、"岩画故事"、"月夜歌圩"和"悬崖上的盛典"六部分组成，欲以探奇、寻秘的方式引导人们观察花山，以音乐舞蹈的艺术形式再现花山岩画中记录的骆越盛事时期花山人的生活情境，同时，与《走进花山》相配套的项目还有大型仿真岩画《花山》，大型现代岩画《今天》《我们》[②]。这些通过挖掘左江岩画稻作文化内涵而设计的展演，将会通过生动有趣的艺术表达形式，对左江流域的稻作文化起到有效的宣传与推广作用。

3. 左江岩画符号在景观形象塑造中的应用

对左江岩画文化景观进行旅游规划时，应该在发扬和传承壮族民族历史文化的基础上，突出文化景观中的原真性、地方性和民族性；要寻找游客、壮族稻作文化与当地居民在精神空间的交流，找到心灵的认同感和归宿感。因此，只有牢牢把握住稻作文化脉络，才能在左江岩画景观的形象塑造中，构建出具有地域、民族特色的旅游景区。

左江岩画中的蹲踞式人形、铜鼓、太阳以及各种动物图纹，都是重要的稻作文化符号。可以将它们大量运用到景观廊道交流空间中的建筑装饰、演艺广场、石墙、画廊等核心景观设计中，也可以将它们运用到景区对外宣传的网站和广告中。这些稻作文化符号在景区旅游规划中的合理运用，不仅可以恢复左江原有的一些稻作文化面貌，实现文化的传承与延续，也可以将当地居民和旅游者带进具有浓郁稻作文化氛围的休闲旅游中。

---

① 白忠义. 大型岩刻情景史诗《阴山·古歌》1 月 13 日上演 [OL]. http://news.ifeng.com/gundong/detail_2012_01/04/11743951_0.shtml. 2012-01-04.
② 农彩云. 花山岩画文化旅游开发项目《走进花山》正式启动 [OL]. http://news.sina.com.cn/o/2005-10-15/09067174142s.shtml. 2005-10-15.

(四)景观廊道的组织与管理

左江岩画景观廊道分布在多个县市,对其的组织与管理涉及多个部门。而对左江稻作文化景观进行开发,最理想的状态是通过县市间有效的合作,将政府管理机构、旅游项目投资开发运营机构、旅游公司、岩画区域社群结成利害攸关的"合伙人"关系,使它们的利益与岩画点的保护状态休戚相关[①]。

(1)打破景观廊道内县市间的政治界限,建立左江岩画的统一管理机构。

现在,对左江岩画文化景观的管理多隶属于各县区临时性或兼职性的机构,这些机构之间没有形成一个统一的管理体系,因而不利于岩画管理工作的深入开展。只有调整现有管理体制,建立一个全面负责景观廊道内左江岩画的管理机构,由其负责制定涉及保护管理的各个政府部门的协调机制,才有可能实现左江景观廊道的有效保护,进而才有可能吸引更多的岩画旅游投资项目。

(2)整合景观廊道内的旅游资源,实现县区间旅游资源的合作开发。

左江岩画文化景观廊道内各县区都有着丰富的旅游资源,它们无论在自然景色上还是在历史文化上都有着极大的相似和千丝万缕的联系。只有在政府主导下,突破地域限制,实现旅游资源的整合,才能提升左江岩画文化景观的稻作文化内涵,增强旅游竞争力。

(3)增进政府与旅游企业之间的沟通与合作,共同打造一个舒适的旅游环境。

政府与旅游企业要通力合作,一方面要加大资金投入,不断完善基础设施,加强道路建设,修缮河道、码头,建设酒店、旅店,完善网络通信系统,安装照明设备、休息座椅、果皮箱,建造公共厕所等;另一方面还需要不断提高旅游接待水平,在游客接待中心以及所有景点的出入口,设置具备服务咨询、旅游产品售卖、旅游管理功能的小型游客服务店,并在适当位置设置路线或保护隔离标志指示,发放精心设计的游客指南小册子等。

(4)提高旅游企业的服务管理水平,提升游客满意度。

游客满意可以为景区增加无形资产,增大吸引力和提高重游率,是目的地实现利润的基础。游客满意也是服务管理的一个重要指标[②]。在旅游规划的实施

[①] 范琛.作为区域文化资源的沧源岩画研究[M].西安:世界图书出版社,2009:180.

[②] 陈瑾,马湧.文化景观视角的旅游规划理论体系:要领、原理、应用[M].成都:四川大学出版社,2012:89.

过程中，服务管理质量是决定其成功与否的一个因素。旅游景区的服务管理不只包括企业对员工技能和服务行为的管理，还涵盖景区服务的整个过程。它既包括研究游客消费行为的规律，合理引导游客预期，提升游客满意度；也包括对旅游线路的空间设计和游程的时间管理；还有游客参与活动的程度，以及各种体验和情景设计[①]。另外，导游作为与游客直接接触的一线旅游从业人员，也是服务管理中的重要一环。导游管理水平的高低决定了导游的服务水准和旅游者的旅游经验，直接关系到旅行社的信誉和目的地旅游业的形象，因此，旅行社在服务管理过程中首先要培养优秀的员工，设计更科学、标准化、流程化的服务递送系统。

（5）加强政府主导功能，引导岩画区域群众积极参与旅游文化建设。

随着政府对景区旅游的鼓励和推动，岩画区域附近的群众也受到影响，办起了农家乐、乡村小旅馆、小型度假村等个体单位。如果政府能够对其进行统筹安排、合理布局，加大基础设施和传统文化宣传的投入，帮助当地居民建设一些具有民族文化特色的商业个体，不仅可以使游客体验到当地的民宿生活和感受到原生态的民族文化，促使文化旅游开发成功，使得地方政府赢得更好的政绩；还会为旅游企业带来更高的经济效益，为当地居民带来新的发展机会，更可以使"地方"具有文化特色，增强民众对当地文化的自豪感和归属感，从而自觉担当起传统文化的传承者和保护者的责任。

总之，左江岩画是人类共同的宝贵财富，对其进行妥善保护是我们义不容辞的责任。在商品经济以及旅游浪潮的冲击下，当我们处理左江岩画保护与开发利用的关系时，要始终坚持"保护第一"的原则，正确认识左江岩画的特殊性，把对岩画的开发利用作为一种保护手段，通过提高当地群众的物质和文化生活水平，进一步改善岩画周围的自然和人文环境，最终实现左江岩画保护与旅游发展和谐共处。对左江岩画可持续性发展保护模式的研究，不仅仅是为了把左江岩画从保存式保护引导到保育式保护的轨道上来，更是对如何有效保护今后作为世界文化遗产的左江岩画进行的一个探索。

---

① 王晨光. 两个著名旅游景区游程实录与管理评析 [J]. 旅游学刊，2004, (3): 61-65.

结　　语

一

在过去的几十年中，对左江岩画进行研究的文章已经多达上百篇，调查报告和综合性论著也有十几部，这说明左江岩画是个颇有研究价值的领域。然而，在这些研究中，把左江岩画中最有特色的"蹲踞式人形"作为主题进行专门研究的文章并不多见，论著几乎没有。其实，"蹲踞式人形"是整个左江岩画的灵魂，把"蹲踞式人形"作为主题进行研究，就是抓住了左江岩画的特质。

要深入研究某一种图像，必须注重出土文物当中的相关资料，其毕竟为一种艺术形式，若单依据文献去探讨，则有如缘木求鱼。因此，笔者首先将目标锁定在了世界各地早期考古资料中各种艺术形式的"蹲踞式人形"上，当然这也离不开相关文献的互证和勘对。"蹲踞式人形"曾是世界各地早期艺术中，长期存在的一种艺术主题，曾以不同的结构组合形式出现，是不同地区历史文化的积淀。尤其是中国早期考古资料中的"蹲踞式人形"，是笔者关注的重点。中国不仅有着丰富的图像遗存，还有着大量的史料记述可籍比较，因此，本书通过对中国各个时期的发掘报告，以及各地博物馆的保存资料进行编年、分类整理，对相关图像进行了梳理，以期对"蹲踞式人形"的含义有一个较为全面的认识。

充分占有资料是历史研究的首要步骤，因此，本书写作过程中的主要工作是尽量搜集当前可见的与左江蹲踞式人形岩画有关的各种资料，包括已经公开发表的左江岩画及与其相似的我国西南地区、东南亚地区岩画的图片、文章、档案；壮族以及与其有关的少数民族的历史、神话、古代文献、考古学与民族学资料；左江岩画保护资料，国内外岩画保护方法、保护模式，以及岩画景观的开发利用等资料。

由于岩画的分布空间与岩画的创作有着紧密的联系，因此对岩画点的实地调查工作非常重要。笔者参加广西对左江岩画周边地区的文物普查工作，对左江岩画大部分的岩画点都进行了实地调查，并对周边地区民族的风俗习惯进行了调查了解。同时也对崇左市各县的生产模式以及宗教信仰进行了观察与认识。通过这些实地调研，搜集、记录了大量的相关资料。

二

我们知道，在史前艺术中超过 90% 的作品是岩画，其数量多达百万幅，分布于世界 180 多个国家数以万计的岩石表面，这是一个数目庞大的视觉文化遗产。它们是人类精神与智力认知的重要文化遗存，是早期先民用于传递信息、进行交流的一种语言符号。因此，在本书中，我们把分布在广西左江的 81 个点的岩画作为一个研究整体，并运用语言符号学的方法，对广西左江岩画中的"蹲踞式人形"这一具体岩画符式，进行了深入研究。

第一，我们分析了左江岩画分布的环境和创作它的民族，然后借助图像学的方法，对左江各岩画点的蹲踞式人形，以及典型符号的表现形式进行分析，提出了左江蹲踞式人形岩画两种典型的岩画符号及符号句法结构，并结合考古学、民族学、民俗学、神话学对典型句法及其语境进行分析，进而对左江蹲踞式人形岩画发展的序列得出一种全新的结论。

第二，根据岩画符号的语形关系，我们对左江蹲踞式人形岩画的地点、空间、承载物的特征以及周围环境形态作了分析。并借助骆越民族的宗教信仰以及相关资料，论述了左江岩画分布点的岩石和山川是暗示神灵、祖先与之交流的信息来源之所，也是生者与上天、与祖先交流思想的地方。

第三，对左江蹲踞式人形岩画的风格进行分析时，把它放在世界岩画的视野下，结合蹲踞式人形岩画风格的变化，对左江及其相似岩画创作族群之间的关系进行了分析，并考证了上古南方民族史，构建了壮族先民与西南稻作民族、南岛语族的文化圈。并在此基础上，对左江蹲踞式人形岩画的语义关系进行了考证。这是从语用、语形、语义三方面对左江蹲踞式人形岩画进行的深入整体的文化研究，使我们对左江岩画有了一个全面而深刻的认识。

第四，对岩画的保护一直是世界各国关注的问题，也一直是世界性的难题。在全国的岩画保护中，左江岩画保护工作是做得比较好的。即便如此，如何对左江岩画进行有效保护，依然是管理部门和研究者们所面临的一个重要难题。因此，我们对左江岩画的保护现状作了一个分析，并对其保护模式作了探讨。同时，也希望这种岩画保护的研究，能成为左江岩画申请世界文化遗产，或者是作为世界文化遗产而进行管理时的有益参考。

三

左江岩画自发现以来，就吸引了大量学者，他们从各个角度对左江岩画作了分析与阐释，这些成果使我们对左江岩画的深入研究成为可能。综合前期学者对左江岩画的研究基础，我们根据搜集到的资料和调查结果，对左江岩画的相关问题也提出了自己的一些看法和观点。

（一）左江蹲踞式人形岩画的作者

从左江岩画所在的位置以及文化遗存看：一方面，广西处于中原与东南亚、华南与西南各省文化交流的交会处，其文化具有相对的开放和交融性；另一方面，左江流域处在壮族聚居区腹地，文化同时还具有保守性。因此，左江流域的文化即保留了骆越民族的文化特质，同时又深受中原文化影响，并与濮僚民族长期交往，有着密切联系。此外，与越南为邻，还与东南亚的泰、老、掸等民族有着同源关系，文化表现出民族性、跨国性的特征。

由此可知，创作左江蹲踞式人形岩画的族群绝不是一个单一的族群，它既包括源自百濮的骆越族群，也包括受百越文化影响的西瓯族群，左江蹲踞式人形岩画主要是这两大族群在民族迁徙和文化交融中逐步完成的，其文化属于百濮、百越文化相融合而产生的新的独特体系。

（二）左江蹲踞式人形岩画的分期

左江蹲踞式人形岩画中有两种典型符号组合：简单无序的同类组合与复杂场景的符号组合。通过对这两种典型句法的结构、审美特征、表现风格及其心理表现及叙事性的比较可以得出，不同符号组合是不同时期的骆越先民所创作的不同风格的岩画，它反映了早期先民思想观的一种发展变化。综合比较考古学、岩画学、艺术人类学的研究成果，我们可以初步判断，左江的蹲踞式人形岩画的发展，应该是从简单无序组合向复杂场景的过渡。

（三）左江蹲踞式人形岩画风格的形成

从蹲踞式人形岩画在世界上的分布范围以及展现的风格看，首先，蹲踞式人形岩画展现的普遍是以农耕为主的复合经济族群特点的艺术。其次，对"蹲踞式人形"题材的偏爱是南岛语族的一个共同的文化特质，作为南岛语族一员的壮族先民，与环太平洋沿岸南岛语族有同族源，因此他们创作的蹲踞式人形岩画在风格上表现出更多的相似。最后，左江蹲踞式人形岩画独特的风格的形成与当地的环境关系密切。左江流域属于亚热带季风气候区，这里被认为是稻作农业起源的中心之一，基本经济类型属于稻作农耕经济，左江流域表现出丰富的稻作农业文化特点。左江蹲踞式人形岩画形成的原因，很大程度上与这里的稻作文化有关。当然，也与岭南方国战争，特别是秦统一岭南的战争有关。受战争影响，左江流域先民的宗教信仰以及民族文化得到了进一步交融。

（四）左江蹲踞式人形岩画的含义

通过对史前考古资料中的蹲踞式人形艺术品的梳理分析，可知蹲踞式姿势从石器时代就已是神人身份的象征，它是神人所具有的"生生不息"能力的表征符号。具有独特意义的蹲踞式人形符号在史前社会早期一直被认为具有使人生命永生、生命循环不断的能力，此后又逐渐被附加了生殖繁衍之能量，因此它就成为一个用来祈愿灵魂不死、生命永生、生命繁衍的"生生不息"的象征符号，是个人、家庭乃至整个族群生存的保护神。

具体到左江岩画中的蹲踞式人形符号，它不仅仅具有蹲踞式人形符号所代表的各种深层的象征意义，更突出了在稻作文化的影响下，蹲踞式人形符号与蛙神之间的密切关联，暗示了骆越先民对胜利的渴望和对平安的祈盼。蹲踞式人形符号所象征的是骆越民族心目中具有蛙一样的神力的保护神和繁衍之神。左江蹲踞式人形组合代表了不同时期骆越先民思想观念的变化。但是，无论是左江岩画中的蹲踞式人形符号还是符号的组合，它们的原始文化内涵都是对生命永生、生殖繁衍的崇拜。

此外，通过相关理论的研究，我们也可以看出，左江蹲踞式人形岩画是骆越先民在"一二元统一论"思维模式的指导下进行创作的。这种"一二元统一论"的哲学观，也是我国古代艺术创作的哲学基础。

（五）左江岩画保护模式的探索

左江80多个以蹲踞式人形为主的岩画所体现的左江流域所特有的稻作文化要素，有着文化的整体性。它们与其所在的环境共同构成了一种岩画文化景观，因此，对左江岩画的保护与开发，就是在深入挖掘左江岩画景观中的稻作文化元素的同时，因地制宜，探索一种具有左江流域文化特色的岩画景观保护模式。左江岩画稻作文化景观，除了蹲踞式人形岩画以外，还有传统的干栏文化和很多非物质文化，因此，可以把这些传统的稻作文化，作为左江岩画稻作文化景观廊道构建、开发与利用的基础，正确处理左江岩画保护与开发的关系，始终坚持"保护第一"的原则，正确认识左江岩画的特殊性，把对岩画的开发利用作为一种保护手段，通过提高当地群众的物质和文化生活水平，进一步改善岩画周围的自然和人文环境，最终实现左江岩画保护与发展的和谐共处。因此，这是一种对左江岩画进行可持续性发展保护的方法的探讨。

四

在本书中，我们把左江蹲踞式人形岩画看作了一种语言符号。古人把它涂绘在岩石上，并与观赏者或解释者形成了一个言语行为上的交流过程。我们通过对左江蹲踞式人形岩画所在地的自然环境、文化环境、岩画符号的制作以及用途等语用关系的分析，并根据对左江蹲踞式人形岩画符号承载体、岩画周围景观、岩画符号之间组合的语形研究，试图破解隐藏于岩画符号中的密码，并进而对左江蹲踞式人形岩画符号的语义体系，做出一个更加深入的解读。这是一种既注重岩画的连接和结合形式，同时还重视岩画的意义以及创作者之间关系的一种岩画的整体研究方法。

当然，我们也知道，对岩画的研究，不是一门学科就能够胜任的，这需要多学科合作，需要掌握更多、更广泛的资料，尤其需要加强国际以及区域文化的交流合作。因此，在本次左江岩画的研究中，我们也感受到了诸如材料掌握不够充分、研究方法还有待更加科学化和系统化等一些条件的限制，并且这些因素都将会影响到研究的深入，或者是研究的结果。但是，总体来说，把对左江岩画的研究聚焦在"蹲踞式人形"符号上，并把它作为左江岩画艺术轮廓构建的主要线索，应该是一个正确的研究思路。

据我们所知，世界范围内的岩画遗产多达8500万幅图像，这还不包括百万幅的抽象符号，那些远古的传统的创作者们正等待着我们的破译，这是一个具有吸引力的研究领域，同时也是一个充满悬念和争议的领域。在对岩画进行破译的过程中，前进的每一步，不仅为人类发展历程增添了一个新的历史片段，也为认识人类精神发展过程锦上添花[1]。希望本书的研究不仅能为区域岩画的深入研究提供有益参考，也能对左江岩画的申遗工作有一定的启示与帮助。

---

[1] 阿纳蒂在第24届梵尔卡莫尼卡研讨会上的开幕词。

参 考 文 献

［美］阿恩海姆 R. 1987. 视觉思维［M］. 滕守尧译. 成都：四川人民出版社.

［美］阿恩海姆 R. 1998. 艺术与视知觉［M］. 滕守尧，朱疆源译. 成都：四川人民出版社.

［英］阿尔弗雷德 C H. 2010. 艺术的进化［M］. 阿嘎左诗译. 桂林：广西师范大学出版社.

［法］阿纳蒂 E. 2007. 艺术的起源［M］. 刘健译. 北京：中国人民大学出版社.

［意］艾柯 U. 1990. 符号学理论［M］. 卢德平译. 北京：中国人民大学出版社.

［美］艾兰 S. 1992. 龟之谜［M］. 成都：四川人民出版社.

安徽省文物考古研究所. 2000. 凌家滩玉器［R］. 北京：文物出版社.

安志敏. 1963. 干栏式建筑的考古研究［J］. 考古学报,（2）.

［挪威］巴斯 F. 1999. 族群与边界［J］. 高崇译. 广西民族学院学报,（1）.

［瑞士］鲍亨斯基 J M. 1987. 当代思维方法［M］. 童世俊，邵春林，李福安译. 上海：上海人民出版社.

北京大学考古学系, 山西省考古研究所. 1995. 天马——曲村遗址北赵晋侯墓地第五次发掘［J］. 文物,（7）.

［德］比德曼 H. 1999. 世界文化象征辞典［M］. 刘玉红译. 桂林：漓江出版社.

［美］博厄斯 F. 2004. 原始艺术［M］. 金辉记译. 贵阳：贵州人民出版社.

博瓦西里 E. 南非. 2013-04-20. 南部非洲岩画及其相关非物质文化遗产的管理［N］. 杨青林译. 中国社会科学报.

卜昭文, 魏运弯. 1986-07-25. 苗家生辽宁发现五千年钱祭坛女神庙积石冢群址［N］. 光明日报.

［法］布罗代尔 F. 2005. 地中海考古［M］. 蒋明炜译. 北京：社会科学文献出版社.

［美］布洛克 G. 1991. 原始艺术哲学［M］. 沈波，张安平译. 上海：上海人民出版社.

［德］布斯曼 H. 2000. 语言与语言学词典［M］. 北京：外语教学与研究出版社.

［苏］柴尔德 V G. 1958. 远古文化史［M］. 周进楷译. 北京：中华书局.

常庆林，常晓雷 . 2009. 殷墟玉器——安阳殷墟艺术博物馆藏玉［M］. 上海：上海大学出版社 .

陈汉流 . 1961-09-18. 花山崖壁画语言符号的意义［N］. 广西日报 .

陈洪波 . 2006. 从玉器纹饰看良渚文化宗教信仰中的两类因素［M］. 南方文物，（1）.

陈瑾，马湧 . 2012. 文化景观视角的旅游规划理论体系：要领、原理、应用［M］. 成都：四川大学出版社 .

陈明 . 1996. 原道［C］. 北京：中国广播电视出版社 .

陈明芳 . 1991. 论船棺葬［J］. 东南文化，（1）.

陈为 . 1986. 东瓯西迁之议［J］. 东南文化，（2）.

陈苇 . 2008. 从居室墓和石雕像看兴隆洼文化的祖先崇拜［J］. 内蒙古文物考古，（1）.

陈文领博 . 1992. 壮族石狗考略——兼谈壮族先民的图腾及其演变［J］. 广西民族研究，（2）.

陈一榕 . 2008. 歌圩情结——广西大新县壮族歌圩调查［J］. 广西民族研究，（3）.

陈兆复 . 1993. 外国岩画发展史［M］. 上海：上海人民出版社 .

戴尔俭 . 1997. 从聚落中心到良渚酋邦［J］. 东南文化，（3）.

戴尔俭 . 1999. 从神人族徽、聚落网络和文化关系看文明前夕的良渚酋邦［A］// 浙江省文物考古研究所 . 良渚文化研究［C］. 北京：科学出版社 .

戴志中 . 2003. 中国西南地域建筑文化［M］. 武汉：湖北教育出版社 .

［法］丹纳 H A. 1998. 艺术哲学［M］. 傅雷译 . 北京：人民出版社 .

［英］丹皮尔 W C. 1997. 科学史及其与哲学和宗教的关系［M］. 李珩译 . 北京：商务印书馆 .

邓淑萍 . 1988. 考古出土新石器时代玉琮研究［J］. 故宫学术季刊，（6）.

邓晓华，王士元 . 2007. 壮侗族语言的数理分类及其时间深度［J］. 中国语文，（6）.

东南文化编辑部 . 1988. 东南文化（第 3 辑）［C］. 南京：江苏古籍出版社 .

董楚平 . 1996. 良渚文化上帝小考［J］. 浙江学刊，（5）.

董楚平 . 1997. 良渚文化神像释义——兼与牟永抗先生商榷［J］. 浙江学刊，（6）

杜金鹏 . 1992. 关于大汶口文化与良渚文化的几个问题［J］. 考古，（10）.

段丽波 . 2007. 濮、越民族考——从考古学文化的视角［J］. 学术探索，（3）.

敦煌研究院 . 1993. 敦煌研究文集（上）［C］. 兰州：甘肃民族出版社 .

范琛 . 2009. 作为区域文化资源的沧源岩画研究［M］. 西安：世界图书出版社 .

范勇 . 1985. 骆越族源试探［J］. 四川文物，（2）.

方李莉，任大援，李东方，等 . 2012. 从遗产到资源——西部人文资源研究报告［R］. 北京：学苑出版社 .

方闻 . 2004. 心印［M］. 西安：陕西人民美术出版社 .

冯能保.1990.眼睛的潜力［M］.南京：江苏教育出版社.

［英］弗雷泽 J J.1996.金枝（上）［M］.徐育新译.北京：中国民间文学出版社.

［英］弗思 R.2002.人文类型［M］.费孝通译.北京：华夏出版社.

福建省考古博物馆学会.1990.福建华安仙字潭摩崖石刻研究［C］.北京：中央民族学院出版社.

傅道彬.1990.中国生殖崇拜文化论［M］.武汉：湖北人民出版社.

傅宪国.1988.论有段石锛和有肩石器［J］.考古学报,（1）.

傅亚庶.2005.中国上古祭祀文化［M］.北京：高等教育出版社.

盖山林.2001.世界岩画的文化阐释［M］.北京：北京图书馆出版社.

高福进.2002.太阳崇拜与太阳神话———一种原始文化的世界性透视［M］.上海：上海人民出版社.

高明.1996.中国古代文字学通论［M］.北京：北京大学出版社.

高伟.2008.台湾少数民族：鲁凯［M］.北京：台海出版社.

葛介屏.1959.安徽阜南发现殷商时代的青铜器［J］.文物,（1）.

［法］葛兰言 M.2010.中国人的宗教信仰［M］.程门译.贵阳：贵州人民出版社.

葛英会.1983.燕国的部族及部族联合［J］.北京文物与考古,（1）.

龚田夫,张亚莎.2006.原始艺术［M］.北京：中央民族大学出版社.

龚维英.1986.神话·仙话·佛话［M］.石家庄：河北人民出版社.

［英］贡布里希 E H.1984.秩序感［M］.杨思梁,徐一维译.杭州：浙江摄影出版社.

古方.1996.台湾史前时代人兽形玉器的用途和宗教意义［J］.考古,（4）.

广东省民族研究所.1987.广东民族研究论丛（第 8 辑）［C］.广州：广东人民出版社.

广西博物馆.2005.广西博物馆文集（第 2 辑）［C］.南宁：广西人民出版社.

广西民间文艺家协会.1997.广西民间文学作品精选·扶绥县卷［C］.南宁：广西民族出版社.

广西艺术研究所.1990.广西傩艺术论文集［C］.北京：文化艺术出版社.

广西壮族自治区博物馆.1993.广西博物馆建馆 60 周年论文选集［C］.南宁：广西民族出版社.

广西壮族自治区民族研究所.1984.广西民族研究参考资料（第 4 辑）［C］.南宁：广西壮族自治区民族研究所.

广西壮族自治区文物工作队.1975.广西南宁地区新石器时代贝丘遗址［J］.考古,（5）.

广西壮族自治区文物工作队.2004.广西考古文集［C］.北京：文物出版社.

郭大川.2008.红山文化"玉巫人"的发现与"萨满式文明"的有关问题［J］.文物,（10）.

郭宏,韩汝玢.2004.广西岩画物理风化机理及其治理［J］.文物科技研究,（2）.

郭宏,韩汝玢.2005.广西花山岩画颜料及其褪色病害的防治对策［J］.文物保护与考古科学,（11）.

国家民委民族问题研究中心.2003.中国民族[M].北京：中央民族大学出版社.

过常职.2009.凌家滩玉人的文化解读[J].巢湖学院学报,(1).

[德]海德格尔M.1991.诗·语言·思[M].彭富春译.北京：文化艺术出版社.

何安益.2007.论桂南大石铲的年代及功能[J].广西民族研究,(3).

何乃汉.1989.骆越非百越族群说[J].广西民族研究,(4).

何平利.2001.崇山理念与中国文化[M].济南：齐鲁书社.

何新.1996.诸神的起源——中国远古太阳神崇拜[M].北京：光明日报出版社.

何正廷.2004.壮族经诗译注[M].昆明：云南人民出版社.

河南省文物考古研究所.1995.汝州洪山庙[M].郑州：中州古籍出版社.

黄厚明.2004.中国东南沿海地区史前文化中的鸟形象研究[D].南京艺术学院博士学位论文.

黄厚明.2005.良渚文化鸟人纹像的内涵和功能[J].艺术探索,(2).

黄惠焜.1985.花山崖画的民族学考察——也谈广西花山崖画的性质年代和族属[J].云南民族学院学报,(1).

黄体荣.1985.广西历史地理[M].南宁：广西民族出版社.

黄现璠,黄增庆,张一民.1988.壮族通史[M].南宁：广西民族出版社.

黄增庆.1957-03-09.谈桂西壮族自治州古代崖壁画及其年代问题[N].广西日报.

霍巍.2006.川大史学（考古卷）[C].成都：四川大学出版社.

江帆.2003.生态民俗学[M].哈尔滨：黑龙江人民出版社.

蒋廷瑜.1985.先秦越人的青铜钺[J].广西民族研究,(1).

蒋廷瑜.2009.桂岭考古文集[C].北京：科学出版社.

蒋廷瑜,彭书琳.1991.桂南大石铲研究[J].南方文物,(1).

焦天龙.2010.福建与南岛语族[M].北京：中华书局.

[美]金芭塔斯M.2008.活着的女神[M].叶舒宪译.桂林：广西师范大学出版社.

靳之林.2002.绵绵瓜瓞[M].桂林：广西师范大学出版社.

[英]莱顿R.2009.艺术人类学[M].李东晔,王红译.桂林：广西师范大学出版社.

[美]朗格S.1986.格情感与形式[M].刘大基译.北京：中国社会科学出版社.

[越]黎文兰,范文耿,阮灵.1982.河内青铜时代的第一批遗迹[M].梁志明译.河内：河内科学出版社.

李安宅.1982.巫术的分析[M].成都：四川人民出版社.

李刚.2011.历史源流与民族文化——"三江并流地区考古暨民族关系研究学术研讨会"论文集[C].昆明：云南大学出版社.

李浩，彭小娟.2013.贵州岩画资源的保护现状调查研究［J］.贵州民族研究,（6）.

李洪甫.1997.太平洋岩画——人类最古老的民俗文化遗迹［M］.上海：上海文化出版社.

李缙云.1991.谈新干商墓的玛瑙套环人形饰［J］.中国文物报,（1）.

李昆声.1984.亚洲稻作文化的起源［J］.社会科学战线,（4）.

李零.1993.《玻璃阁铜壶上的神物图像》补遗［J］.文物天地,（3）.

李秋洪.2007.民族的向往与追求广西各民族经济心理比较研究［M］.北京：民族出版社.

李湜.1989.彩陶蛙纹演变机制初探［J］.美术史论,（1）.

（南宋）李石.1991.续博物志［M］.成都：巴蜀书社.

李世源.2002.珠海宝镜湾岩画［M］.北京：文物出版社.

李向平.1991.神权与王权［M］.沈阳：辽宁教育出版社.

李秀国.1992.瓯骆关系新论［J］.中山大学学报,（1）.

李学勤.1985.中国美术全集·青铜器（上）［C］.北京：文物出版社.

李学勤，［美］艾兰 S.1995.欧洲所藏中国青铜器遗珠［M］.北京：文物出版社.

李仰松.1978.柳湾出土人像彩陶壶新解［J］.文物,（4）.

李幼蒸.2007.理论符号学导论［M］.北京：中国人民大学出版社.

李泽厚.2008.美的历程［M］.天津：天津社会科学出版社.

梁汉昌.2012.壮族传统服饰文化特质及保护传承［J］.歌海,（6）.

梁任葆.1957-02-10.花山壁画的初步研究［N］.广西日报.

梁庭望.1984.花山崖壁画——祭祀蛙神的圣地［J］.中南民族学院学报,（4）.

梁庭望.1987.壮族风俗志［C］.北京：中央民族学院出版社.

梁庭望.2000.壮族文化概论［M］.南宁：广西教育出版社.

梁庭望.2009.壮族原生型民间宗教调查研究（上）［M］.北京：宗教文化出版社.

梁钊韬.1978.西瓯族源初探［J］.学术研究,（1）.

辽宁省文物考古研究所.2004.牛河梁遗址［M］.北京：学苑出版社.

［法］列维-布留尔 L.1981.原始思维［M］.丁由译.北京：商务印书馆.

［法］列维-斯特劳斯 J.1987.野性的思维［M］.李幼蒸译.北京：商务印书馆.

［法］列维-斯特劳斯 J.2009.结构人类学［M］.张祖建译.北京：中国人民大学出版社.

林河，杨进飞.1985.马王堆汉墓飞衣帛画与楚神话南方神话比较研究［J］.民间文学坛,（3）.

林华东.1984.再论越族的鸟图腾［J］.浙江学刊,（1）.

林华东.1998.良渚文化研究［M］.杭州：浙江教育出版社.

林惠祥.1936.中国民族史［M］.北京：商务印书馆.

林惠祥.1958.中国东南区新石器时代文化特征之一：有段石锛［J］.考古学报,（3）.

林惠祥.1981.林惠祥人类学论著［C］.福州：福建人民出版社.

［日］林巳奈夫.1997.中国古玉研究［M］.杨美莉译.台北：艺术图书公司.

［日］林巳奈夫.2009.神与兽的纹样学［M］.常耀华译.北京：生活·读书·新知三联书店.

林蔚文.1987.广西左江崖壁画与福建仙字潭崖刻的比较研究［J］.广西民族研究,（1）.

林蔚文.1987.福建华安仙字潭摩崖石刻再探［J］.美术史论,（2）.

凌纯生.1979.中国边疆民族与环太平洋文化［M］.台北：联经出版事业股份有限公司.

岭雏.1986.左江流域崖壁画考察及学术讨论会纪要［J］.广西民族研究,（1）.

刘斌.1990.良渚文化玉琮初探［J］.文物,（2）.

刘弘.1989.汉画像石上所见太一神考［J］.民间文学论坛,（4）.

刘映华.1994.壮族古俗初探［M］.南宁：广西人民出版社.

陆思贤.1983.甘肃、青海彩陶上的蛙纹图案研究［J］.内蒙古大学学报,（3）.

陆晓芹.2005."歌圩"是什么——文人学者视野中的"歌圩"概念与民间表述［J］.广西民族研究,（4）.

罗世敏.2006.大明山的记忆：骆越古国历史文化研究［C］.南宁：广西民族出版社.

罗之基.1995.佤族社会历史与文化［M］.北京：中央民族大学出版社.

吕大吉,何耀华.1998.中国各民族原始宗教资料集成（壮族卷）［M］.北京：中国社会科学出版社.

马晓京.2007.图腾柱文化象征论［M］.北京：民族出版社.

［法］梅吉奥 J G.2003.列维-斯特劳斯的美学观［M］.怀宇译.天津：天津人民出版社.

蒙文通.1983.越史丛考［C］.北京：人民出版社.

［美］米奈 V H.2007.艺术史的历史［M］.李建群译.上海：上海人民出版社.

莫俊卿.1986.左江崖壁画的主体探讨［J］.民族研究,（6）.

牟永抗.2009.牟永抗考古学文集［C］.北京：科学出版社.

南京博物院.1996.东方文明之光——良渚文化发现60周年纪念文集［C］.海口：海南国际出版社中心.

内蒙古自治区文物考古研究所.2004.白音长汗——新石器时代遗址发掘报告［R］.北京：科学出版社.

宁明年鉴编纂委员会.2004.宁明年鉴（2002—2003）［Z］.南宁：广西人民出版社.

宁明县志编撰委员会.1988.宁明县志［Z］.北京：中央民族学院出版社.

农冠品.2007.壮族神话集成［M］.南宁：广西民族出版社.

潘其旭.1981.壮族"歌圩"的起源及其发展问题的探讨[J].民族研究,(1).

潘守永.2000.虎食人卣的文化阐释——续论"九届神人"的文化义涵[J].民族艺术,(2).

潘守永.2000.九届神人与良渚古玉纹饰[J].民族艺术,(1).

潘守永,雷虹霁.2000.古代玉器上所见"⊕"字纹的含义——"九届神人"与中国早期神像模式[J].民族艺术,(4).

潘守永,雷虹霁.2001."鹰攫人首"玉佩与中国早期神像模式问题[J].民族艺术,(4).

彭长林.2001.广西早期岩洞葬初探[J].广西民族研究,(4).

[瑞士]皮亚杰J.1981.发生认识论原理[M].王宪钿译.北京:商务印书馆.

祁庆富.1999.中国少数民族吉祥物[M].成都:四川民族出版社.

[美]乔姆斯基N.1979.句法结构[M].邢公畹译.北京:中国社会科学出版社.

庆祝苏秉琦考古五十五年编辑组.1989.庆祝苏秉琦考古五十五年论文集[C].北京:文物出版社.

邱钟仑,李前荣.1990.花山岩画颜料和黏合剂初探[J].文物,(1).

芮传明,余太山.1995.中西文饰比较[M].上海:上海古籍出版社.

[法]赛斯蒂文M P.1982.石寨山铜鼓在社会生活和宗教礼仪中的意义[J].蔡葵译.云南文物,(11).

单云翔.2010.走进文化景观遗产的世界[M].天津:天津大学出版社.

韶华,宝忠双.1992.中华祖先拓荒美洲[M].哈尔滨:黑龙江人民出版社.

石拓.2013.中国南方干栏及其变迁研究[D].华南理工大学博士学位论文.

石志廉.1985.商大禾鼎与古代农业[J].文博,(2).

石钟健.1978.论广西岩壁画与福建岩石刻的关系[J].学术论坛,(1).

石钟健.1981.铜鼓船纹饰上的船是不是越海船[J].贵州社会科学,(6).

石钟健.1982.试证越与骆越同源[J].中南民族学报,(2).

史策.1978-09-16.壮族的花山壁画[N].广西日报.

史忠义.2008.关于一二元统一说[J].中国社会科学院研究生院学报,(6).

舒向今.1993.试探考古学上的濮文化[J].民族研究,(3).

四川大学博物馆,中国古代铜鼓研究学会.1995.南方民族考古(第1辑)[C].成都:四川大学出版社.

宋恩常.1985.中国少数民族宗教初编[M].昆明:云南人民出版社.

宋蜀华,白振声.1998.民族学理论与方法[M].北京:中央民族大学出版社.

宋兆麟.1986.左江崖壁画考察记[J].文物天地,(2).

宋兆麟.1989.巫与巫术［M］.成都：四川民族出版社.

苏秉琦.1984.苏秉琦考古学论述选集［C］.北京：文物出版社.

苏文青.2012.从南岛语族看台湾与福建的关系［J］.福建社会主义学院学报，（4）.

孙维昌，黄海.2003-08-28.卑南文化遗址［N］.人民日报.

［英］泰勒E.2005.原始文化［M］.连树生译.桂林：广西师范大学出版社.

覃彩銮.1998.壮族村落为"板"的由来及其含义考释——壮族干栏文化研究之一［J］.广西民族研究，（1）.

覃彩銮，喻如玉，覃圣敏.1992.左江崖画艺术寻踪［M］.南宁：广西人民出版社.

覃乃昌.1997.壮族稻作农业史［M］.南宁：广西民族出版社.

覃乃昌.2000."那"文化圈论［J］.农业考古，（3）.

覃圣敏.2013.壮泰民族传统文化比较研究（第四卷）［M］.南宁：广西人民出版社.

覃圣敏，覃彩銮.1986.论左江崖壁画的年代［J］.三月三，（23）.

覃圣敏，覃彩銮，卢敏飞，等.1987.广西左江流域崖壁画考察与研究［M］.南宁：广西民族出版社.

汤惠生.1996.原始艺术中的蹲踞式人形研究［J］.中国历史文物，（1）.

汤惠生.2002.青海史前彩陶纹饰的文化解读［J］.民族艺术，（2）.

汤惠生，张文华.2001.青海岩画［M］.北京：科学出版社.

童恩正.1983.试论早期铜鼓［J］.考古学报，（3）.

万斗云.1980.仡佬族古代史简题［J］.贵州民族研究，（2）.

汪宁生.1985.云南崖画的发现与研究［M］.北京：文物出版社.

王炳华.1990.新疆天山生殖崇拜岩画［M］.北京：文物出版社.

王晨光.2004.两个注明旅游景区游程实录与管理评析［J］.旅游学刊，（3）.

王大有，朱宝忠.1998.图说美洲图腾［M］.北京：人民美术出版社.

王刚.1998.从兴隆洼石雕人像看原始崇拜［J］.昭乌达蒙族师专学报，（3）.

王建民.2008.艺术人类学［M］.北京：民族出版社.

王克芬.2009.舞论：王克芬古代乐舞论集［C］.兰州：甘肃教育出版社.

王克荣，邱忠仑，陈远璋.1988.广西左江岩画［M］.北京：文物出版社.

王克荣，邱钟崙，陈远璋.1984.巫术文化的遗迹——广西左江岩画剖析［J］.学术论坛，（3）.

王丽萍.2011.文化遗产廊道构建的理论与实践——以滇藏茶马古道为例［J］.贵州民族研究，（5）.

王龙正，孙新民，王胜利.1988.平顶山北滍村两周墓地一号墓发掘简报［J］.华夏考古，（1）.

王明达.1988.反山良渚文化墓地初论［J］.文物，（12）.

王明达.1988.浙江余杭反山良渚墓地发掘简报[J].文物,(1).

王明珂.2006.华夏边缘[M].北京:社会科学文献出版社.

王仁湘.2007.中国史前的纵梁冠——由凌家滩遗址出土玉人说起[J].中原物,(3).

王仁湘.2009.中国考古人类学百年文选[C].北京:知识产权出版社.

王水根.1994.鸟图腾及相关问题[J].南方文物,(1).

王巍.1986.良渚文化玉琮刍议[J].考古,(11).

王云庄.2001.寿字的应用与流变[J].寻根,(6).

[英]韦尔斯H J.1982.世界史纲——生物和人类的简明史[M].北京:人民出版社.

文化部文物局古文献研究室.1985.出土文献研究[C].北京:文物出版社.

[瑞士]沃尔夫林H.2003.艺术风格学[M].潘耀昌译.北京:中国人民大学出版社.

[德]沃林格W.2010.抽象与移情[M].王才勇译.北京:金城出版社.

巫鸿.2009.中国古代艺术与建筑中的纪念碑性[M].上海:世纪出版集团.

吴必虎,刘筱娟.2004.中国景观史[M].上海:上海人民出版社.

吴曾德.1984.汉代画像石[M].北京:文物出版社.

吴春明.2004.南岛语族起源研究述评[J].广西民族研究,(2).

吴春明,陈文.2004.南岛语族起源中"闽台说"商榷[J].民族研究,(4).

吴胜锋.2013.当代西方心灵哲学中的二元论研究[M].北京:中国社会科学出版社.

肖波.2015.左江花山岩画申遗——实现文化遗产保护与利用的有效途径[J].齐鲁艺苑艺术学报,(2).

萧兵.1991.楚辞的文化破译[M].武汉:湖北人民出版社.

萧兵.1992.良渚玉器"神人兽面纹"新解[J].东南文化,(Z1).

萧兵.2001.藏犬传奇[J].中国文化,(Z1)

谢启晃.1989.岭外壮族汇考[C].南宁:广西民族出版社.

徐海鹏.1987.广西左江流域崖壁画地区地貌条件初步分析[J].广西民族研究,(1).

徐华龙.1991.中国鬼文化[M].上海:上海文艺出版社.

徐琳.2010.三件红山玉巫人评述[J].收藏家,(4).

徐旭升.1985.中国古史的传说时代[M].北京:文物出版社.

杨伯达.2004.中国玉文化玉学论丛[C].北京:紫禁城出版社.

杨伯达.2005.中国玉文化玉学论丛三编[C].北京:紫禁城出版社.

杨超.2009.圣坛之石[D].中央民族大学博士学位论文.

杨成志.1988.广西壮族的古代崖壁画[J].中央民族大学学报,(4).

杨琳.2000.马王堆帛画《社神护魂图》阐释[J].考古与文物,(2).

杨树喆.2007.师公·仪式·信仰——壮族民间师公教研究[M].南宁:广西人民出版社.

杨晓能.2008.另一种古史[M].北京:生活·读书·新知三联书店.

姚生民.1986.陕西淳化县出土的商周青铜器[J].考古与文物,(16).

叶舒宪.2004.千面女神[M].上海:上海社会科学院出版社.

叶舒宪.2005.高唐女神与维纳斯[M].西安:陕西人民出版社.

叶舒宪.2005.诗经的文化阐释[M].西安:陕西人民出版社.

叶舒宪.2008.八千年蛙纹[J].寻根,(1).

叶舒宪.2008.蛙人:再生母神的象征——青海柳湾"阴阳人"彩陶壶解读[J].民族艺术,(2).

[苏]伊茨P.1981.东亚南部民族史[M].成都:四川民族出版社.

俞伟超.2002.古史的考古学探索[M].北京:文物出版社.

袁广阔.1995.洪山庙一号男性生殖器图像试析[J].文物,(4).

云南省文物考古研究所.1998.云南考古文集[C].昆明:云南民族出版社.

张崇宁,孙庆伟,张奎.1994.天马——曲村遗址北赵晋侯墓地第三次发掘[J].文物,(8).

张东茹.2009.壮族铜鼓传说与古代风俗习惯[J].学理论,(30).

张光直.1990.中国青铜时代[M].北京:生活·读书·新知三联书店.

张光直.1999.中国考古学论文集[C].北京:生活·读书·新知三联书店.

张朋川.2006.黄河上下:美术考古文萃[C].济南:山东画报出版社.

张声震.1997.壮族通史[M].北京:民族出版社.

张世铨.1982.广西崖洞葬和几个有关问题的商讨[J].民族学研究,(12).

张亚莎.2014.中外岩画保护论文集[C].北京:中国藏学出版社.

张一民.1982.广西左、右江地区崖洞葬初步调查[J].民族学研究,(2).

赵国华.1990.生殖崇拜文化论[M].北京:中国社会科学出版社.

赵武宏.2010.细说汉字[M].北京:大众文艺出版社.

浙江省文物考古研究所.1988.余杭瑶山良渚文化祭坛遗址发掘简报[J].文物,(1).

郑超雄.2006.壮族历史文化的考古学研究[M].北京:民族出版社.

郑超雄,覃英.2006.壮族历史文化的考古学研究[M].北京:民族出版社.

郑德坤.1987.从沙捞越考古发现谈中国与东南亚地区古代文化交流[J].东南文化,(2).

郑卉.2009-05-06.浅谈文化遗产保护的"真实性"原则[N].中国文物报.

中共中央马克思恩格斯列宁斯大林著作编译局.2004.马克思恩格斯全集(第47卷)[C].北京:人民出版社.

中国大百科全书总编辑委员会.1986.中国大百科全书[M].北京：中国大百科全书出版社.

中国各民族宗教与神话大词典编审委员会.1990.中国各民族宗教与神话大词典（壮学部分）[M].北京：学苑出版社.

中国古代铜鼓研究会.1988.中国古代铜鼓[M].北京：文物出版社.

中国古史的传说时代[M].北京：文物出版社.

中国美术全集编辑委员会.1988.中国美术全集·绘画篇·18画像石画像砖[M].上海：上海人民出版社.

中国社会科学院考古研究所.1980.殷墟妇好墓[M].北京：文物出版社.

中国社会科学院考古研究所实验室.1982 石灰岩地区碳-14样品年代的可靠性与甑皮岩等遗址的年代问题[J].考古学报,（2）.

中国西南民族研究会.1983.西南民族研究[C].成都：四川民族出版社.

钟志平.2005.旅游购物理论与开发务实[M].北京：中国市场出版社.

周广明,李荣华.2001.羽化登仙——新干商代大墓玉羽人释义[J].南方文物,（3）.

周继勇,田丰.1991.广西左右江地区崖洞葬初步调查[J].江汉考古,（3）.

周菁葆.1993.丝绸之路岩画艺术[C].乌鲁木齐：新疆人民出版社.

周南泉.1998.夏商时期的玉人神器鉴赏——古玉研究之七[J].故宫博物院院刊,（1）.

周世荣.1990.马王堆汉墓的"神祇图"帛画[J].考古,（10）.

周原扶风文管所.1987.陕西扶风强家一号西周墓[J].文博,（4）.

朱狄.1988.原始文化研究[M].北京：生活·读书·新知三联书店.

朱狄.2008.信仰时代的文明[M].武汉：武汉大学出版社.

朱怡芳.2008.中国玉石文化传统研究[D].清华大学博士学位论文.

壮族简史编写组.1980.壮族简史[M].南宁：广西人民出版社.

[日]佐佐木高明.1998.照叶树林文化之路——自不丹、云南至日本[M].刘愚山译.昆明：云南大学出版社.

Bahn P G. 2010. Prehistoric Rock Art Polemics and Progress [M]. Cambridge: Cambridge University Press.

Chippindale C, Tacon P. 1998. The Archaeology of Rock Art [M]. Cambridge: Cambridge University Press.

Friedlaender J S, Friedlaender F R, Reed F A, et al. 2008. The genetic structru of Pacific Islanders [J]. Public Library of Science Genetic, 4（1）.

Hays-Gilpin K A. 2004. Ambiguous Images: Gender and Rock Art [M]. New York: Altamira Press.

Kleinbauer W. 1971. Modern Perspectives in Art History [M]. New York: Holt . Rinehart &Winston.

Lommel A. 2001. An indonesian mtif, the squatting figure ,the hocker and its influence on australian aboriginal art [J]. Migration & Diffusion, (6) .

Nash G, Chipppindale C. 2004. Pictures in Place [M]. Cambridge: Cambridge University Press.

Tang H S. 1993. Theory and methods in Chinese rock art studies [J]. Rock Art Research, Vol.10 Number2.

附　录

广西81个岩画点概况（广西第3次文物普查材料）

岩画名称	时间	文物类型	岩画	岩画地点
珠山岩画	战国—东汉	石窟寺及石刻	岩画	广西壮族自治区崇左市宁明县城中镇株连村珠山屯西南面400米
龙峡山岩画	战国—东汉	石窟寺及石刻	岩画	广西壮族自治区崇左市宁明县城中镇株连村驮河屯东南400米
达佐山岩画	战国—东汉	石窟寺及石刻	岩画	广西壮族自治区崇左市宁明县城中镇耀达村达佐屯东南350米
高山岩画	战国—东汉	石窟寺及石刻	岩画	广西壮族自治区崇左市宁明县城中镇耀达村濑江屯北面500米明江西南岸
花山岩画	战国—东汉	石窟寺及石刻	岩画	广西壮族自治区崇左市宁明县城中镇耀达村东北500米明江东岸
沉香角岩画	战国—东汉	石窟寺及石刻	岩画	广西壮族自治区崇左市龙州县上金乡进明村荷村屯东600米左江东岸
宝剑山岩画	战国—东汉	石窟寺及石刻	岩画	广西壮族自治区崇左市龙州县上金乡进明村荷村屯以南1000米左江西岸
对面山岩画	战国—东汉	石窟寺及石刻	岩画	广西壮族自治区崇左市龙州县上金乡两岸村大岸屯西南900米左江东岸
楼梯岩岩画	战国—东汉	石窟寺及石刻	岩画	广西壮族自治区崇左市龙州县上金乡两岸村小岸屯东北1000米左江北岸
三洲尾岩画	战国—东汉	石窟寺及石刻	岩画	广西壮族自治区崇左市龙州县上金乡卷逢村白雪屯东部偏南1300米左江北岸
三洲头岩画	战国—东汉	石窟寺及石刻	岩画	广西壮族自治区崇左市龙州县上金乡卷逢村白雪屯东部偏南1200米左江北岸
上白雪（岩敏山）	战国—东汉	石窟寺及石刻	岩画	广西壮族自治区崇左市龙州县上金乡卷逢村白雪屯西南500米左江南岸
下白雪（岜逢山）	战国—东汉	石窟寺及石刻	岩画	广西壮族自治区崇左市龙州县上金乡卷逢村白雪屯西北800米左江北岸
朝船头山岩画	战国—东汉	石窟寺及石刻	岩画	广西壮族自治区崇左市龙州县上金乡卷逢村桥板屯西南800米左江东岸
渡船山岩画	战国—东汉	石窟寺及石刻	岩画	广西壮族自治区崇左市龙州县上金乡卷逢村桥板屯西北600米左江北岸

续表

岩画名称	时间	文物类型	岩画	岩画地点
大洲头岩画	战国—东汉	石窟寺及石刻	岩画	广西壮族自治区崇左市龙州县上金乡卷逢村贯内屯东北800米左江北岸
三角岩岩画	战国—东汉	石窟寺及石刻	岩画	广西壮族自治区崇左市龙州县响水镇红阳村杨额屯西南1300米左江东岸
棉江花山岩画	战国—东汉	石窟寺及石刻	岩画	广西壮族自治区崇左市龙州县响水镇棉江村伏荷屯以南700米左江西岸
洪山岩画	战国—东汉	石窟寺及石刻	岩画	广西壮族自治区崇左市龙州县上金乡云江村那邑屯东北面0.75千米明江东岸
那邑山岩画	战国—东汉	石窟寺及石刻	岩画	广西壮族自治区崇左市龙州县上金乡云江村那邑屯西南1千米明江西岸
弄镜山岩画	战国—东汉	石窟寺及石刻	岩画	广西壮族自治区崇左市龙州县上金乡云江村岜等屯西面300米明江西岸
岩洞山岩画	战国—东汉	石窟寺及石刻	岩画	广西壮族自治区崇左市龙州县上降乡鸭水村鸭水街东北800米平而河东岸
岜亚山岩画	汉	石窟寺及石刻	岩画	广西壮族自治区崇左市大新县恩城乡恩城村那望屯画山东南山崖
鹿山崖岩画	未断	石窟寺及石刻	岩画	广西壮族自治区崇左市凭祥市凭祥镇连全村那逢屯西南面0.75千米鹿山半山腰处
麒麟山岩画	未断	石窟寺及石刻	岩画	广西壮族自治区崇左市凭祥市凭祥镇连全村那逢屯西南面1千米的麒麟山半山腰处
上石人头山岩画	清	石窟寺及石刻	岩画	广西壮族自治区崇左市凭祥市上石镇上石社区火车站铁路道口北面200米石山的半山腰处
驮角山岩画	战国—东汉	石窟寺及石刻	岩画	广西壮族自治区崇左市江州区太平镇孔甲村驮角屯东600米左江西岸
陇娘山岩画	战国—东汉	石窟寺及石刻	岩画	广西壮族自治区崇左市江州区太平镇孔甲村渴星屯南面500米左江南岸
高码头红山岩画	战国—东汉	石窟寺及石刻	岩画	广西壮族自治区崇左市江州区太平镇盆峒村西1.5千米左江北岸
黄巢城山岩画	战国—东汉	石窟寺及石刻	岩画	广西壮族自治区崇左市江州区濑湍镇仁良村贡奉屯西北1.5千米左江南岸石壁上
隐士山岩画	战国—东汉	石窟寺及石刻	岩画	广西壮族自治区崇左市江州区太平镇公益村东1千米左江北岸
灯笼山岩画	战国—东汉	石窟寺及石刻	岩画	广西壮族自治区崇左市江州区太平镇公益村冲登屯东南800米左江东岸
驮柏山岩画	战国—东汉	石窟寺及石刻	岩画	广西壮族自治区崇左市江州区驮卢镇驮柏村驮柏旧街东南50米左江北岸
驮柏银山岩画	战国—东汉	石窟寺及石刻	岩画	广西壮族自治区崇左市江州区驮卢镇驮柏村旧村东南400米左江东岸峭壁上
穿隆山岩画	战国—东汉	石窟寺及石刻	岩画	广西壮族自治区崇左市江州区太平镇长期村卜瑞屯东南500米左江西岸
岜岸山岩画	战国—东汉	石窟寺及石刻	岩画	广西壮族自治区崇左市江州区濑湍镇九岸村何村屯北1千米左江北岸

续表

岩画名称	时间	文物类型	岩画	岩画地点
马鼻山岩画	战国—东汉	石窟寺及石刻	岩画	广西壮族自治区崇左市江州区濑湍镇仁良村马放屯东北约500米左江东岸
关岛山岩画	战国—东汉	石窟寺及石刻	岩画	广西壮族自治区崇左市江州区濑湍镇九岸村何村屯东约1.2千米左江东岸
灵芝山岩画	战国—东汉	石窟寺及石刻	岩画	广西壮族自治区崇左市江州区濑湍镇叫城村西约1.5千米左江北岸
大湾山岩画	战国—东汉	石窟寺及石刻	岩画	广西壮族自治区崇左市江州区驮卢镇逐盎村那陶屯东南约2千米左江西岸
白鸽山岩画	战国—东汉	石窟寺及石刻	岩画	广西壮族自治区崇左市江州区驮卢镇谭垌村驮思屯南约1.5千米左江西岸
白龟红山岩画	战国—东汉	石窟寺及石刻	岩画	广西壮族自治区崇左市江州区驮卢镇灶瓦村东南约2千米左江东岸
岜银山岩画	战国—东汉	石窟寺及石刻	岩画	广西壮族自治区崇左市江州区驮卢镇灶瓦村驮米屯西1千米左江北岸峭壁上
左州山岩画	战国—东汉	石窟寺及石刻	岩画	广西壮族自治区崇左市江州区驮卢镇那并村左江北岸上左州山西南面崖壁上
孔驮山岩画	战国—东汉	石窟寺及石刻	岩画	广西壮族自治区崇左市江州区驮卢镇灶孔驮村左江东岸孔驮山临江两个山峰之间的崖壁上
大山岩画	战国—东汉	石窟寺及石刻	岩画	广西壮族自治区崇左市江州区濑湍镇叫城村左江西岸大山临江崖壁上
岩怀山岩画	战国—东汉	石窟寺及石刻	岩画	广西壮族自治区崇左市江州区驮卢镇上坡村左江北岸岩怀山临江一面灰黄色崖壁上
花梨山岩画	战国—东汉	石窟寺及石刻	岩画	广西壮族自治区崇左市江州区驮卢镇莲塘村上坡屯西约1.3千米左江西岸
将军山岩画	战国—东汉	石窟寺及石刻	岩画	广西壮族自治区崇左市江州区驮卢镇驮目村东约800米左江东岸
陇狗山岩画	战国—东汉	石窟寺及石刻	岩画	广西壮族自治区崇左市江州区驮卢镇雷州村弄久屯南0.2千米左江东岸
奸岜山岩画	战国—东汉	石窟寺及石刻	岩画	广西壮族自治区崇左市江州区驮卢镇岑豆村更伸屯西北1.5千米
万人洞山岩画	战国—东汉	石窟寺及石刻	岩画	广西壮族自治区崇左市江州区驮卢镇雷州村渠立屯东北约1千米左江东岸
岑山岩画	战国—东汉	石窟寺及石刻	岩画	广西壮族自治区崇左市江州区驮卢镇灶瓦村东南4千米的左江北岸
达宁山岩画	战国—东汉	石窟寺及石刻	岩画	广西壮族自治区崇左市江州区驮卢镇逐盎村那陶屯东北约0.8千米
楞庙山岩画	战国—东汉	石窟寺及石刻	岩画	广西壮族自治区崇左市江州区驮卢镇陇里村那涝屯西面约0.7千米
白羊山岩画	战国—东汉	石窟寺及石刻	岩画	广西壮族自治区崇左市江州区驮卢镇莲塘村湾望屯西南1.5千米左江南岸
双对机山岩画	战国—东汉	石窟寺及石刻	岩画	广西壮族自治区崇左市江州区太平镇孔甲村驮皮屯南1千米

续表

岩画名称	时间	文物类型	岩画	岩画地点
吞平山岩画	秦—汉	石窟寺及石刻	岩画	广西壮族自治区崇左市扶绥县昌平乡四和村岑淋屯东1千米
后底山岩画	秦—汉	石窟寺及石刻	岩画	广西壮族自治区崇左市扶绥县昌平乡平白村新湾屯后150米处
公合山岩画	秦—汉	石窟寺及石刻	岩画	广西壮族自治区崇左市扶绥县昌平乡平白村新湾屯西1千米
仙人山岩画	秦—汉	石窟寺及石刻	岩画	广西壮族自治区崇左市扶绥县昌平乡昌平街东北4.5千米
闸口山岩画	秦—汉	石窟寺及石刻	岩画	广西壮族自治区崇左市扶绥县渠旧镇濑滤屯南面800米
大山崖岩画	秦—汉	石窟寺及石刻	岩画	广西壮族自治区崇左市扶绥县渠黎镇渠旧村渠旧街西2千米
小银翁山岩画	秦—汉	石窟寺及石刻	岩画	广西壮族自治区崇左市扶绥县渠旧镇东距驮弄村驮弄屯约1.3千米
大银翁山	秦—汉	石窟寺及石刻	岩画	广西壮族自治区崇左市扶绥县渠黎镇驮弄村驮弄屯北800米
七星山岩画	秦—汉	石窟寺及石刻	岩画	广西壮族自治区崇左市扶绥县渠黎镇驮弄村驮弄屯
岩怀山岩画	秦—汉	石窟寺及石刻	岩画	广西壮族自治区崇左市扶绥县渠黎镇驮弄村驮弄屯左江北岸
孔驮山岩画	秦—汉	石窟寺及石刻	岩画	广西壮族自治区崇左市扶绥县渠黎镇驮弄村驮弄屯
蜡烛山岩画	秦—汉	石窟寺及石刻	岩画	广西壮族自治区崇左市扶绥县渠黎镇渠荖村上渠荖屯左江西岸
驮那山岩画	秦—汉	石窟寺及石刻	岩画	广西壮族自治区崇左市扶绥县渠黎镇渠荖村上渠荖屯左江北岸
合头山岩画	秦—汉	石窟寺及石刻	岩画	广西壮族自治区崇左市扶绥县渠黎镇巴桑村上屯左江北岸
敢怀山岩画	秦—汉	石窟寺及石刻	岩画	广西壮族自治区崇左市扶绥县渠黎镇新安村陇河屯东南面约1千米
驮坛山岩画	秦—汉	石窟寺及石刻	岩画	广西壮族自治区崇左市扶绥县渠黎镇新安村新安屯东面1.5千米
镇龙山岩画	秦—汉	石窟寺及石刻	岩画	广西壮族自治区崇左市扶绥县新宁镇上洞村下洞屯南300米
敢造山岩画	秦—汉	石窟寺及石刻	岩画	广西壮族自治区崇左市扶绥县昌平乡木民村木民小屯东南1.5千米
青龙山岩画	秦—汉	石窟寺及石刻	岩画	广西壮族自治区崇左市扶绥县昌平乡平白村新湾屯东南300米
岜赖山岩画	秦—汉	石窟寺及石刻	岩画	广西壮族自治区崇左市扶绥县渠黎镇碧计村碧计屯南2.5千米
岜割山岩画	秦—汉	石窟寺及石刻	岩画	广西壮族自治区崇左市扶绥县渠黎镇笃邦村笃邦屯东南3.3千米
红岩山岩画	秦—汉	石窟寺及石刻	岩画	广西壮族自治区崇左市扶绥县渠黎镇必计村三哈屯南面1.5千米
汪投山岩画	秦—汉	石窟寺及石刻	岩画	广西壮族自治区崇左市扶绥县岜盆乡姑豆村小姑豆屯西南300米
岜宁山岩画	秦—汉	石窟寺及石刻	岩画	广西壮族自治区崇左市扶绥县中东镇三哨村旧城屯西南1.5千米

后　记

真正与岩画结缘是因为我的导师张亚莎。在进入中央民族大学读书之前，我拜读过很多老师关于藏族艺术研究的文章和论著，优美的文风和严谨的治学态度，令我仰慕已久。很荣幸、也很感谢老师能够接受我这样一个驽钝的学生。

入学不久，张老师建议我把广西左江岩画作为博士论文的研究内容。对于我这样一个在北方长大的人，遥远的广西岩画是神秘而陌生的；同时，随着近些年社会各界对左江岩画的关注，其相关的研究已经比较深入，因此，如何寻找研究的突破点，是令我非常苦恼的问题。感谢我的导师，在我感到迷茫和困惑时，以其广博的知识和独特的视角给我指点迷津。老师的谆谆教诲和悉心关怀就像一缕温暖的阳光照耀着我的心灵，给了我真挚的信赖和鼓励，让我始终感受到一种温暖、一种前所未有的自信和幸福。因此，我在中央民族大学的求学生活虽然繁忙、辛苦，却充满了快乐和动力。

在人文学科里，掌握更多新的和广泛的资料是认识之根，岩画研究也不例外。我在左江岩画研究之初，思路每每受到限制，很重要的一个原因就是相关研究资料搜集不易，掌握岩画材料太少。汤惠生先生是我国岩画研究领域的专家，也是国际岩画期刊的评委，因此所藏岩画相关资料丰富。我很早就想去拜访先生，但因素未谋面，未免心生忐忑，最终，对知识的渴望还是战胜了心中的犹豫。在一个春日的上午，我在南京见到了汤惠生先生。让我很感动的是，先生并未因我是一个普通的学生而慢待我；相反，在明白我的来意之后，他不但给我的文章提出了中肯的建议，还把自己所藏资料倾囊相借。此后，在论文的写作过程中，只要我遇到问题咨询先生，他都会及时回馈，并且，还常把新发现的与我论文有关的材料寄发给我，为我的论文写作提供了一个广阔的视野。可以说，本书的最后完成与汤先生的大力帮助是分不开的。汤先生一丝不苟的治学态度，以及高尚的人格都给我留下了深刻的印象，并将使我受益终身。

对于本书中非常重要的左江岩画田野调查部分的完成，我要真诚地感谢广西博物馆的老馆长蓝日勇先生，如果不是先生给我提供参加广西第三次文物普查的机会，我就不可能近距离接触、调查左江岩画。同时，在岩画的调查过程中，广西文物普查队的杨清平、谢广为、夏丽娜、吴肖华都像亲人一样帮助和照顾我，从与他们的谈话和交流中，我受益良多。宁明县文化局的彭安威局长、花山文管所的朱秋平所长，以及崇左花山风景区和宁明管理处的吴能贞主任、文物局的肖波都对我左江岩画的调查提供了无私的帮助，非常感谢他们！

本书从选题至文稿完成，历时数年，其中甘苦自有心知。师长的教诲、同窗、好友的支持，这些援助之情，我会铭记心中。感谢北京大学的李松教授以及中央民族大学的王庆仁教授、白振生教授对我书稿的结构和写作提出的建设性意见；感谢中国社会科学院的叶茂林研究员、易华教授帮我借阅资料并给我提供研究线索；同时，还要感谢三峡大学艺术学院的领导、同事对我的鼓励和帮助。另外，还有许多关心和帮助过我的师友，在这里不能一一道来，只想对你们说"感谢"二字！

最后，我要对多年来始终如一地理解、支持和照顾我的父母、先生及家人说声"辛苦了"。正是你们的默默付出，才让我有信心和毅力完成本书的写作。在我心中，你们犹如温暖的明灯，照亮我的前行之路。

今日，书稿即将完成，窃喜之余又诚惶诚恐，书海遨游，方知面壁之困，我本愚钝，唯日孜孜，无敢逸豫。

由于本人才疏学浅，能力有限，本书难免有挂一漏万之处，以此阙文待后来识高者进一步完善。

黄亚琪

2018 年 1 月 1 日于求索溪畔